코틀린으로 쇼핑몰 앱 만들기

코틀린의 기본 문법부터 실무 프로젝트까지

코틀린으로 쇼핑몰 앱 만들기

copyright © 2020 Lee hyeon seok & Turning Point
All right reserved . First edition Printed 2020. Printed in Korea

2020년 5월 4일 초판 1쇄 인쇄
2020년 5월 11일 초판 1쇄 발행

지은이 이현석

펴낸이 정상석
책임 편집 엄진영
본문편집 이경숙
표지디자인 김보라
펴낸 곳 터닝포인트(www.diytp.com)
등록번호 제2005-000285호

주소 (03991) 서울시 마포구 동교로27길 53 지남빌딩 308호
대표 전화 (02)332-7646
팩스 (02)3142-7646
ISBN 979-11-6134-066-1 (13000)

정가 26,000원

내용 및 집필 문의 diamat@naver.com
터닝포인트는 삶에 긍정적 변화를 가져오는 좋은 원고를 환영합니다.

이 도서의 국립중앙도서관 출판예정도서목록(CIP)은 서지정보유통지원시스템 홈페이지(http://seoji.nl.go.kr)와
국가자료공동목록시스템(http://www.nl.go.kr/kolisnet)에서 이용하실 수 있습니다.
(CIP제어번호: CIP2020013494)

들어가며

안드로이드 생태계에서 자바는 가장 널리 사용되는 언어이지만 그것이 가장 좋은 선택지를 의미하는 것은 아닙니다. 자바는 이미 노후한 언어이며 장황하고 오류를 발생시키기도 쉬운데다가 발전 또한 더딥니다. 자바가 나쁜 언어라고 말하는 것은 아니지만 앞에 나열한 단점들을 부정하기는 힘든 것이 사실입니다.

특히 안드로이드 개발 시에는 자바 8의 기능들을 온전히 사용할 수도 없습니다. 앱에서 요구하는 기능은 많아지고 생산성이 중요해지는 만큼 새로운 언어의 필요성이 더욱 절실해진 지금, 모던 프로그래밍 언어의 특성을 수용하며 자바와의 상호 운용성을 완벽하게 보장하는 코틀린은 우리에게 있어 아주 적절한 선택지로 다가왔습니다. 이는 학문적인 목적으로 만들어진 다른 JVM 언어들과 달리 코틀린이 태생적으로 현업에서의 코드 작성 시에 경험하는 문제들을 해결하기 위해 만들어졌기 때문입니다.

2017년 5월 구글이 공식 안드로이드 개발 언어로 코틀린을 추가했다는 발표와 더불어 스프링 프레임워크도 코틀린을 공식적으로 지원함으로써 코틀린은 이미 풀스택(Full Stack) 언어가 되었습니다. 여기에 더해서 코틀린의 개발사인 젯브레인즈(JetBrains)에서는 코틀린 자바스크립트와 코틀린 네이티브 등을 발표하며 멀티플랫폼 지원을 확장하였고, 아직 초기 단계이기는 하지만 이를 통해서 아이폰 앱의 비즈니스 로직, 데스크탑 앱의 비즈니스 로직, 웹 프론트엔드 개발까지도 가능해졌습니다.

개발 생산성을 고려하자면 한 가지 언어로 서비스 하나를 전부 만들 수 있다는 것은 매우 큰 이점이 될 수 있습니다. 더군다나 코틀린은 JVM 과 수많은 자바 라이브러리를 사용할 수 있는 등 이미 커다란 자바 생태계를 수용하고 있으며, 우버, 핀터레스트, 에버노트, 네이버, 카카오 등 큰 규모의 기업들이 자사 서비스에 코틀린을 도입하면서 충분히 검증까지 되었습니다.

자바를 대체하는 언어에 대한 막연한 거부감을 가지고 있던 자바 개발자들이나 프로그래밍 언어를 학습하고 무엇을 해야 할지 몰랐던 초보자들, 혹은 현업에서 쓰이는 실용적인 기술들이 궁금한 학생들에게는 이 책이 도움이 되어 줄 겁니다.

이 책에서는 일종의 중개 서비스 플랫폼의 MVP를 안드로이드 앱부터 서버사이드까지 코틀린으로 개발해보면서, 앱 개발에 대해 잘 모르는 백엔드 개발자나 백엔드를 모르는 앱 개발자들을 포함해 하나부터 열까지의 앱 서비스 개발에 대해 궁금한 개발자들로 하여금 서비스 가능한 애플리케이션을 혼자서 만들 수 있도록 각 단에서의 실용적인 기능들을 다룰 것입니다.

안드로이드 앱을 개발하는 과정을 통해서는 기본적인 UI를 구성하는 방법과 사용자 인증 방법, 서버의 API를 호출해 받은 데이터를 앱에서 보여주는 방법, 앱에서 입력한 데이터를 서버로 전달하는 방법들에 대해 알아볼 것입니다.

서버를 개발하는 과정에서는 토큰 기반 인증, API를 통해 앱에서 필요한 데이터를 제공하는 방법, 앱으로부터 받은 데이터를 저장하는 방법들에 대해 다루게 될 것입니다.

무엇보다 책에서 기본적인 개념들을 위주로 다루기때문에 설명하거나 구현할 수 없는 중요한 포인트들, 예를 들면 보안이나 서비스의 확장성 등에 대한 대응 방법 및 방향성 등에 대해 짧게 정리해주어 서비스를 런칭하고 운영할 때에 필요한 지식들에 대해서 추가적인 학습을 용이하게 해줄 것입니다.

이 책의 대상 독자

이 책은 주로 자바나 다른 객체 지향 프로그래밍 언어를 하나쯤은 공부해본 독자들을 대상으로 작성되었습니다. 안드로이드 앱과 서버가 어떻게 연계되는지 궁금한 서버 개발자나 앱 개발자, 혹은 실무에서 어떤 라이브러리나 구조가 사용되는지 궁금한 초급 개발자라면 이 책이 도움이 될 것입니다.

이 책의 구성

이 책은 인텔리제이와 안드로이드스튜디오를 사용해 하나의 기능 개발에 대해서 각각 API 서버와 안드로이드 애플리케이션을 개발하는 것을 번갈아 보여주도록 구성되어 있습니다.

1장에서는 코틀린을 속성으로 학습할 수 있도록 코틀린의 기본 문법에 대해 다룹니다. 특히 다른 책에서는 잘 다루지 않는 람다와 리시버, 코틀린 DSL 및 코루틴에 대해서도 간단하게 설명되어 있습니다.

2장에서는 안드로이드 앱과 API 서버를 개발하는 개발 환경을 소개하고 이들을 통해 첫 API와 애플리케이션의 첫 화면을 만들어봅니다.

3장에서는 이 책을 통해 개발할 서비스의 약식 스토리보드를 첨부했습니다.

4장~7장은 중고 거래 플랫폼의 MVP(Minimum Viable Product)를 개발하는 프로젝트를 기반으로 실무에서 자주 사용되는 라이브러리와 실무에서 필요한 코드 구현에 대해 다룹니다.

8장과 부록은 개발 테스트용 애플리케이션을 배포하기 위해 필요한 API서버와 데이터베이스 등의 인프라 구축 및 개발 환경을 설정하는 내용을 담았습니다.

이 책에 사용된 예제 코드

이 책에 사용된 예제 코드는 다음의 Github 저장소에서 다운로드 받을 수 있습니다.

- ❏ API 서버(IntelliJ) – https://github.com/benimario/parayo-api
- ❏ 안드로이드 앱(Android Studio) – https://github.com/benimario/parayo-android
- ❏ 랜덤채팅 서버 – https://github.com/benimario/kotlin-rancom-chat-server
- ❏ 랜덤채팅 앱 – https://github.com/benimario/kotlin-random-chat-android

감사의 말씀

이 책이 출간될 수 있도록 애써주신 출판사 관계자분들께 감사 말씀을 전하고 싶습니다. 글을 쓰는 것이 쉽지는 않았지만 첫 번째 집필이라는 의미있는 과정을 겪고 결과물을 낼 수 있었기에 매우 기쁩니다. 부족한 저에게 집필 제안을 주신 엄진영님, 엉망이었던 원고를 편집하느라 애쓰셨을 편집자님께 감사드립니다.

쿠팡에 몸담고 있던 시절 모나고 제멋대로인 개발자였던 저를 믿고 이끌어주셨던 Karl(Principal Engineer, 김성희)님과 함께 일했던 모든 동료들에게 감사드립니다. 덕분에 많은 것을 배웠고 즐겁게 일할 수 있었습니다.

끝으로, 책을 준비하느라 함께 있던 대부분의 시간을 작업으로 보냈음에도 불구하고 항상 옆에서 힘이 되어준, 곧 와이프가 될 빛나에게 고맙고 사랑한다는 말을 전하고 싶습니다.

목차

chapter 01 코틀린 속성 입문

chapter 02 개발 환경 소개 및 프로젝트 생성

chapter 03 스토리보드 작성

chapter 04 회원 인증

chapter 05 상품 등록과 검색

chapter 06 푸시 알림

chapter 07 상품 문의

chapter 08 테스트 서버 구축

chapter 09 랜덤 채팅 서비스 만들기

appendix A 개발 환경 구성

chapter 01

코틀린 속성 입문

1장은 자바 등의 다른 객체지향 언어를 하나 정도는 공부해 보았으나 코틀린은 처음인 사람들을 대상으로 합니다. 코틀린에 대해서 이미 잘 아는 독자라면 이 챕터는 읽을 필요가 없습니다. 하나의 언어를 알고 있다면 다른 언어를 배우는 것은 크게 어렵지 않기 때문에 이번 챕터는 가볍게 눈으로 읽고 머리로 이해한 뒤 뒷부분의 실전에서 코드에 익숙해지는 것을 추천합니다. 여기에서는 변수, 함수, 클래스 등의 선언 방법을 살펴보고 여러 가지 제어 구조에 대해 알아보도록 하겠습니다.

1.1 함수와 변수 \\

함수

코틀린에서 함수를 선언하는 방법에는 크게 두 가지 방법이 있습니다.

일반적인 선언 방법

```
fun sum(a: Int, b: Int): Int {
    return a + b
}
```

함수 선언은 *fun* 키워드를 사용합니다. 그리고 함수 이름이 들어가며, 괄호 안의 파라미터는
*파라미터명: 타입*의 형태를 가집니다. 함수의 반환 타입은 파라미터 목록의 닫는 괄호 뒤에
: 반환타입 형태로 적어주게 됩니다. 값을 반환하지 않는 함수의 경우에는 반환 타입을 명시할
필요가 없습니다. 이렇게 선언한 함수의 본문 구조는 자바와 크게 다를 것이 없습니다.

표현식이 본문인 함수

```
fun sum(a: Int, b: Int) = a + b
```

함수명과 파라미터까지는 일반적인 선언 방법과 다를 것이 없지만 중괄호가 없이 = a + b가
들어가 있습니다. 이는 함수를 더 간결하게 표현하는 방법으로 a + b라는 표현식의 결과값이
반환되게 됩니다. 이 경우 컴파일러가 a + b에서 타입을 추론할 수 있으므로 반환값을 명시하
지는 않아도 됩니다.

변수

변수를 선언하는 문법은 다음과 같습니다.

```
val a: Int = 1
val b = 2
```

```
var c: Int = 3
var d = 4
```

변수 선언은 *val*과 *var*로 시작하며, 이어서 변수명: 타입의 순서로 이루어집니다. 다른 여러 언어들과 마찬가지로 선언과 동시에 값을 초기화할 수 있으며, 이 경우에는 타입을 생략할 수 있지만 값을 초기화하지 않는 경우 다음과 같이 타입을 명시해주어야만 합니다.

```
val a: Int
a = 1
```

가변 변수와 불변 변수

앞에서 변수를 선언하는 키워드는 *val*과 *var*가 있음을 배웠습니다. *val*의 경우 한 번 초기화되면 이후 변경 불가능한 값을 나타내며, *var*로 선언한 변수는 초기화 이후에도 값을 변경할 수 있습니다.

```
val a = 1
a = 2 // 컴파일 에러

var b = 3
b = 4 // 문제 없음
```

코틀린에서는 기본적으로 모두 불변 변수인 val로 선언하고 필요한 경우에만 var를 사용하는 것이 바람직하다고 여겨집니다. val로 선언했을지라도 그 참조가 가리키는 객체의 내부 값은 변경될 수 있다는 것을 명심하는 것이 좋습니다.

1.2 흐름 제어

코틀린의 흐름 제어는 자바와 유사하지만 큰 차이점이 존재합니다. 여기서는 if-else, when, for, while문에 대하여 살펴보고 그 특징에 대해 알아봅니다.

if-else문

다른 언어들과 마찬가지로 코틀린에서도 if-else문을 사용해 조건문을 작성할 수 있습니다. 문법은 자바와 거의 같습니다.

```
val dollar = 4
val class: String

if(dollar >= 4) {
    class = "부자"
} else {
    class = "안부자"
}
```

하지만 코틀린의 if-else문은 각 분기의 마지막 표현식의 결과값을 반환한다는 점에서 자바의 if-else와는 다릅니다. 따라서 앞의 예제는 다음과 같이 바꿀 수 있습니다.

```
val dollar = 4
val class = if(dollar >= 4) {
    "부자"
} else {
    "안부자"
}
```

if-else는 분기 내에 표현식이 하나뿐이라면 중괄호를 생략할 수 있습니다. 이 특성을 이용하면 앞의 예제를 다음과 같이 사용해 3항 연산자를 대체할 수 있습니다.

```
val dollar = 4
val class = if(dollar > 4) "부자" else "안부자"
```

when문

when은 자바의 switch를 대체하면서 훨씬 더 강력한 기능들을 제공합니다. 기본적인 사용법은 다음 예제와 같습니다.

```
val english = "blue"
val korean: String

when(english) {
    "blue" -> korean = "파랑"
    "red" -> korean = "빨강"
    "pink" -> korean = "분홍"
    "4 dollars" -> korean = "사딸라"
    else -> korean = "없음"
}


println(korean) // 파랑
```

when을 이용해 값의 범위를 쉽게 비교할 수도 있습니다.

```
val x = 5

// x is in the range
when (x) {
    in 1..10 -> print("x is in the range")
    !in 10..20 -> print("x is outside the range")
    else -> print("none of the above")
}
```

when에서는 객체의 비교 또한 가능합니다.

```
data class Person(val name: String, val age: Int)

val person = Person("Hama", 12)

// The name is Hama
when (person) {
    Person("Girin", 13) -> print("The name is Girin")
    Person("Hama", 12) -> print("The name is Hama")
}
```

when을 이용해 객체의 타입을 비교할 수도 있습니다. 이 경우 스마트캐스트에 의해 객체의 멤버 함수를 사용할 수도 있습니다. 다음 예제 함수를 참고하세요.

```
fun hasPrefix(x: Any) = when(x) {
    is String -> x.startsWith("prefix")
    else -> false
}
```

when에 아무 인자도 주어지지 않는 경우 if-else if 체인을 대체해 훨씬 깔끔한 코드를 만들 수도 있습니다.

```
val x = 2

when {
    x.isOdd() -> print("x is odd")
    x.isEven() -> print("x is even")
    else -> print("x is funny")
}
```

when 또한 값을 반환하므로 다음과 같이 사용할 수 있습니다.

```
val x = (1..10).random()
val y = when {
    x in 1..5 -> x * 2
    x in 6..10 -> x + 100
    else -> 0
}

print(y)
```

for문

for 루프는 이터레이터를 제공하는 어떤 것이든 사용할 수 있습니다. 기본적인 문법은 다음과 같습니다.

```
for (item in collection) print(item)
```

다음과 같이 for 루프의 바디는 블록으로 지정할 수도 있습니다.

```
for (item: Int in ints) {
    // ...
}
```

다음은 for 루프에 범위 표현식을 사용하는 예시입니다.

```
for (i in 1..3) {
    println(i)
}

// 6, 4, 2, 0 순으로 실행
for (i in 6 downTo 0 step 2) {
    println(i)
}
```

while문

while문은 크게 특별한 것이 없습니다. 다음과 같이 사용할 수 있습니다.

```
while (x > 0) {
    x--
}

do {
    val y = retrieveData()
} while (y != null) // y is visible here!
```

1.3 예외

코틀린에서 모든 예외 클래스는 Throwable을 상속받습니다. 예외를 던지기 위해서는 다음과 같이 throw 구문을 사용합니다.

```
throw Exception("Hi There!")
```

예외 처리를 위해서는 자바와 마찬가지로 try 구문을 사용합니다.

```
try {
    // some code
}
catch (e: SomeException) {
    // handler
}
finally {
    // optional finally block
}
```

catch 블록은 예외의 타입에 따라 여러 개를 사용할 수 있으며 finally 블록은 생략이 가능합니다.

코틀린의 try 구문이 자바와 다른 점은 각 블록의 마지막 표현식의 결과값을 반환한다는 것입니다. 다음 예제 코드를 참고하세요.

```
val a: Int? = try { parseInt(input) } catch (e: NumberFormatException) { null }
```

앞의 코드에서 a의 값은 parseInt(input)의 반환값 혹은 null이 됩니다. 결국 a의 타입은 Int?가 됩니다.

코틀린에는 확인된 예외(Checked Exception)가 존재하지 않습니다. 코틀린을 설계한 사람들은 자바의 확인된 예외가 필요하지 않다는 여러 주장에 근거해 확인된 예외를 없앴습니다.

코틀린의 throw 구문은 표현식이기 때문에 엘비스 연산자(?: - 앞의 값이 널일 경우 뒤의 표현식을 이용함) 뒤에 사용할 수 있습니다. 이를 이용해 객체의 값이 null인 경우 예외를 던지는 코드를 다음과 같이 사용할 수 있습니다.

```
val s = person.name ?: throw IllegalArgumentException("Name required")
```

1.4 널 안정성

코틀린의 타입 시스템은 널(null)값을 가진 객체의 위험을 제거하기 위해 설계되었습니다. 자바와 같은 언어에서는 항상 다음과 같이 널 체크를 해야 하지만 대부분의 경우는 습관이 되어있지 않습니다.

```
String string = makeSomeString();
if(string != null) {
    // do something
}
```

이 때문에 많은 프로그램들은 NullPointerException의 위험성을 안고 있습니다. 하지만 코틀린에서는 널값을 가질 수 있는 객체와 널값을 가질 수 없는 객체의 타입이 분리되어 있습니다. 때문에 코틀린에서 NullPointerException을 마주할 수 있는 상황은 다음과 같은 몇가지가 있습니다.

- ❏ 명시적으로 throw NullPointerException()을 호출해 예외를 던지는 경우
- ❏ !! 연산자를 사용해 강제로 변환하는 경우
- ❏ 그 외 상속 관계에서의 특수한 경우 일부
- ❏ 자바와 혼용하는 경우

예로, 코틀린에서 String과 같은 일반적인 타입의 객체는 다음과 같이 널값을 가질 수 없습니다.

```
var a: String = "Kotlin"
a = null // 컴파일 에러
```

대신 널값을 가질 수 있는 객체를 선언하기 위해서는 타입 뒤에 ?를 붙여주면 됩니다.

```
var b: String? = "Kotlin"
b = null // 컴파일 성공
```

여기에서 String의 프로퍼티인 length를 사용하려 하는 경우 널값을 가질 수 없는 변수 a에 대

해서는 a.length와 같이 사용할 수 있지만 널값을 가질 수 있는 변수인 b에 대해서는 b.length와 같은 코드를 사용하는 경우 컴파일 오류가 발생하게 됩니다. 하지만 우리에게는 b의 length에 접근할 방법이 필요합니다. 코틀린에서는 이를 위해 다음과 같은 방법을 제공합니다.

1. if문으로 널체크

```
val b: String? = makeSomeString()
val l = if (b != null) b.length else -1
```

2. 세이프콜(Safe call)

```
val b: String? = makeSomeString()
val l = b?.length // 이 경우 l의 타입은 널을 가질 수 있는 Int?가 됨
```

3. 엘비스 연산자

```
val b: String? = makeSomeString()
val l = b?.length ?: -1 // l의 타입은 Int
```

이 모든 것에도 불구하고 코틀린에서는 NPE(NullPointerException)을 사랑하는 개발자들을 위해 !! 연산자를 준비했습니다. !! 연산자는 널값을 가질 수 있는 타입의 객체를 강제로 널값을 가질 수 없는 타입으로 변환해줍니다. 그리고 그 객체의 값이 널이었다면 NPE를 발생시킵니다.

```
val b: String? = null
val l = b!!.length // l의 타입은 Int가 되지만 여기에서 NPE 발생
```

여러분이 NPE를 사랑하는 개발자라면 b!!와 같은 코드를 사용할 수 있습니다. 그리고 프로그램이 언제 오류를 발생시킬지 모르는 스릴을 만끽하면 됩니다.

1.5 범위 함수 〥〥〥〥〥〥〥〥〥〥〥〥〥〥〥〥〥〥〥〥〥〥〥〥〥〥〥

코틀린에서는 특정 코드 블록을 한 객체의 스코프 내에서 실행하고 싶을 때 사용할 수 있는 몇 가지 특별한 함수가 존재합니다. 이 함수들을 범위 함수(Scope functions)라고 부르며 let, apply, run, also, with의 다섯 가지가 있습니다. 이들이 하는 일들은 거의 비슷하지만 각각 약간의 차이점을 가지고 있습니다.

범위 함수의 일반적인 사용 예는 다음과 같습니다.

```
Person("Alice", 20, "Amsterdam").let {
    println(it)
    it.moveTo("London")
    it.incrementAge()
    println(it)
}
```

만일 이 코드를 let 없이 작성한다면 다음과 같습니다.

```
val alice = Person("Alice", 20, "Amsterdam")
println(alice)
alice.moveTo("London")
alice.incrementAge()
println(alice)
```

범위 함수는 기술적으로 특별한 점이 있지는 않지만 여러분들의 코드를 좀더 깔끔하고 가독성 있게 만들어줄 수 있습니다.

이 다섯 가지의 비슷한 함수들은 다음의 요소들에 대해서 명확한 차이점을 가지고 있습니다.

- ❏ 블록 안에서 컨텍스트 개체를 지칭하는 방법
- ❏ 반환값

앞의 두 요소들에 집중해 범위 함수들을 설명하면 다음과 같습니다.

- ❏ let – 컨텍스트 객체는 묵시적으로 it이 되며 마지막 표현식의 결과를 반환. it 대신 명시적인 변수명을 사용할 수 있음.

- apply – 컨텍스트 객체는 this가 되며 컨텍스트 객체 자신을 반환.

- run – 컨텍스트 객체는 this가 되며 마지막 표현식의 결과를 반환.

- also – 컨텍스트 객체는 it이 되며 컨텍스트 객체 자신을 반환.

- with – 컨텍스트, 객체는 this가 되며 마지막 표현식의 결과를 반환. 함수의 인자로 객체가 필요하다는 점에서 run과 다름.

다음은 공식 문서에 적혀있는 이들 범위 함수들 중 어느 것을 선택할지에 대한 짧은 가이드입니다.

- 널이 아닌 객체에 대해 코드 블록 실행 : let

- 로컬 범위에서 변수로서의 표현식 실행 : let

- 객체 초기화 : apply

- 객체를 초기화하면서 결과값을 계산 : run

- 표현식이 필요한 실행문 : run

- 부수적인 효과 : also

- 객체의 함수 호출을 그룹핑 : with

일례로 널값을 가질 수 있는 객체에 대해서 널이 아닌 경우 안전하게 코드를 실행하고 싶다면 다음과 같이 let을 사용할 수 있습니다.

```
val a: String? = makeSomeString()
a?.let {
    // do something
}
```

1.6 클래스와 프로퍼티

클래스를 선언하는 방법은 다음과 같이 class 키워드를 이용합니다.

```
class Student {
```

```
    var name: String = ""
}
```

클래스 내부에 선언한 *name*이라는 변수는 자바에서 멤버변수라고 부르는 것과는 달리 프로퍼티(property)라고 부릅니다. 프로퍼티는 실제 값을 가지는 필드와 *get*, *set* 등의 접근자 함수로 이루어져 있습니다. 접근자 함수는 프로퍼티 선언 시 기본적으로 제공되며, 원하는 경우 커스텀 접근자 함수를 선언할 수 있습니다. 다음은 *sum*이라는 읽기 전용 프로퍼티의 커스텀 *get* 접근자를 선언하는 방법을 보여줍니다.

```
class Adder {
    // a와 b는 기본 제공되는 get, set 모두 사용 가능
    var a: Int = 0
    var b: Int = 0

    // val로 선언하면 읽기 전용 프로퍼티가 되기 때문에 커스텀 get만 구현
    val sum: Int
        get() {
            return a + b
        }
}
```

접근자를 호출하는 코드는 함수를 호출하지 않고 프로퍼티명을 그대로 사용합니다. 다음은 *Adder* 객체를 생성하고 *a*와 *b*의 값을 입력한 후 *sum*의 *get* 접근자를 호출해 출력하는 코드를 보여줍니다.

```
val adder = Adder() // new 키워드가 필요하지 않음
adder.a = 1 // a의 set 접근자 호출
adder.b = 2 // b의 set 접근자 호출
println(adder.sum) // sum의 get 접근자 호출
```

다음과 같이 프로퍼티를 생성자에 선언하면 클래스 선언이 더 간단해질 수도 있습니다.

```
class Person(val name: String)
```

클래스에 함수가 없이 값만 필요한 경우 중괄호를 생략할 수도 있으며, 위와 같이 값만 가지는

클래스를 value object 라고 부릅니다. 코틀린에서는 value object를 위한 특별한 한정 키워드인 data가 존재합니다. 클래스를 data class Person(val name: String)처럼 선언하면 코틀린 컴파일러가 부가적으로 다음과 같은 일들을 해줍니다.

- ❏ equals() / hashCode() 생성
- ❏ toString()의 결과를 "Person(name=Hama, …)" 형태로 변형
- ❏ 프로퍼티의 순서를 번호로 하는 componentN() 함수 생성

1.7 companion object

코틀린에는 자바와 달리 static 키워드가 존재하지 않습니다. 대신에 다음과 같이 companion object {…} 블록 안에 정적 멤버들을 추가할 수가 있습니다.

```
class WithStaticMember {
    companion object {
        val hello = "world"
    }
}
```

companion object 안에 선언된 멤버들은 코틀린 코드에서 다음과 같이 자바의 static 변수를 사용하듯 사용할 수 있습니다.

```
println(WithStaticMember.hello)
```

1.8 싱글톤

싱글톤 객체를 만드는 방법은 private 생성자를 만들고 companion object에 객체를 반환하는 정적 함수를 만들어 사용하는 전통적인 방법도 있지만 코틀린에는 object 키워드를 이용하는 보다 간단한 방법이 존재합니다.

```
object SingletonClass {
    // ...
}
```

object로 선언한 클래스는 선언과 함께 객체가 생성됩니다. object로 선언된 클래스는 val singleton = SingletonClass()와 같이 다시 객체화할 수 없습니다.

1.9 고차함수와 람다

코틀린의 함수는 일급 객체(first-class)로, 함수가 일반 객체와 같이 취급될 수 있습니다. 변수에 할당될 수 있고 자료구조에 사용될 수 있으며, 다른 함수의 매개변수로 전달되거나 반환 값으로 사용될 수도 있습니다.

매개변수로 함수를 받거나 다른 함수를 반환하는 함수를 고차함수(Higher-Order function)라고 부릅니다. 코틀린에서는 이러한 함수 매개변수나 반환되는 함수를 표현하기 위해 함수 타입을 지원합니다. 다음의 코드를 예로 들어봅시다.

```
fun runTransformation(f: (String, Int) -> String): String {
    return f("hello", 3)
}
```

앞의 코드에서, 매개변수로 선언된 f는 함수 타입으로 정의되어 있습니다. (String, Int) -> String이 바로 함수 타입입니다. 이 타입은 String과 Int를 매개변수로 받고 String을 반환하는 함수를 나타냅니다. 이 함수 타입의 인스턴스를 얻기 위해서는 다음과 같은 몇가지 방법을 사용할 수 있습니다.

람다

```
{ str, num -> str + num.toString() }
```

익명함수

```
fun(str: String, num: Int): String {
    return str + num.toString()
}
```

함수 참조

```
String::toInt
```

함수 타입 인터페이스를 구현한 클래스의 인스턴스

```
class SomeTransformer: (String, Int) -> String {
    override operator fun invoke(str: String, num: Int): String = TODO()
}

val someFunction: (String, Int) -> String = SomeTransformer()
```

이 책에서 UI를 만들 때 사용할 Anko Layout의 UI 생성 함수는 고차함수와 람다를 사용한 표현입니다. 예를 들어, textView 함수의 구현은 다음과 같습니다.

```
inline fun ViewManager.textView(
    text: CharSequence?,
    init: (@AnkoViewDslMarker android.widget.TextView).() -> Unit
): android.widget.TextView {
    return ankoView('$$Anko$Factories$Sdk27View'.TEXT_VIEW, theme = 0) {
        init()
        setText(text)
    }
}
```

코틀린에서는 함수의 매개변수가 함수 하나이거나 마지막 매개변수가 함수일 경우 괄호 바깥에, 혹은 괄호 없이 람다를 넘겨줄 수 있습니다. 다음 예를 살펴봅시다.

```kotlin
fun higherOrderFunction(stringParam: String, funParam: () -> String) {
    println(stringParam + funParam())
}

fun main() {
    higherOrderFunction("Hello ") {
        "World"
    }
}
```

앞의 higherOrderFunction은 마지막 매개변수가 함수이기 때문에 higherOrderFunction을
호출하면서 첫 번째 매개변수인 문자열 "Hello"를 괄호 안에 넣어주고 괄호 바깥에 람다를 넘
겨주었습니다. 만약 매개변수가 함수 하나만 있다면 다음과 같이 괄호도 생략이 가능합니다.

```kotlin
higherOrderFunction {
    "Hello World"
}
```

고차함수와 람다 그리고 다음에 설명할 확장함수를 조합하면 다음과 같이 코틀린 DSL로 가독
성이 뛰어난 html 코드를 작성하는 일도 가능해집니다.

```kotlin
html {
    head {
        // ...
    }
    body {
        span("Hello World")
    }
}
```

1.10 확장 함수와 리시버

코틀린은 클래스 상속이나 데코레이터 패턴 등을 이용하지 않고 클래스의 기능을 확장할 수 있
는 방법을 제공합니다. 확장 함수와 확장 속성이 바로 그것입니다.

확장 함수를 설명하기에 앞서 리시버(receiver)에 대해 알아봅시다. 코틀린의 코드 블록은 항상 어떤 리시버를 타입을 가지고 있습니다. 이 코드 블록 내에서는 해당하는 리시버의 속성이나 함수에 바로 접근할 수 있습니다. 다음 코드 블록을 생각해봅시다.

```
{
    toLong()
}
```

앞의 코드는 Int를 상속받은 클래스 내의 함수와 같은 특수한 경우를 제외하자면 말이 되지 않는 코드입니다. 이 블록을 Int를 받아 Long을 반환하는 함수 타입 (Int) -> Long에 대입한다고 하면 다음과 같이 쓸 수 있습니다.

```
val intToLong: (Int) -> Long = { toLong() }
```

여기에서 toLong()은 존재하지 않는 함수이기 때문에 컴파일 오류가 발생하게 됩니다. 이 함수는 Int가 유일한 매개변수이기 때문에 람다 블록 내에서 it 키워드로 Int 매개변수에 접근할 수 있습니다. 올바른 코드는 다음과 같습니다.

```
val intToLong: (Int) -> Long = { it.toLong() }
```

이렇게만 보면 썩 나쁘지는 않지만 람다 블록이 중첩된다면 it이 중복됨으로 인해 문제가 발생할 소지가 있습니다. 특히 앞으로 설명할 코틀린 DSL과는 어울리지 않습니다. 그리고 경우에 따라서는 코드 블록 내에 it이라는 키워드가 너무 많아지게 되는 문제도 있습니다.

여기에서 바로 리시버가 등장합니다. 우리는 이 코드 블록을 Int 타입을 리시버로 가지는 함수 타입에 할당함으로써 it 없이 동작하게 만들 수 있습니다.

```
val intToLong: Int.() -> Long = { toLong() }
```

확장 함수의 블록 내부에서는 확장하려고 하는 클래스가 리시버 타입이 됩니다. 다음과 같은 확장 함수 정의를 보면 이해가 쉬울 것입니다.

```
fun MutableList<T>.swap(index1: Int, index2: Int) {
    val tmp = this[index1] // 'this' 는 MutableList 의 인스턴스
    this[index1] = this[index2]
    this[index2] = tmp
}
```

위 함수에서 함수 블록 내부의 this는 MutableList〈Int〉의 인스턴스가 됩니다. 블록 내부에서 this는 생략할 수도 있으므로 this[index1]과 동일한 역할을 하는 함수 호출 this.get(index1) 대신에 get(index1) 또한 사용이 가능합니다.

1.11 코틀린 DSL

일반적으로 DSL은 특정 영역에 초점을 맞춘 언어입니다. 우리가 쉽게 접할 수 있는 DSL로는 SQL이 있습니다. 반면에 코틀린이나 자바와 같은 GPL(General-purpose Language)의 경우에는 여러 영역에 걸쳐서 사용될 수 있습니다. 이번에는 코틀린을 사용하 DSL을 만들고 이를 이용해 얻을 수 있는 이점에 대해 알아보겠습니다.

코틀린과 같은 GPL을 이용해 DSL을 만들어낸 것을 internal-DSL이라고 부릅니다. 어떤 독립적인 문법을 만들어내는 것이 아니라 기존 언어의 문법을 특별한 방식으로 사용할 수 있도록 만들어주는 것입니다. 이렇게 만들어진 DSL은 이미 알고있는 언어를 사용할 수 있고, 기존 언어의 기능들을 전부 이용할 수 있다는 장점을 가지고 있습니다.

코틀린은 단순하고 깔끔한 문법과 불필요한 변수들을 너무 많이 사용하지 않을 수 있도록 만들어주는 몇가지 방법을 제공합니다. 앞에서 설명했던 람다와 리시버 그리고 확장 함수가 그 대표적인 예입니다. 이들을 이용해 단순한 코틀린 DSL을 만들어보도록 하겠습니다.

먼저 Person 클래스와 그 클래스는 멤버로 Address를 가지고 있습니다. 우리는 이 클래스들에 대해 Address를 가진 Person 객체를 초기화해주는 DSL을 만들어볼 것입니다.

```
class Person {
    var name: String? = null
    var age: Int? = null
    var address: Address? = null
```

```
    }

    class Address {
        var mandatory: String? = null
        var detail: String? = null
        var postalCode: String? = null
    }
```

만들어볼 DSL의 최종 모습은 다음과 같습니다.

```
val person: Person = person {
    name = "김스타"
    age = 29
    address {
        mandatory = "서울시 강남구 홍길동 123"
        detail = "707호"
        postalCode = "06076"
    }
}
```

앞의 코드를 본다면 프로그래밍 지식이 없는 사람도 어떤 정보인지 한 눈에 유추할 수 있을 것입니다. 그만큼 가독성이 좋고 표현 구조가 명확하다고 해석할 수 있습니다.

먼저 Person 객체를 초기화해주는 person 함수를 선언해줍니다. 매개변수로 초기화 함수를 받아야 하기 때문에 (Person) -> Unit과 같은 함수타입을 가진 매개변수를 선언합니다. 그리고 이 함수는 Person 객체를 반환할 것입니다.

```
fun person(init: (Person) -> Unit): Person {
    val person = Person()
    init(person)
    return person
}
```

그러면 다음과 같이 Person 객체를 초기화할 수 있습니다.

```
val person: Person = person {
    it.name = "김스타"
```

```
    it.age = 29
}
```

대충 비슷한 모양이기는 하지만 매번 it을 붙여줘야 하는 불편함이 있습니다. 이는 다음 코드와 같이 매개변수로 받는 init 함수의 리시버타입을 Person 클래스로 지정해준다면 해결할 수 있습니다.

```
fun person(init: Person.() -> Unit): Person {
    val person = Person()
    init(person)
    return person
}
```

이제 it 없이 비슷하게 Person 객체를 초기화할 수 있게 되었습니다. 그렇지만 내부의 address 를 Person의 멤버로서 초기화해주기 위해서는 Person이 address 함수를 가지고 있어야 합니다. Person의 확장함수로 이를 해결해보도록 하겠습니다. 이 확장함수는 내부에서 Address를 초기화할 수 있도록 그리고 앞에서처럼 it을 사용하지 않도록 Address를 리시버타입으로 가지는 함수를 매개변수로 받아야 합니다.

```
fun Person.address(init: Address.() -> Unit) {
    val address = Address()
    init(address)
    this.address = address
}
```

이제 우리가 원하는 최종 모습대로 Person 객체를 초기화할 수 있게 되었습니다. 하지만 문제가 하나 남아있습니다. 이 DSL에서처럼 람다 내부에 또다른 람다가 있을 때, 안쪽의 람다는 바깥쪽 람다의 리시버에 접근할 수가 있습니다. address { … } 블록 안에서 Person의 name을 수정할 수가 있는 것입니다. 이 경우에 원하지 않거나 예상하지 못한 버그가 발생할 수 있습니다. 이를 해결하기 위해서는 @DslMarker 애노테이션을 이용할 수 있습니다. 다음과 같이 애노테이션 클래스를 선언해줍니다.

```
@DslMarker
annotation class PersonDsl
```

그리고 DSL에서 초기화해줄 클래스에 앞의 애노테이션을 달아줍니다.

```
@PersonDsl
class Person {
    var name: String? = null
    var age: Int? = null
    var address: Address? = null
}

@PersonDsl
class Address {
    var mandatory: String? = null
    var detail: String? = null
    var postalCode: String? = null
}
```

이제 address { … } 블록 내부에서는 Person의 멤버들을 수정할 수가 없게 됩니다.

1.12 문자열 템플릿

코틀린의 문자열 템플릿을 이용하면 문자열 안에서 변수의 값을 직접 참조할 수 있습니다. 다음의 예를 살펴봅시다.

```
val a = "Kotlin"
println("Hello, " + a)
```

자바 프로그래머라면 이런 코드에 익숙할 것입니다. 혹은 String.format() 함수를 이용할 수도 있습니다. 하지만 코틀린에서는 아래와 같은 방법을 제공합니다.

```
val a = "Kotlin"
println("Hello, $a")
```

문자열 안에서 $와 변수명을 붙여 쓰는 것으로 직접 변수의 값을 참조할 수 있습니다.

중괄호를 이용하면 다음과 같이 짧은 표현식을 넣는 것도 가능합니다.

```
val a = "Kotlin"
println("Length = ${a.length}") // Length = 6

val b = (1..10).random()
println("b ${if(b <= 5) "<= 5" else "> 5"}") // b <= 5 혹은 b > 5
```

1.13 코루틴(Coroutine)

코루틴은 코틀린 버전 1.3부터 정식으로 채택된 비동기 라이브러리이며 경량 스레드(light-weight threads)라고 생각할 수 있습니다. OS에 의존적인 스레드와는 달리 스레드간 컨텍스트 전환 비용이 발생하지 않으며 개발자가 직접 중지 지점을 선택할 수 있다는 특성이 있습니다. 코루틴을 사용하면 기존의 복잡했던 비동기 로직을 아주 단순화할 수가 있습니다. 다음 코드를 살펴봅시다.

```
import kotlinx.coroutines.*

fun main() {
    GlobalScope.launch {
        delay(1000L)
        println("World!")
    }
    println("Hello,")
    Thread.sleep(2000L)
}
```

이 코드의 출력 결과는 다음과 같습니다.

```
Hello,
World!
```

코루틴은 특정 코루틴 스코프(CoroutineScope) 컨텍스트의 launch 빌더를 통해 실행될 수 있으며 이 빌더 블록 안의 코드는 스레드처럼 비동기로 실행됩니다. 앞의 코드에서는 GlobalScope 안에서 새 코루틴을 실행시킨 것입니다. 이제부터는 코루틴의 간략한 사용법에 대해 알아보도록 하겠습니다.

먼저, 코루틴을 사용하기 위해서는 build.gradle에 다음의 의존성 추가가 필요합니다.

```
implementation "org.jetbrains.kotlinx:kotlinx-coroutines-core:$coroutine_version"
```

코루틴의 기본적인 사용 방법은 다음과 같습니다.

```
val scope = CoroutineScope(Dispatchers.Default)
scope.launch {
    // do something
}
```

CoroutineScope의 확장 함수인 launch 빌더는 다음과 같이 어느 스케줄러에서 비동기 로직이 실행될지를 지정할 수가 있습니다.

```
scope.launch(Dispatchers.IO) {
    // some I/O
}
```

Dispatchers.IO는 IO 작업을 위해 미리 준비되어있는 스레드풀로써 별다른 시스템 설정을 입력하지 않는 한 기본적으로 64개까지의 범위 내에서 필요에 의해 늘어나거나 줄어들게 됩니다. 이렇게 우리는 디스패처를 넘나들며 어느 스레드풀에서 어느 로직이 실행될지를 결정할 수 있고 이 로직의 규모를 세세하게 나눌 수도 있습니다. 이를 더 잘 이해하기 위해서는 서스펜딩(suspending) 함수를 이해할 필요가 있습니다.

서스펜딩 함수는 현재 코루틴이 실행 중인 스레드를 블록킹하지 않으면서 실행 중인 코루틴을 잠시 중단시킬 수 있는 중단 지점 함수입니다. 이는 곧 서스펜딩 함수를 호출하는 시점에 현재 실행 중인 코루틴은 잠시 중단되며 그 때 남게 되는 스레드는 다른 코루틴에 할당될 수 있음을 의미합니다. 그리고 서스펜딩 함수의 로직이 끝났을 때에 중단되었던 코루틴은 다시 실행될 준비가 됩니다. 서스펜딩 함수를 선언하는 방법은 다음과 같이 suspend 키워드를 사용합니다.

```
suspend fun someAsyncFunction() {
    // do something
}
```

서스펜딩 함수의 이해를 돕기 위해 네트워크 호출을 통해 UI를 업데이트해주는 경우에 대해 살펴봅시다. UI 스레드에서 네트워크 호출이 일어난다면 네트워크로부터 데이터를 가져오는 동안은 UI가 멈춰 있는 것처럼 보여질 것입니다. 이를 방지하기 위해서는 비동기 네트워크 호출 처리가 필요합니다. 다음 예제 코드를 살펴봅시다.

```
suspend fun someNetworkCall(): String {
    delay(1000)
    return "data from network"
}

suspend fun uiFunction() {
    val data = someNetworkCall()
    println(data)
    println("uiFunction is done.")
}
```

uiFunction()을 호출하게 되면 내부적으로 someNetworkCall()의 호출이 일어나게 되고, 이 지점에서 실행되고 있던 uiFunction() 함수는 someNetworkCall()의 호출이 끝날 때까지 중단되게 됩니다. 하지만 uiFunction()을 실행하고 있던 스레드는 여기에서 대기하는 것이 아니라 다른 코루틴에 할당될 수 있는 상태가 됩니다. 앞의 코드를 다음과 같이 수정하고 메인함수를 작성해 확인해볼 수 있습니다.

```
suspend fun someNetworkCall(): String {
    delay(1000)
    return "data from network"
}

suspend fun uiFunction() {
    println("I'm uiFunction. ${Thread.currentThread().name}")
    val data = someNetworkCall()
    println(data)
    println("uiFunction is done.")
```

```
    }

fun main() {
    val scope = CoroutineScope(Dispatchers.Default)

    scope.launch {
        println("I'm coroutine. ${Thread.currentThread().name}")
        uiFunction()
    }

    Thread.sleep(500)

    scope.launch {
        println("I'm another coroutine. ${Thread.currentThread().name}")
    }

    println("main is done. ${Thread.currentThread().name}")
    Thread.sleep(2000)
}
```

JVM 옵션에 −Dkotlinx.coroutines.debug를 주고 이 예제 코드를 실행하면 다음과 같은 로그를 확인할 수 있습니다.

```
I'm coroutine. DefaultDispatcher-worker-1 @coroutine#1
I'm uiFunction. DefaultDispatcher-worker-1 @coroutine#1
main is done. main
I'm another coroutine. DefaultDispatcher-worker-1 @coroutine#2
data from network
uiFunction is done.
```

로그에서 DefaultDispatcher-worker-1이라는 스레드가 @coroutine#1과 @coroutine#2를 모두 실행하는 것을 확인할 수 있습니다. 두 번의 launch 빌더 호출 사이에 있는 Thread.sleep(500)을 제거한다면 스레드 DefaultDispatcher-worker-1은 uiFunction()을 실행중이므로 @coroutine#2에는 다음과 같이 다른 스레드가 할당되는 것을 확인할 수 있습니다.

```
main is done. main
I'm another coroutine. DefaultDispatcher-worker-2 @coroutine#2
```

```
I'm coroutine. DefaultDispatcher-worker-1 @coroutine#1
I'm uiFunction. DefaultDispatcher-worker-1 @coroutine#1
data from network
uiFunction is done.
```

이처럼 코루틴은 비동기 작업을 수행하면서 중지 상태일 때 스레드를 블로킹하지 않고 그 스레드를 재사용할 수 있기 때문에 더욱 효율적이고 빠르게 동작할 수 있습니다. 무엇보다 일반적인 함수 형태로 작성하고 호출 가능하기 때문에 가독성이 높아지고 복잡도가 떨어진다는 큰 장점이 있습니다.

서스펜딩 함수를 사용할 때에 주의할 점은 서스펜딩 함수가 코루틴 내부나 또다른 서스펜딩 함수 내부에서만 호출될 수 있다는 것입니다. 때문에 서스펜딩 함수를 호출하기 위해서는 최소 하나의 코루틴 빌더 블록이 필요하게 됩니다.

자주 사용되는 코루틴 빌더들과 그 특성들은 간단히 다음과 같이 설명될 수 있습니다.

❏ runBlocking – 현재 스레드를 블로킹하는 코루틴 빌더입니다. 일반 함수에서 서스펜딩 함수를 호출하기 위해 사용할 수 있는 가장 단순한 형태의 코루틴 빌더로 내부의 서스펜딩 함수들도 모두 현재 스레드를 블로킹하게 됩니다. 주로 메인 함수에서 탑레벨로 사용됩니다.

❏ launch – 현재 스레드를 블로킹하지 않고 새로운 비동기 작업을 시작합니다. 결과를 받을 수 없기 때문에 파이어 앤드 포겟(Fire–and–forget) 방식의 유즈케이스에 많이 사용됩니다. 예외가 전파되지 않기 때문에 블록 내부에서 try–catch가 필요할 수 있습니다.

❏ async – 현재 스레드를 블로킹하지 않고 새로운 비동기 작업을 시작합니다. Deferred 타입의 객체를 반환하며 await()을 호출해 결과값을 반환받을 수 있습니다. await()은 서스펜딩 함수이기 때문에 코루틴 내부나 또다른 서스펜딩 함수 내부에서 호출되어야 합니다. 예외가 전파되기 때문에 블록 박에서 try–catch로 예외 처리가 가능합니다.

코루틴에 대한 간략한 개념과 예제 코드를 살펴보았지만 이것만으로는 부족합니다. 코루틴을 이해하고 더욱 잘 사용하기 위해서는 공식 문서를 참고해 많은 연습이 필요할 것입니다. 이 책에서 사용된 예제 코드에서도 코루틴을 사용하고 있으니 참고해보기 바랍니다.

chapter 02

개발 환경 소개 및 프로젝트 생성

프로그램을 개발하기 위해서는 개발 환경 구성이 필수적입니다. 2장에서는 자바 개발을 위해서는 필수로 필요한 JDK(Java Development Kit)와 각각 서버 개발, 안드로이드 앱 개발에 특화되어 코드 작성을 더 편리하게 만들어줄 IDE들을 설치합니다. 그리고 이들을 이용해 이 책에서 우리가 만들어갈 프로젝트를 생성 및 구성하고 검증차 약간의 코드들을 작성하고 테스트해볼 것입니다.

2.1 개발 환경 소개 //

이 책에서 다루는 내용을 따라하기 위해서는 다음과 같은 세 가지의 소프트웨어 및 환경을 설치 및 설정할 필요가 있습니다. 이미 다음 툴들 중 일부나 전체를 사용하고 있다면 필요하지 않은 부분은 건너뛰어도 좋습니다.

- ❏ JDK8
- ❏ IntelliJ IDEA
- ❏ Android Studio 3.x
- ❏ MySQL

IntelliJ IDEA는 Java, Kotlin 등의 JVM 기반 언어로 소프트웨어를 개발하기 위한 통합 개발 환경(IDE)이며 JetBrains에 의해 만들어졌습니다. IntelliJ IDEA는 강력한 코드 편집기와 여러 부가 기능들을 제공하고 있고, 일부 기능 제한이 있는 커뮤니티 에디션을 무료로 사용할 수 있습니다. 이 책에서는 서버를 개발하기 위해서 IntelliJ IDEA를 사용할 것입니다.

Android Studio는 안드로이드 앱을 개발하기 위한 공식 IDE며 IntelliJ를 기반으로 만들어졌습니다. Android Studio에는 IntelliJ 기반의 코드 편집기 외에도 안드로이드 애플리케이션을 개발하기 위한 여러 특화된 기능들을 제공하며 무료로 사용할 수 있습니다. 이 책에서 안드로이드 앱 개발을 위한 부분은 Android Studio를 사용할 것입니다.

MySQL은 오픈소스이며 무료로 이용할 수 있는 가장 널리 알려진 데이터베이스 소프트웨어 중 하나입니다.

자세한 설치 방법은 인터넷에서 쉽게 찾을 수 있기 때문에 이 챕터에서는 각 소프트웨어의 구체적인 설치 방법이나 설정 방법에 대해서는 다루지 않을 것입니다. 모든 과정은 이미 소프트웨어들이 설치되어 있다고 가정하고 설명되며, 책을 통해 간단한 설치 방법을 알고 싶다면 "부록 – 개발 환경 구성" 부분을 참고하기 바랍니다.

2.2 프로젝트 생성 \\

이 챕터에서는 우리가 만들 안드로이드 애플리케이션과 API 서버 프로젝트를 각각 Android Studio와 IntelliJ IDEA에서 생성할 것입니다.

2.2.1 API 서버 프로젝트 생성

프로젝트 생성

이 절에서는 스프링 프레임워크와 코틀린을 이용한 API 서버 프로젝트를 구성하고 간단한 Hello API를 만들어볼 것입니다.

IntelliJ IDEA를 실행시키면 다음과 같은 창을 볼 수 있습니다. Create New Project를 눌러 새 프로젝트 생성 화면으로 진입합니다.

그림 2-1. 인텔리제이의 메인 화면

다음 이미지처럼 New Project 창이 뜨면 좌측 탭에서 Gradle을 선택하고 우측에 표시되는 Project SDK 선택 창에서 1.8을 선택, 하위 리스트에서 Kotlin/JVM을 체크한 후 Next 버튼 을 클릭해 다음 화면으로 진입합니다.(윈도우즈의 경우 Project SDK 선택 상자가 Next 클릭 후 나타날 수 있습니다.)

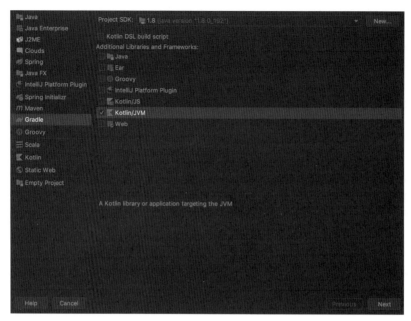

그림 2-2. Gradle 선택 후 Kotlin/JVM에 체크

다음 화면에서는 프로젝트의 그룹과 아티팩트, 버전 정보를 입력해줍니다. 여기에서는 다음과
같은 값들을 사용하겠습니다.

❏ GroupId: com.example

❏ ArtifactId: Parayo

❏ Version: 1.0-SNAPSHOT

모두 적절한 값을 입력했다면 하단의 Next 버튼을 눌러 다음 화면으로 진입합니다.

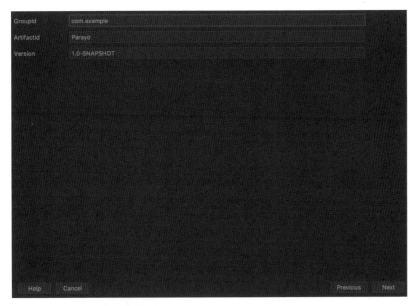

그림 2-3. 프로젝트의 메타정보 입력

다음의 Gradle 설정 화면에서는 Use default Gradle wrapper (recommended)를 선택하고 Gradle JVM으로는 Use Project JDK를 선택한 후 하단의 Next 버튼을 클릭해 다음으로 진행합니다.

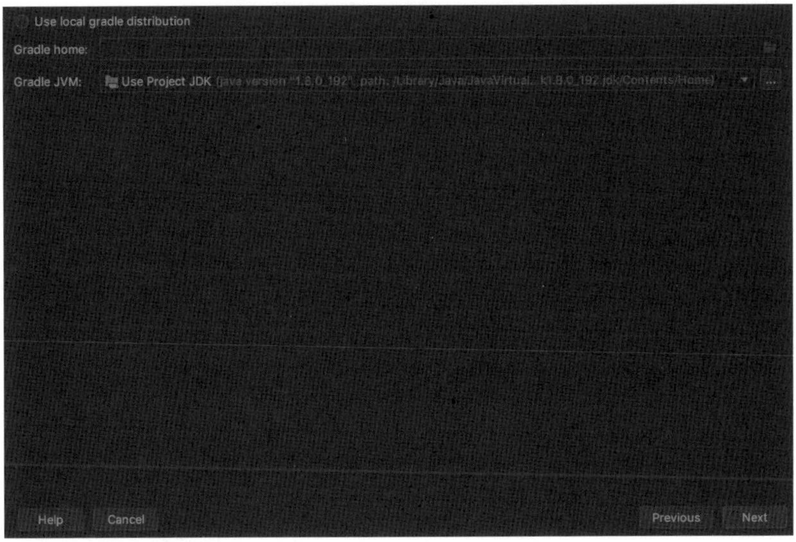

그림 2-4. Gradle 설정

마지막으로는 프로젝트의 정보를 입력해줍니다. 여기에서는 다음과 같은 값을 사용하겠습니다.

- ❏ Project name: Parayo

- ❏ Module name: Parayo

적절한 값을 입력했다면 하단의 Finish 버튼을 클릭해 프로젝트 생성을 끝마칩니다.

그림 2-5. 프로젝트의 정보와 경로 설정

프로젝트가 생성된다면 자동으로 프로젝트 구조를 만들어주게 됩니다. 이때 IntelliJ의 하단에
작업 경과가 표시되게 됩니다. 프로젝트 구조 구성이 끝나면 좌측의 Project 패널에서 다음과
같은 구조를 확인할 수 있습니다.

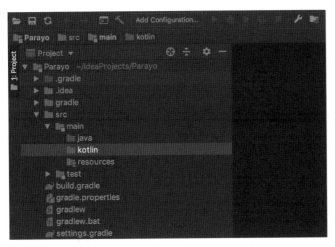

그림 2-6. 프로젝트의 초기 구조

첫 API 만들어보기

프로젝트가 제대로 구성되었는지를 검증할 겸 Hello API를 만들어보도록 하겠습니다. 우리의 API 서버는 REST API를 제공하며 프로토콜로는 HTTP를 사용할 것입니다. 여기에서는 REST와 HTTP에 대해 설명하지는 않지만 널리 사용되고 있는 개념이므로 웹에서 쉽게 정보를 얻을 수 있습니다.

라이브러리 의존성 추가

애플리케이션을 쉽고 빠르게 개발하기 위해서는 이미 만들어진 라이브러리를 사용할 필요가 있습니다. 안드로이드 스튜디오로 생성한 프로젝트에는 강력한 빌드 툴인 Gradle이 기본적으로 사용되고 있으며, 이 빌드 툴의 기능들 중 하나는 라이브러리 의존성을 관리하는 기능입니다. 이 기능을 이용하면 Gradle 빌드 파일에 필요한 라이브러리들의 목록을 나열하는 것만으로 수많은 라이브러리들이 사용 가능해집니다.

먼저 우리가 구축할 프로젝트의 라이브러리 및 빌드 환경 구성을 위해 좌측의 Project 패널에서 build.gradle 파일을 열어줍니다.

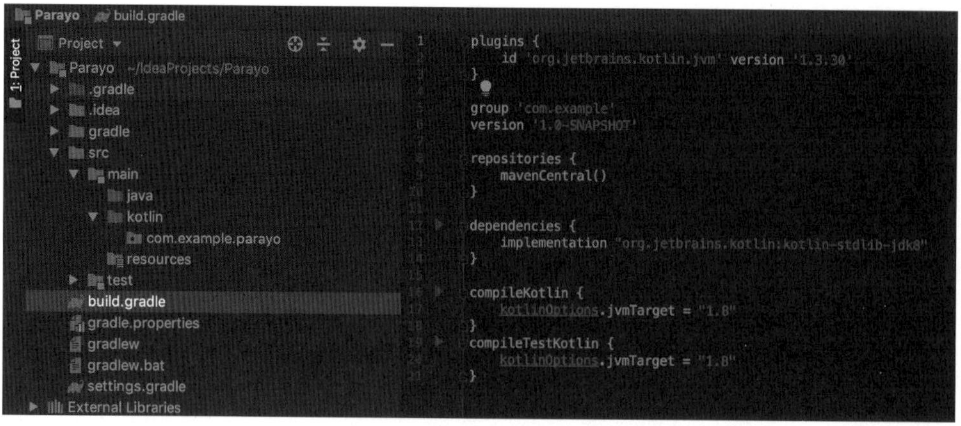

그림 2-7. build.gradle

먼저 그레이들에서 스프링 부트 플러그인을 사용하기 위해 plugins 블록 안에 다음과 같이 한 줄을 추가합니다.

```
id 'org.springframework.boot' version '2.1.5.RELEASE'
```

코틀린에서는 모든 클래스가 기본적으로 상속이 불가능합니다. 상속을 위해서는 클래스 앞에 open 키워드를 붙여줘야 하고 스프링 AOP 등에서는 일부 클래스들의 프록시 객체를 만들기 위해서 상속을 필요로 합니다. kotlin-spring 플러그인은 스프링에서 필요로 하는 일부 클래스들을 open으로 만들어주는 플러그인입니다. 매번 open 키워드를 붙이는 번거로움을 피하기 위해 이 플러그인도 추가해주겠습니다. plugins 블록 안에 다음과 같이 한 줄을 추가합니다.

```
id "org.jetbrains.kotlin.plugin.spring" version "1.3.30"
```

또한 JPA에서 사용하는 엔티티 클래스들도 상속 가능한 클래스여야 합니다. 게다가 엔티티 클래스들은 기본 생성자를 필요로 합니다. 이 번거로움도 자동으로 해결해주는 kotlin-jpa 플러그인을 추가해줍니다.

```
id 'org.jetbrains.kotlin.plugin.jpa' version '1.3.30'
```

그리고 엔티티 클래스들을 기본적으로 상속 가능한 클래스로 만들어주기 위해 repositories { } 블록 위에 다음 블록을 추가합니다.

```
allOpen {
    annotation("javax.persistence.Entity")
}
```

그리고 각종 스프링 부트 관련 라이브러리의 버전을 생략하기 위해 plugins 블록 다음에 io.spring.dependency-management 플러그인을 추가합니다.

```
apply plugin: 'io.spring.dependency-management'
```

이제 스프링 부트의 웹 관련 의존성을 추가하기 위해 dependencies 블록 안쪽에 다음 한 줄을 추가합니다.

```
implementation "org.springframework.boot:spring-boot-starter-web"
```

많은 경우 코틀린의 리플렉션 기능이 필요하기 때문에 해당 라이브러리도 추가해주도록 하겠습니다.

```
implementation "org.jetbrains.kotlin:kotlin-reflect"
```

예제의 경우 최종 build.gradle 파일 내용은 다음과 같습니다.

코드 – build.gradle

```
plugins {
    id 'org.jetbrains.kotlin.jvm' version '1.3.30'
    id 'org.springframework.boot' version '2.1.5.RELEASE'
    id "org.jetbrains.kotlin.plugin.spring" version "1.3.30"
    id 'org.jetbrains.kotlin.plugin.jpa' version '1.3.30'
}

apply plugin: 'io.spring.dependency-management'

allOpen {
    annotation("javax.persistence.Entity")
}
```

```
group 'com.example'
version '1.0-SNAPSHOT'

repositories {
    mavenCentral()
}

dependencies {
    implementation "org.jetbrains.kotlin:kotlin-stdlib-jdk8"
    implementation "org.jetbrains.kotlin:kotlin-reflect"
    implementation "org.springframework.boot:spring-boot-starter-web"
    implementation 'org.springframework.boot:spring-boot-starter-jdbc'
    implementation 'org.springframework.boot:spring-boot-starter-data-jpa'

    runtimeOnly 'mysql:mysql-connector-java'
}

compileKotlin {
    kotlinOptions.jvmTarget = "1.8"
}
compileTestKotlin {
    kotlinOptions.jvmTarget = "1.8"
}
```

이제 상단 메뉴에서 View 〉 Tool Windows 〉 Gradle을 클릭하면 우측에 나타나는 Gradle 창에서 반복 아이콘처럼 생긴 Refresh all Gradle projects 버튼을 클릭합니다.

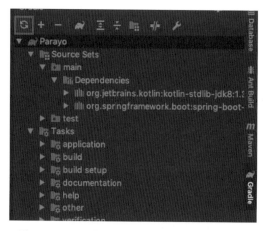

그림 2-8. Gradle 창에서 좌측 상단의 아이콘 클릭

각종 라이브러리를 다운로드 받는 동안 IntelliJ의 하단에 진행 상황이 표시됩니다. 잘 안 되는 경우 네트워크 연결을 꼭 확인하기 바랍니다. 라이브러리를 모두 다운로드 받았다면 Gradle 창의 Source Sets 하위에 빨간 밑줄이 그어진 부분이 없어야 합니다. 이제 프로젝트를 시작할 준비가 되었습니다.

Hello API 개발

이제 우리의 첫 API를 작성해보도록 하겠습니다.

Application 클래스 생성

서버 애플리케이션을 실행하기 위해서는 @SpringBootApplication 애노테이션을 가진 애플리케이션 클래스와 이 클래스를 실행시켜주는 메인함수가 필요합니다. 먼저 애플리케이션 클래스를 생성하기 위해 좌측의 Project 패널에서 kotlin 소스 디렉토리에 마우스 오른쪽 버튼을 클릭 후 New 〉 Package를 클릭해 **com.example.parayo** 패키지를 생성해줍니다.

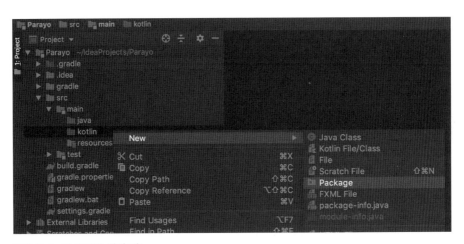

그림 2-9. 새 패키지 생성 메뉴

이어서 애플리케이션 클래스도 생성해줍니다. com.example.parayo 패키지에 마우스 오른쪽 버튼을 클릭하고 New 〉 Kotlin File/Class 를 선택합니다.

그림 2-10. 새 코틀린 클래스 생성 메뉴

이후 나타나는 팝업에 다음과 같은 정보를 입력하고 OK 버튼을 클릭해 파일을 생성합니다.

```
Name: ParayoApplication
Kind: Class
```

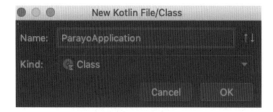

그림 2-11. 새 코틀린 클래스 생성

소스 파일을 생성하면 생성한 파일이 자동으로 편집기에서 열리게 됩니다. 파일 내용은 다음과 같이 작성해줍니다.

코드 – com/example/parayo/ParayoApplication.kt

```kotlin
package com.example.parayo

import org.springframework.boot.autoconfigure.SpringBootApplication
import org.springframework.boot.runApplication

@SpringBootApplication // 1
```

```
open class ParayoApplication
```

```
fun main() {
    runApplication<ParayoApplication>()
}
```

1. @SpringBootApplication 애노테이션은 자신이 스프링 설정 클래스임을 나타냄과 동시에 스프링 부트 애플리케이션이 실행될 때 패키지 하위의 스프링 컴포넌트들을 재귀적으로 탐색해 등록하도록 만들어줍니다. 그리고 스프링 부트가 제공하는 자동 설정(auto configuration) 기능을 이용할 수 있도록 설정해줍니다. 메인 함수는 다음 이미지처럼 에디터에서 메인 함수의 좌측 영역에 표시되는 실행 버튼을 눌러 실행할 수 있습니다.

그림 2-12. 메인 함수 실행 버튼

메인 함수 내에서 미리 준비된 runApplication 함수를 이용해 이 클래스를 구동시키면 다음과 비슷한 로그를 보여주며 스프링 부트 애플리케이션이 실행됩니다.

그림 2-13. 스프링 부트 애플리케이션 실행 로그

로그의 마지막 줄 근처에서 다음과 같은 내용이 보인다면 스프링 부트 서버가 성공적으로 실행된 것입니다.

```
Started ParayoApplicationKt in 3.229 seconds (JVM running for 18.382)
```

서버가 성공적으로 실행된 것을 확인했다면 IntelliJ 상단 툴바의 정지(Stop) 버튼을 클릭해 서버를 중지시켜줍니다.

Hello API

이제부터는 본격적인 API 코드를 작성해보도록 하겠습니다. 먼저 통일된 API 스펙을 만들기 위해 응답 데이터의 형태를 성공여부, 메시지 그리고 데이터를 가지는 것으로 정의합니다.

코드 – com/example/parayo/common/ApiResponse.kt

```kotlin
package com.example.parayo.common

data class ApiResponse(
    val success: Boolean,
    val data: Any? = null,
    val message: String? = null
) {

    // 1
    companion object {
        fun ok(data: Any? = null) = ApiResponse(true, data)
        fun error(message: String? = null) =
            ApiResponse(false, message = message)
    }

}
```

1. ApiResponse의 생성자에 값을 넣어줄 수도 있지만 보다 명료하게 성공이나 실패 응답을 생성해주는 ok(), error()라는 정적 함수를 함께 정의했습니다. 이제 우리는 ApiResponse.ok(data)와 같은 방식으로 API 응답을 생성할 수 있습니다.

API 호출 중 오류가 발생했을 때에 장황한 오류 코드가 클라이언트까지 흘러가는 것은 바람직한 일이 아닐 것입니다. 오류 발생 시에도 깔끔한 오류메시지를 온전한 API 응답 형태로 전파할 수 있도록 전역 익셉션 핸들러도 정의해줍니다. 이 익셉션 핸들러에는 두 가지 기능을 정의합니다. 하나는 ParayoException을 캐치해 익셉션의 메시지를 전파하는 것이고, 나머지 하나는 ParayoException을 제외한 모든 예외를 캐치해 "알 수 없는 오류가 발생했습니다."라는 메시지를 전파하는 것입니다. 여기에 쓰일 ParayoException 클래스를 먼저 정의해줍니다.

코드 – com/example/parayo/common/ParayoException.kt

```kotlin
package com.example.parayo.common

import java.lang.RuntimeException

class ParayoException(message: String) : RuntimeException(message)
```

다음으로는 전역 익셉션 핸들러를 구현해줍니다. 스프링의 @ControllerAdvice 애노테이션을 이용하면 손쉽게 전역 익셉션 핸들러를 구현할 수 있습니다.

코드 – com/example/parayo/common/ParayoExceptionHandler.kt

```kotlin
package com.example.parayo.common

import org.slf4j.LoggerFactory
import org.springframework.web.bind.annotation.ControllerAdvice
import org.springframework.web.bind.annotation.ExceptionHandler
import org.springframework.web.bind.annotation.RestController

@ControllerAdvice // 1
@RestController
class ParayoExceptionHandler {

    private val logger = LoggerFactory.getLogger(this::class.java)

    @ExceptionHandler(ParayoException::class) // 2
    fun handleParayoException(e: ParayoException): ApiResponse {
        logger.error("API error", e)
        return ApiResponse.error(e.message)
    }

    @ExceptionHandler(Exception::class)
    fun handleException(e: Exception): ApiResponse {
        logger.error("API error", e)
        return ApiResponse.error("알 수 없는 오류가 발생했습니다.")
    }

}
```

1. @ControllerAdvice 애노테이션은 스프링에게 이 클래스가 전역적인 익셉션 핸들러임을 알려줍니다.

2. @ExceptionHandler(...) 애노테이션은 이 함수가 괄호 안에 들어간 타입의 예외를 처리할 것이라는 것을 알려줍니다.

이제 앞서 설명했던 것과 같이 API 호출 중 ParayoException이 발생하면 오류메시지를 직접 전달하고 나머지 오류에 대해서는 "알 수 없는 오류가 발생했습니다."라는 메시지를 전파하게 되었습니다.

다음으로는 Hello API 코드를 작성해보도록 하겠습니다. controller 패키지 아래에 HelloController.kt 파일을 생성하고 다음과 같이 API 컨트롤러 코드를 작성합니다.

코드 – com/example/parayo/controller/HelloController.kt

```kotlin
package com.example.parayo.controller

import com.example.parayo.common.ApiResponse
import org.springframework.web.bind.annotation.GetMapping
import org.springframework.web.bind.annotation.RestController

@RestController // 1
class HelloApiController {

    @GetMapping("/api/v1/hello") // 2
    fun hello() = ApiResponse.ok("world")

}
```

아주 간단하게 Hello API를 만들었습니다. 이제 코드의 각 부분을 살펴봅시다.

1. @RestController 애노테이션이 달린 컨트롤러는 스프링에서 HTTP 호출의 응답으로 뷰를 렌더링하지 않고 HTTP의 본문에 직접 텍스트로 이루어진 데이터를 쓴다는 것을 나타냅니다.

2. @GetMapping 애노테이션이 붙은 함수는 HTTP의 GET 메서드를 통해 해당 함수를 실행하도 이 반환값을 응답으로 되돌려준다는 의미입니다. 앞의 코드의 경우 "world"라는 문자열을 반환했으므로 HTTP의 본문 영역에 world가 쓰여지게 됩니다. @GetMapping

괄호 안쪽의 "/api/v1/hello"는 HTTP로 "/api/v1/hello"라는 주소가 이 API를 호출하는 주소라는 것을 의미합니다.

이제 메인 함수를 다시 실행해봅니다. 서버가 성공적으로 실행된 것을 확인한 후 웹브라우저를 통해 http://localhost:8080/api/v1/hello를 열어보면 다음과 같은 응답이 출력될 것입니다.

그림 2-14. 브라우저에서 hello API 호출

데이터베이스 연결

어느 단말에서나 로그인하고 상품 정보를 볼 수 있도록 하는 것들을 위해 회원 정보나 상품 정보 등을 저장하려면 데이터베이스가 필요합니다. 스프링 부트는 일부 설정을 수정하는 것만으로 여러 데이터베이스 시스템을 이용할 수 있습니다. ORM과 데이터베이스 라이브러리를 이용하면 코틀린 문법을 그대로 이용해 데이터베이스를 이용할 수 있습니다. 여기에서는 spring-data-jpa와 MySQL을 이용하도록 하겠습니다.

예제는 각자 사용할 수 있는 MySQL이 설치되어 있을 것이라고 가정하고 설명되어 있지만 MySQL을 설치해본 적이 없는 독자들은 "부록 – 개발 환경 구성"의 MySQL 부분을 참고해 MySQL을 먼저 설치 및 설정해주면 됩니다.

데이터베이스 연결을 위한 의존성 추가

의존성 추가를 위해 build.gradle 파일을 열어 dependencies { ⋯ } 블록 안에 다음 세 줄을 추가합니다.

```
implementation 'org.springframework.boot:spring-boot-starter-jdbc'
implementation 'org.springframework.boot:spring-boot-starter-data-jpa'
runtimeOnly 'mysql:mysql-connector-java'
```

그리고 우측의 Gradle 탭에서 Refresh all Gradle projects 버튼을 눌러 의존성들을 다운로드 받습니다. 다운로드가 완료되면 우리가 원하는 데이터베이스 라이브러리를 사용할 준비가 된 것입니다.

최종 build.gradle은 다음과 같습니다.

코드 – build.gradle

```
plugins {
    id 'org.jetbrains.kotlin.jvm' version '1.3.30'
    id 'org.springframework.boot' version '2.1.5.RELEASE'
}


apply plugin: 'io.spring.dependency-management'

group 'com.example'
version '1.0-SNAPSHOT'

repositories {
    mavenCentral()
}


dependencies {
    implementation "org.jetbrains.kotlin:kotlin-stdlib-jdk8"
    implementation "org.jetbrains.kotlin:kotlin-reflect"
    implementation "org.springframework.boot:spring-boot-starter-web"
    implementation 'org.springframework.boot:spring-boot-starter-jdbc'
    implementation 'org.springframework.boot:spring-boot-starter-data-jpa'

    runtimeOnly 'mysql:mysql-connector-java'
}


compileKotlin {
    kotlinOptions.jvmTarget = "1.8"
}
compileTestKotlin {
    kotlinOptions.jvmTarget = "1.8"
}
```

데이터베이스 설정 추가

Hello API 때에는 별도의 설정 파일이 없이 서버를 실행시켰지만 데이터베이스 연결을 위해서는 데이터베이스 정보가 기입된 설정 파일이 필요합니다. 스프링 부트는 resources 디렉토리 아래에 있는 application.properties나 application.yml 파일을 자동으로 설정 파일로 인식합니다. 그러므로 먼저 resources 디렉토리 아래에 설정 파일을 생성해주어야 합니다. 여기에서는 yml 문법이 더 가독성이 좋다고 판단해 application.yml 파일을 생성하도록 하겠습니다.

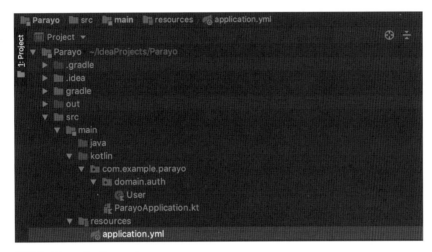

그림 2-15. application.yml

application.yml 파일을 열어 다음과 같이 데이터베이스 관련 설정을 입력해줍니다.

코드 – application.yml

```yaml
spring:
  datasource:  # 1
    url: jdbc:mysql://127.0.0.1:3306/parayo?useUnicode=true&characterEncoding=utf8&autoReconnect=true&useSSL=false
    username: parayo
    password: parayopassword
    data-username: parayo
    data-password: parayopassword
    driver-class-name: com.mysql.jdbc.Driver
  jpa:  # 2
    hibernate:
```

```
        ddl-auto: update
    database-platform: org.hibernate.dialect.MySQL5InnoDBDialect
```

1. 사용할 데이터소스의 설정을 기입합니다. 사용된 속성은 각각 다음과 같습니다.

- ❏ url : 데이터베이스 연결에 사용할 URL을 입력해줍니다. 여기에서는 로컬에 MySQL을 설치했기 때문에 127.0.0.1로 사용했습니다.

- ❏ username : 데이터베이스 연결에 사용할 사용자 아이디입니다.

- ❏ password : 데이터베이스 연결에 사용할 사용자의 비밀번호입니다.

- ❏ data-username : DML 스크립트를 실행할 때 사용할 사용자 아이디입니다. username과 다르지 않다면 생략해도 좋습니다.

- ❏ data-password : DML 스크립트를 실행할 때 사용할 사용자의 비밀번호입니다. 사용자 아이디가 username과 동일하다면 생략해도 좋습니다.

2. JPA에 관한 설정을 입력합니다. hibernate.ddl-auto는 서버가 실행될 때 자동으로 실행될 데이터베이스 스키마에 대한 DDL 정책입니다. update의 경우 테이블이 존재하지 않는다면 테이블을 생성해주고 스키마가 변경된다면 테이블을 얼터링해줍니다. 서버가 실행될때마다 스키마가 업데이트될 수 있다는 것은 위험요소이기도 하지만 개발 초기이면서 혼자서 개발할 경우에는 update 옵션을 사용하는 것이 편리한 방법이기도 합니다.

이제 Hello API 때와 마찬가지로 스프링 부트 애플리케이션을 실행시켜서 문제없이 서버가 실행되었다면 데이터베이스를 사용할 준비가 되었습니다. 이 데이터베이스는 "4. 회원 인증" 챕터에서 회원 정보를 저장하기 위해 처음으로 사용하게 될 것입니다.

2.2.2 안드로이드 애플리케이션 프로젝트 생성

프로젝트 생성

우리가 만들 안드로이드 애플리케이션은 다음과 같은 사양을 가지고 있습니다.

- ❏ Android 5.0 이상 지원

- ❏ AndroidX 기반

- ❏ Kotlin

먼저 Android Studio를 실행시키면 다음과 같은 창을 볼 수 있습니다. Android Studio 3.3.2 기준의 튜토리얼이므로 버전이 달라진다면 순서나 메뉴에 다소 차이가 있을 수도 있습니다. "Start a new Android Studio project"를 클릭해 새 프로젝트를 생성합니다.

그림 2-16. 안드로이드 스튜디오 메인 화면

다음으로는 기본적으로 생성될 액티비티를 선택하는 화면이 보일 것입니다. 여기에서는 자동으로 생성되는 코드를 사용하지 않을 것이므로 Add No Activity를 선택하고 Next를 클릭해 다음 화면으로 넘어가도록 합니다.

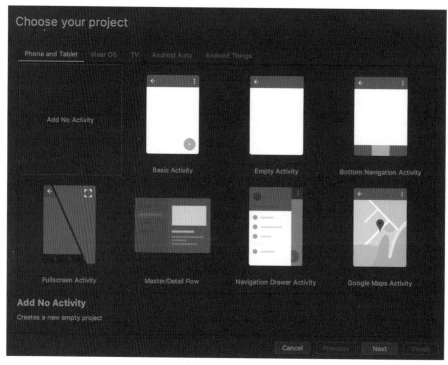

그림 2-17. 새 프로젝트를 생성할 때 화면

프로젝트 설정 화면이 나타나면 애플리케이션의 이름과 패키지 정보, 지원할 안드로이드 버전 정보 등을 입력합니다. 여기에서는 다음과 같은 값을 사용하도록 하겠습니다.

- ❏ Name – Parayo
- ❏ Package name – com.example.parayo
- ❏ Language – Kotlin
- ❏ Minimum API level – API 21: Android 5.0 (Lollipop)
- ❏ Use AndroidX artifacts 체크

값을 입력한 후 Finish를 눌러 프로젝트 생성을 마칩니다.

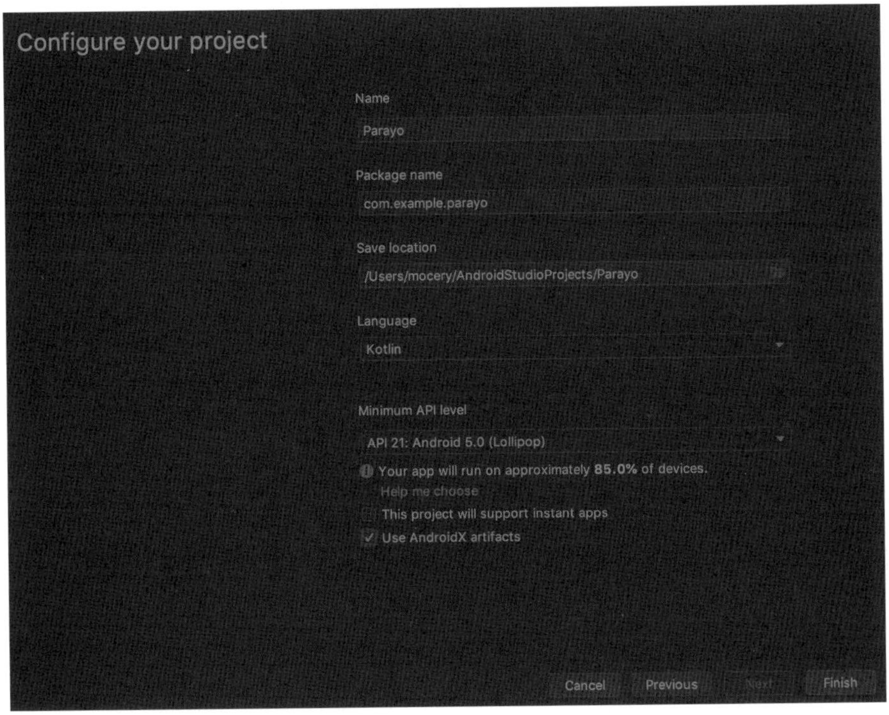

그림 2-18. 프로젝트 정보 입력 및 사용 언어/API 레벨 선택

프로젝트를 생성하게 되면 기본적으로 설정된 라이브러리들을 다운로드 받으며 프로젝트 구성을 하게 됩니다. Android Studio의 화면 하단에 프로그레스바가 표시되니 작업이 끝날 때까지 잠시 기다려줍니다. 네트워크 속도가 좋지 않은 환경이라면 다소 오래 걸릴 수도 있습니다.

프로젝트가 성공적으로 생성되었다면 화면 좌측의 Project 탭에서 다음과 같은 구조를 확인할 수 있습니다.

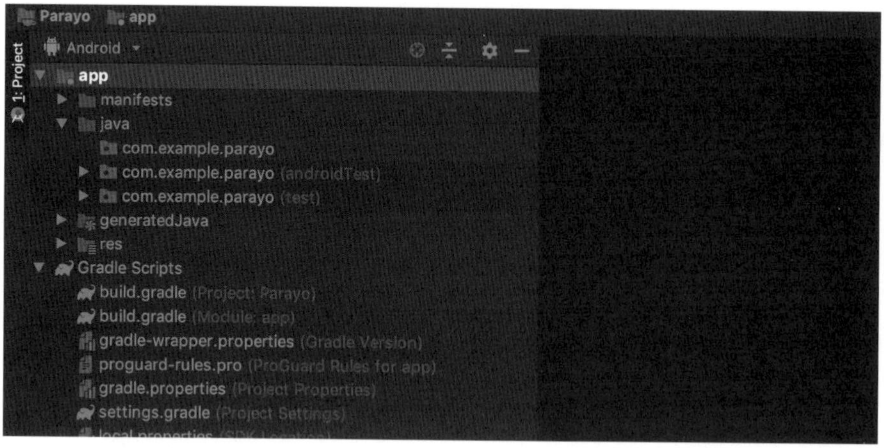

그림 2-19. 프로젝트의 초기 구조

첫 화면 만들어보기

이제 프로젝트가 잘 구성되었는지 테스트도 할 겸 초기 진입 화면을 만들어보겠습니다. 먼저 com.example.parayo 패키지에 마우스 오른쪽 버튼을 클릭하고 New 〉 Package를 선택한 후 intro라는 패키지를 만들어줍니다. 그리고 다시 com.example.parayo.intro 패키지에 마우스 오른쪽 버튼을 클릭하고 New 〉 Kotlin File/Class를 선택합니다. 생성할 파일 이름은 IntroActivity로 하겠습니다.

파일을 생성하면 그 파일이 자동으로 에디터에서 열리게 됩니다. 다음과 같이 우측의 에디터 창에서 방금 생성한 파일의 내용을 확인할 수 있습니다.

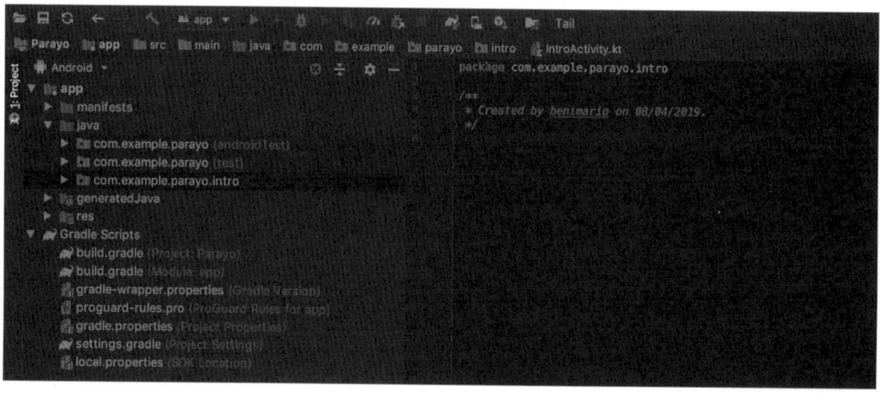

그림 2-20. IntroActivity.kt

에디터에서 다음과 같이 Activity 클래스를 상속받는 IntroActivity 클래스를 작성해줍니다.

코드 – com/example/parayo/intro/IntroActivity.kt

```
package com.example.parayo.intro

import android.app.Activity

// 1
class IntroActivity : Activity() {
}
```

1. Activity는 안드로이드 애플리케이션을 구성하는 화면 단위의 컴포넌트로, 안드로이드 애플리케이션 개발에 있어서 가장 중요한 부분 중 하나입니다. Activity는 화면에 보여지기 위해서 View를 포함해야 하며 애플리케이션의 구성요소로 취급되기 위해서는 Manifest 파일에 등록이 되어야 합니다. 위와 같이 코드를 작성했다면 IntroActivity라는 클래스명이 다음과 같이 강조되어 있을 것입니다.

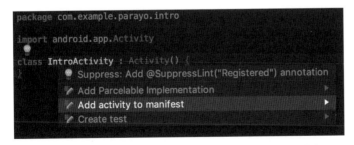

그림 2-21. IntroActivity 영역이 배경색으로 강조되어 있음

IntroActivity라는 클래스명에 커서를 위치시키고 Alt + Enter(OSX의 경우 option + return) 키를 누르면 다음과 같이 Manifest에 Activity를 등록할 수 있는 옵션이 나타납니다.

```
package com.example.parayo.intro

import android.app.Activity

class IntroActivity : Activity() {
}
         💡  Suppress: Add @SuppressLint("Registered") annotation
         🖉 Add Parcelable Implementation                          ▶
         🖉 Add activity to manifest                               ▶
         🖉 Create test                                            ▶
```

그림 2-22. Alt + Enter(option + return) 키를 누르면 나타나는 팝업

Add activity to manifest를 선택해 Manifest에 Activity를 등록해줍니다. 그리고 Activity가 잘 등록되었는지 확인하기 위해 좌측의 Package 탭에서 manifests를 더블클릭해 열어보겠습니다.

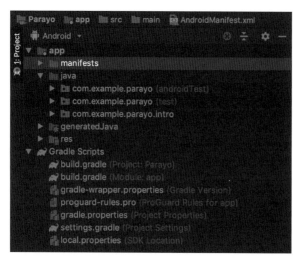

그림 2-23. manifests 폴더를 더블클릭하면 AndroidManifest.xml 파일이 열린다

AndroidManifest.xml 파일이 열리고 에디터에서 IntroActivity가 잘 등록된 것을 확인할 수 있습니다.

코드 – AndroidManifest.xml

```xml
<manifest xmlns:android="http://schemas.android.com/apk/res/android"
          xmlns:tools="http://schemas.android.com/tools"
          package="com.example.parayo">

    <application android:allowBackup="true"
                 android:label="@string/app_name"
                 android:icon="@mipmap/ic_launcher"
                 android:roundIcon="@mipmap/ic_launcher_round"
                 android:supportsRtl="true"
                 android:theme="@style/AppTheme"
                 tools:ignore="GoogleAppIndexingWarning">
        <activity android:name=".intro.IntroActivity"/>
    </application>

</manifest>
```

애플리케이션이 실행되기 위해서는 애플리케이션의 시작 지점이 되는 액티비티가 하나 필요합니다. 방금 만든 IntroActivity를 시작 지점으로 등록하기 위해 Manifest 파일을 다음과 같이 수정하겠습니다.

⟨activity android:name=".intro.IntroActivity"/⟩에서 뒷쪽의 "/" 문자가 지워졌다는 사실을 꼭 명심해주세요.

코드 – AndroidManifest.xml

```xml
<manifest xmlns:android="http://schemas.android.com/apk/res/android"
          xmlns:tools="http://schemas.android.com/tools"
          package="com.example.parayo">

    <application android:allowBackup="true"
                 android:label="@string/app_name"
                 android:icon="@mipmap/ic_launcher"
                 android:roundIcon="@mipmap/ic_launcher_round"
                 android:supportsRtl="true"
                 android:theme="@style/AppTheme"
                 tools:ignore="GoogleAppIndexingWarning">
        <activity android:name=".intro.IntroActivity">
            <intent-filter>
                <action android:name="android.intent.action.MAIN" />
                <category android:name="android.intent.category.LAUNCHER" />
            </intent-filter>
        </activity>
    </application>

</manifest>
```

AndroidManifest에 두 가지 더 추가할 것이 남았습니다. 한 가지는 API를 사용하는 등의 네트워크 요청을 위해 INTERNET 권한을 명시해주어야 합니다. 다른 하나는 HTTPS 대신 HTTP를 사용할 수 있도록 설정해주는 것입니다. 안드로이드 P 업데이트 이후로는 HTTPS를 사용해야만 하도록 정책이 변경되었기 때문입니다. 하지만 개발 환경에서는 HTTPS를 사용하기가 번거로우므로 HTTP를 사용할 수 있도록 application 엘리먼트에 usesClearTextTraffic 속성을 추가해야 합니다. 최종 AndroidManifest 파일은 다음과 같습니다.

```xml
<manifest xmlns:android="http://schemas.android.com/apk/res/android"
        xmlns:tools="http://schemas.android.com/tools"
        package="com.example.parayo">

    <uses-permission android:name="android.permission.INTERNET"/>

    <application android:allowBackup="true"
            android:label="@string/app_name"
            android:icon="@mipmap/ic_launcher"
            android:roundIcon="@mipmap/ic_launcher_round"
            android:supportsRtl="true"
            android:theme="@style/AppTheme"
            android:usesCleartextTraffic="true"
            tools:ignore="GoogleAppIndexingWarning">
        <activity android:name=".intro.IntroActivity">
            <intent-filter>
                <action android:name="android.intent.action.MAIN" />
                <category android:name="android.intent.category.LAUNCHER" />
            </intent-filter>
        </activity>
    </application>

</manifest>
```

이어서 기본적으로 애플리케이션의 상단 액션바를 보이지 않게 만들고 기본 배경색을 흰색으로 바꾸기 위해 애플리케이션의 테마를 변경해줍니다. res/values/styles.xml 파일을 열어 다음과 같이 수정합니다.

```xml
<resources>

    <!-- Base application theme. -->
    <style name="AppTheme"
        parent="Theme.MaterialComponents.Light.NoActionBar">
    <!-- Customize your theme here. -->
        <item name="colorPrimary">@color/colorPrimary</item>
        <item name="colorPrimaryDark">@color/colorPrimaryDark</item>
```

```
        <item name="colorAccent">@color/colorAccent</item>
        <item name="android:background">@android:color/white</item>
    </style>

</resources>
```

이제 코드 수준에서는 애플리케이션을 실행할 준비가 끝났습니다.

안드로이드 가상 장치 생성

애플리케이션을 실행하기 위해서는 안드로이드 단말이 필요합니다. 이 책에서는 대부분의 경우 안드로이드 가상 장치 상에서 애플리케이션을 실행하도록 할 것입니다. 다음 과정은 안드로이드 가상 장치를 생성하고 실행하는 방법을 보여줍니다.

먼저 안드로이드 가상 장치를 생성하기 위해 상단의 Tools 메뉴에서 AVD Manager를 클릭해 AVD Manager를 열어줍니다.

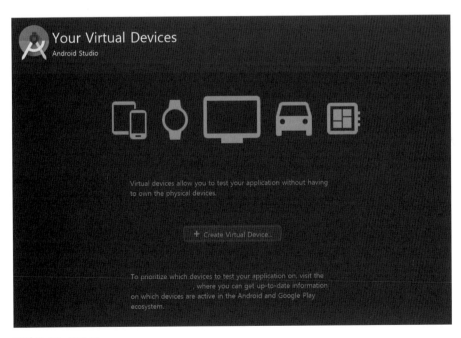

그림 2-24. AVD Manager

초기에는 생성되어있는 가상 장치가 없기 때문에 가상 장치의 목록이 표시되지 않습니다.

Create Virtual Device 버튼을 클릭해 새 가상 장치를 생성합니다. 다음과 같은 화면이 나타나면 생성하고자 하는 가상 장치의 모델을 선택합니다. 이 책에서는 Phone 〉 Nexus 5X를 선택했습니다. Next 버튼을 클릭해 다음 과정으로 넘어갑니다.

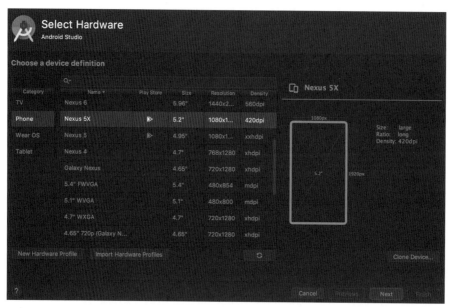

그림 2-25. 가상 장치 선택

시스템 이미지를 선택하는 화면이 나타나면 원하는 버전의 안드로이드 시스템 이미지를 선택해줍니다. 여기에서는 Pie - Android 9.0 (Google Play)를 사용하도록 하겠습니다. 해당 이미지에 Download라는 파란색 글자가 보인다면 클릭해서 먼저 다운로드를 받은 후 Next 버튼을 클릭해 다음 과정을 진행합니다.

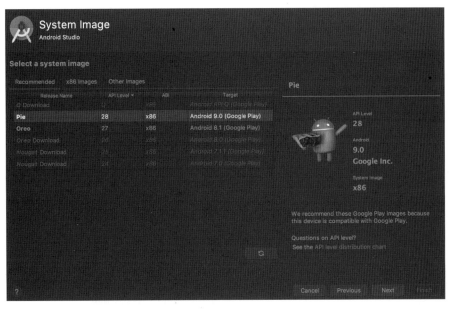

그림 2-26. 가상 장치에서 사용할 안드로이드 버전 선택

이제 현재까지의 선택을 검증하고 수정할 수 있는 화면이 나타납니다. Finish를 눌러 그대로 생성을 마칩니다.

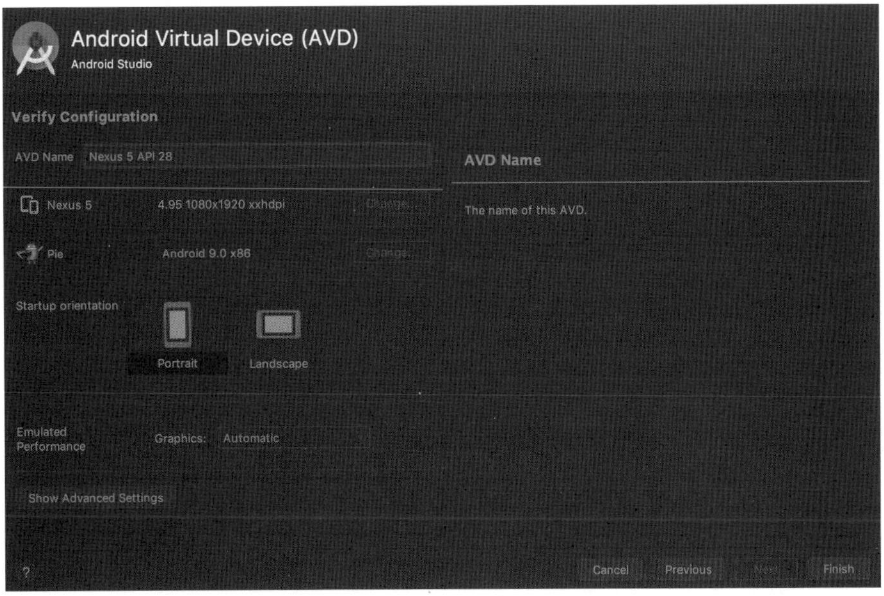

그림 2-27. 가상 장치 생성의 마지막 단계

이제 AVD Manager 의 목록에 방금 생성한 가상 장치가 나타날 것입니다. 우측의 녹색 실행 버튼(세모)을 클릭하면 안드로이드 에뮬레이터가 실행됩니다.

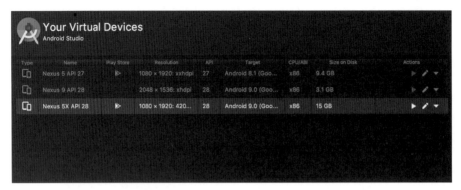

그림 2-28. 가상 장치를 생성하면 AVD Manager에서 가상 장치들의 목록이 나타난다

다음과 같이 안드로이드 에뮬레이터가 실행되었다면 필요한 준비는 모두 마쳤습니다.

그림 2-29. 실행된 안드로이드 에뮬레이터

첫 애플리케이션 실행

상단의 Run 메뉴에서 Run 'app'을 클릭하면 애플리케이션을 설치하고 실행시킬 장치를 선택하는 팝업이 나타납니다. 방금 생성했던 가상 장치(여기에서는 Nexus 5X)를 선택하고 OK 버튼을 누릅니다.

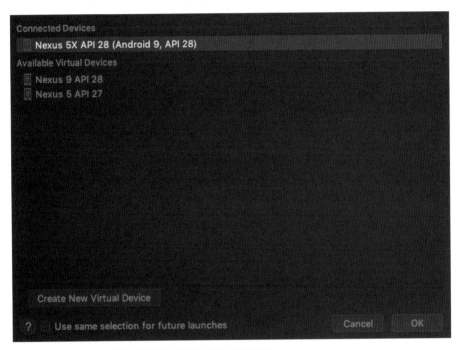

그림 2-30. 애플리케이션을 설치 및 실행할 가상 장치 선택

빌드가 진행된 후 안드로이드 가상 장치에 다음과 같은 빈 화면을 가진 앱이 실행되었다면 성공입니다.

그림 2-31. 지금까지 만든 빈 화면을 가진 앱이 실행된 모습

라이브러리 의존성 추가

안드로이드 스튜디오에서 프로젝트를 생성하면 기본적으로 두 개의 bulid.gradle 파일이 생성됩니다. 하나는 프로젝트 수준의 파일이며 또다른 하나는 애플리케이션 모듈(app) 수준의 파일입니다. 좌측의 Project 탭에서 Gradle Scripts 하위에 다음과 같은 두 개의 파일을 확인할수 있습니다.

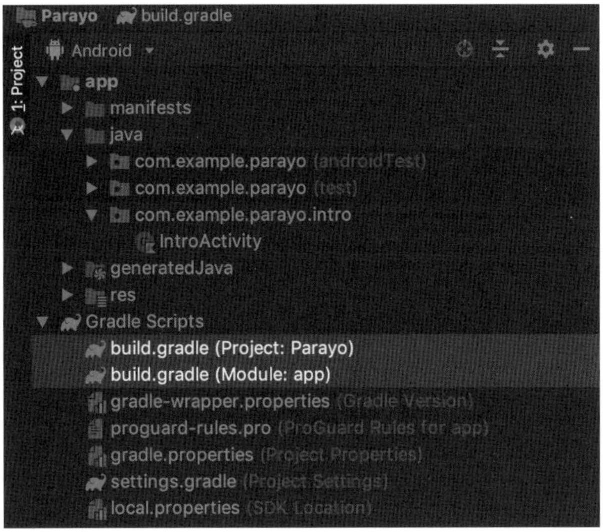

그림 2-32. 프로젝트와 모듈 수준의 build.gradle 파일들

이 책에서는 코틀린 DSL로 뷰를 만들기 위해 Anko라는 라이브러리를 사용할 것입니다(코틀린 DSL에 대해서는 이 챕터의 마지막에 조금 더 자세히 설명합니다). Anko는 코틀린으로 안드로이드 애플리케이션을 개발하면서 불필요한 코드를 줄여 간결한 문법으로 쉽고 빠르게 애플리케이션을 개발할 수 있도록 도와주는 라이브러리이며, 여기에는 Anko Layout이라는 UI 라이브러리도 포함이 되어 있습니다.

우리의 애플리케이션에 Anko 의존성을 추가하기 위해 애플리케이션 수준의 build.gradle 파일을 열어 코드를 추가하겠습니다. 애플리케이션 수준의 build.gradle 파일은 앞의 이미지에 보이는 두 개의 build.gradle 파일 중 아래의 것입니다(build.gradle (Module: app). 먼저 이 파일을 에디터에서 열어 다음과 같이 사용할 Anko의 버전을 정의합니다. 현재 시점에 가장 최신 버전은 0.10.8 입니다.

```
ext {
    anko_version = '0.10.8'
}
```

앞의 코드는 dependencies 블록 안에서 인식할 수 있도록 적절한 위치에 삽입하면 되는데, 여기에서는 dependencies 블록 앞에 삽입했습니다. 그리고 dependencies 블록 안쪽의 가장 아래에 다음과 같이 Anko 의존성을 추가합니다.

```
implementation "org.jetbrains.anko:anko:$anko_version"
```

머티리얼 디자인 컴포넌트를 쉽게 적용할 수 있는 디자인 서포트와 유연하게 레이아웃을 만들 수 있도록 도와주는 ConstraintLayout을 사용하기 위해 다음 의존성도 추가해줍니다.

```
implementation "org.jetbrains.anko:anko-design:$anko_version"
implementation "org.jetbrains.anko:anko-design-coroutines:$anko_version"
implementation "org.jetbrains.anko:anko-constraint-layout:$anko_version"
implementation "androidx.constraintlayout:constraintlayout:2.0.0-beta2
```

그러면 다음과 같이 에디터의 우측 상단에 Sync Now라는 링크가 표시됩니다. 이 링크를 클릭하거나 또는 상단 File 메뉴 하위의 Sync Project with Gradle Files를 클릭하면 Gradle이 추가된 라이브러리를 다운로드 받기 시작합니다.

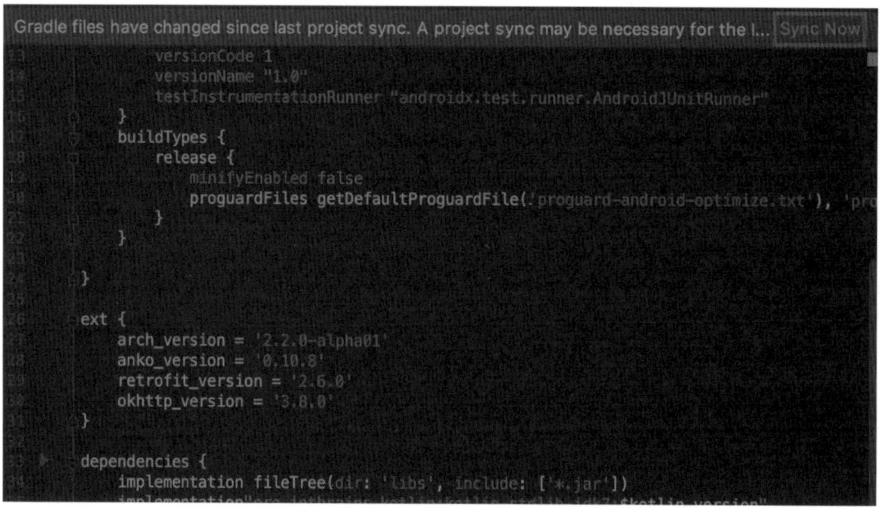

그림 2-33. build.gradle 파일을 수정하면 에디터 우측 상단에 동기화 버튼이 나타난다

네트워크 환경이 불량한 곳에서는 이 작업이 오래 걸리거나 오류가 발생할 수 있습니다. 별다른 오류가 출력되지 않는다면 라이브러리가 추가되었을 것입니다.

여기까지 진행한 build.gradle의 코드는 다음과 같습니다.

코드 – build.gradle

```
apply plugin: 'com.android.application'

apply plugin: 'kotlin-android'

apply plugin: 'kotlin-android-extensions'

android {
    compileSdkVersion 28
    defaultConfig {
        applicationId "com.example.parayo"
        minSdkVersion 21
        targetSdkVersion 28
        versionCode 1
        versionName "1.0"
        testInstrumentationRunner "androidx.test.runner.AndroidJUnitRunner"
    }
    buildTypes {
        release {
            minifyEnabled false
            proguardFiles getDefaultProguardFile('proguard-android-optimize.txt'),
'proguard-rules.pro'
        }
    }
}

ext {
    anko_version = '0.10.8'
}

dependencies {
    implementation fileTree(dir: 'libs', include: ['*.jar'])
    implementation"org.jetbrains.kotlin:kotlin-stdlib-jdk7:$kotlin_version"
    implementation 'androidx.appcompat:appcompat:1.1.0-rc01'

    implementation 'androidx.core:core-ktx:1.1.0-alpha05'
    testImplementation 'junit:junit:4.12'
    androidTestImplementation 'androidx.test:runner:1.2.0-alpha03'
    androidTestImplementation 'androidx.test.espresso:espresso-core:3.2.0-alpha03'

    implementation "org.jetbrains.anko:anko:$anko_version"
```

```
        implementation "org.jetbrains.anko:anko-design:$anko_version"
        implementation "org.jetbrains.anko:anko-design-coroutines:$anko_version"
        implementation "org.jetbrains.anko:anko-constraint-layout:$anko_version"
}
```

첫 UI 만들기

앞에서 추가한 Anko Layout을 이용해 UI를 만들어보도록 하겠습니다. 먼저 IntroActivity.
kt와 같은 패키지에 IntroActivityUI.kt 파일을 생성해줍니다. IntroActivityUI를 별도
의 UI 클래스로 사용하기 위해서는 먼저 AnkoComponent를 구현해야 합니다. 이때 UI가
IntroActivity의 것이라는 정보도 함께 제공해야 합니다. 여기까지의 코드는 다음과 같습니다.

코드 – com/example/parayo/intro/IntroActivityUI.kt

```
package com.example.parayo.intro

import org.jetbrains.anko.AnkoComponent

// 1
class IntroActivityUI : AnkoComponent<IntroActivity> {
}
```

AnkoComponent를 구현한 UI 클래스는 다음 함수를 오버라이드해주어야 합니다.

```
fun createView(ui: AnkoContext<T>): View
```

1. 앞의 코드에서는 createView 함수를 구현하라는 의미로 class IntroActivityUI에 빨간
   밑줄이 그어져 있습니다. 해당 위치에 커서를 옮겨 Alt + Enter(OSX의 경우 option +
   return)을 누르면 다음과 같이 멤버들을 구현할 수 있는 옵션이 나타납니다.

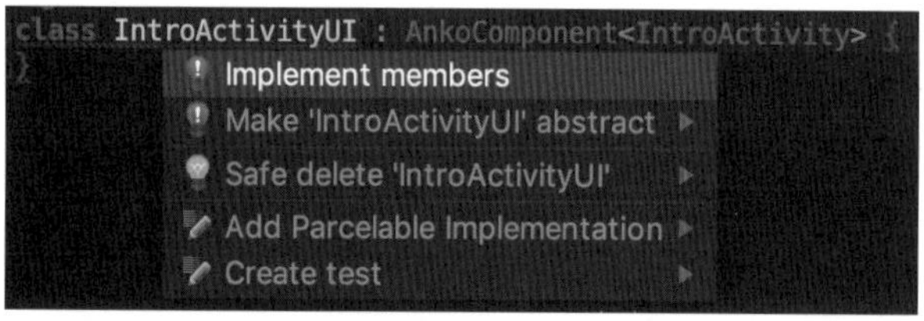

그림 2-34. IntroActivityUI 클래스명에 Alt + Enter(option + return) 입력시 나타나는 팝업

Implement members를 선택하면 구현할 수 있는 멤버들의 목록이 나타납니다. createView를 선택하고 OK 버튼을 클릭하면 자동으로 오버라이딩된 함수가 나타납니다.

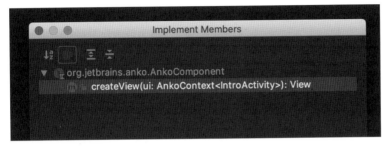

그림 2-35. IntroActivityUI 클래스가 구현할 수 있는 멤버들의 목록

다음은 안드로이드 스튜디오가 만들어주는 함수 내용입니다.

```
override fun createView(ui: AnkoContext<IntroActivity>): View {
    TODO("not implemented") // ...
}
```

이제 생성된 TODO 행은 삭제하고 코틀린 DSL로 뷰를 작성해보겠습니다. 애플리케이션의 초기 진입 화면으로 사용하기 위해서 심플하게 가운데에 텍스트로 된 앱 로고를 넣을 것입니다. createView 함수의 내용을 다음과 같이 작성합니다.

코드 – com/example/parayo/intro/IntroActivityUI.kt의 createView()

```
override fun createView(ui: AnkoContext<IntroActivity>): View {
    return ui.relativeLayout { // 1
        gravity = Gravity.CENTER // 2

        // PARAYO 라는 텍스트 출력
        textView("PARAYO") {
            textSize = 24f
            textColorResource = R.color.colorPrimary
            typeface = Typeface.DEFAULT_BOLD
        }
    }
}
```

1. UI의 루트 레이아웃을 RelativeLayout으로 지정합니다. RelativeLayout은 레이아웃 내의 요소들에 대해 서로간의 상대적인 위치를 지정할 수 있는 레이아웃입니다.

2. 레이아웃 내의 요소들을 화면 가운데에 정렬합니다.

코드의 구조에 대해서는 바로 다음의 코틀린 DSL 절에서 자세히 설명하도록 하겠습니다. 이렇게 작성된 UI 코드는 IntroActivity 클래스에서 호출해줌으로써 화면에 보여질 수 있습니다. 에디터에서 IntroActivity.kt 파일을 열어 다음과 같은 코드를 추가해줍니다.

코드 – com/example/parayo/intro/IntroActivity.kt의 onCreate()

```
override fun onCreate(savedInstanceState: Bundle?) {
    super.onCreate(savedInstanceState)
    val ui = IntroActivityUI()
    ui.setContentView(this)
}
```

이제 애플리케이션을 실행하면 안드로이드 가상 장치에서 다음과 같은 화면을 볼 수 있을 것입니다.

그림 2-36. IntroActivity 화면

Hello API 호출해보기

여기에서는 앞서 개발한 Hello API를 호출하는 코드를 만들어보겠습니다. 안드로이드 애플리케이션에서 HTTP API를 호출하기 위한 방법에는 여러 가지가 있지만 이 프로젝트에서는 대중적으로 널리 알려진 라이브러리 중 하나인 Retrofit을 사용할 것입니다.

API 인터페이스 정의 및 구현체 생성

Retrofit은 API 인터페이스를 정의하는 것만으로 자동으로 API 호출부터 결과 파싱까지 진행해주는 편리한 라이브러리입니다. 이 라이브러리를 사용하기 위해서는 앱 수준 build.gradle에 의존성 추가가 필요합니다. 먼저 ext {...} 블록에 다음과 같이 Retrofit을 이용한 API 호출에 필요한 라이브러리의 버전을 추가해줍니다.

```
ext {
    anko_version = '0.10.8'
    retrofit_version = '2.6.0'
    okhttp_version = '3.8.0'
}
```

그리고 dependencies {...} 블록 안에 Retrofit과 관련한 의존성들을 추가해줍니다.

```
implementation "com.squareup.retrofit2:retrofit:$retrofit_version"
implementation "com.squareup.retrofit2:converter-gson:$retrofit_version"
implementation "com.squareup.okhttp3:okhttp:$okhttp_version"
implementation "com.squareup.okhttp3:logging-interceptor:$okhttp_version"
```

Gradle Sync를 끝내고 라이브러리가 다 다운받아지면 com.example.parayo.api 패키지 아래에 ApiGenerator.kt 파일을 생성해줍니다. 이 클래스는 우리가 사용할 API 인터페이스의 객체를 생성해주는 역할을 할 것입니다.

코드 – com/example/parayo/api/ApiGenerator.kt

```
package com.example.parayo.api

import okhttp3.OkHttpClient
import okhttp3.logging.HttpLoggingInterceptor
import retrofit2.Retrofit
```

```kotlin
import retrofit2.converter.gson.GsonConverterFactory

class ApiGenerator {

    fun <T> generate(api: Class<T>): T = Retrofit.Builder()
        .baseUrl(HOST)
        .addConverterFactory(GsonConverterFactory.create())
        .client(httpClient())
        .build()
        .create(api)

    // 1
    private fun httpClient() =
        OkHttpClient.Builder().apply {
            addInterceptor(httpLoggingInterceptor())
        }.build()

    private fun httpLoggingInterceptor() =
        HttpLoggingInterceptor().apply {
            level = HttpLoggingInterceptor.Level.BODY
        }

    companion object {
        const val HOST = "http://10.0.2.2:8080" // 2
    }

}
```

1. Retrofit과 연계할 HTTP 통신 객체를 생성하는 함수입니다. Retrofit에서는 기본적으로 OkHttp 클라이언트를 사용하도록 되어 있습니다. OkHttp 또한 많이 쓰이는 HTTP 통신 라이브러리입니다. HttpLoggingInterceptor에서는 API의 응답 결과를 로그로 확인하기 위해 별도로 HTTP 바디를 로깅해주도록 설정해 OkHttpClient에 추가해주었습니다.

2. 여기에서는 HOST를 하드코딩 했지만 실제로는 build variants 등을 이용해서 개발 환경, 운영환경의 빌드 설정에 따라 자동으로 주소를 선택하게 만들어주는 편이 운영환경에 개발서버 주소를 입력하는 실수 등을 방지할 수 있습니다. 그리고 확장성을 위해서는 IP보다는 도메인을 사용하는 편이 좋지만, 이 책에서는 개발에 집중하기 위해 build variants나 도 메인과 같은 요소에 대해서는 다루지 않습니다. HOST의 값으로 사용된 10.0.2.2라는 아이피는 안드로이드 에뮬레이터에서 로컬호스트에 띄운 서버를 지칭할 때 사용되는 아이피입니다.

이어서 서버에서 정의한 API 응답 구조에 맞춰 클라이언트쪽에서 사용할 ApiResponse 클래스도 만들어줍니다.

코드 – com/example/parayo/api/response/ApiResponse.kt

```kotlin
package com.example.parayo.api.response

data class ApiResponse<T>(
    val success: Boolean,
    val data: T? = null,
    val message: String? = null
) {

    companion object {
        // 1
        inline fun <reified T> error(message: String? = null) =
            ApiResponse(false, null as T?, message)
    }

}
```

1. 자체적으로 오류 응답을 만들어내야 하는 상황이 생길 수 있기 때문에 error() 함수도 추가해주었습니다. reified 키워드는 인라인 함수에 붙을 수 있는 특별한 키워드로써 이 함수를 ApiResponse.error⟨Type⟩(...) 과 같은 형태로 호출할 수 있도록 만들어줍니다.

이제 API를 정의하는 인터페이스를 추가해줍니다.

코드 – com/example/parayo/api/ParayoApi.kt

```kotlin
package com.example.parayo.api

import retrofit2.http.GET

interface ParayoApi {

    // 1
    @GET("/api/v1/hello")
    suspend fun hello(): ApiResponse<String> // 2
```

```
    companion object {
        // 2
        val instance  = ApiGenerator()
                .generate(ParayoApi::class.java)
    }

}
```

1. @GET("/api/v1/hello")는 HTTP의 GET 메서드로 해당 URI를 호출한다는 것을 의미합니다.

2. RRetrofit 2.6.0부터는 코틀린 코루틴을 지원하기 때문에 RxKotlin 등의 별도 라이브러리를 사용하지 않고도 비동기 호출을 지원합니다. 이를 이용하기 위해서는 API 인터페이스를 suspend 함수로 선언해주면 됩니다. 함수의 반환값으로는 API의 응답 타입을 정의하면 됩니다.

3. instance라는 정적 필드에 Retrofit이 생성해준 ParahoApi 인터페이스의 구현체를 넣어주었습니다.

이제 IntroActivity에서 Hello API를 호출하고 이를 로그로 남겨보도록 하겠습니다. IntroActivity의 onCreate 함수에 다음과 같이 코드를 추가해줍니다.

코드 – com/example/parayo/intro/IntroActivity.kt의 onCreate()

```
override fun onCreate(savedInstanceState: Bundle?) {
    super.onCreate(savedInstanceState)
    val ui = IntroActivityUI()
    ui.setContentView(this)

    runBlocking {
        try {
            val response = ParayoApi.instance.hello()
            Log.d("IntroActivity", response.data)
        } catch (e: Exception) {
            Log.e("IntroActivity", "Hello API 호출 오류", e)
        }
    }
}
```

그리고 서버가 실행된 상태로 애플리케이션을 실행시켜보면 안드로이드 스튜디오 하단의 Logcat 탭에서 다음과 같은 API 호출 로그를 확인할 수 있습니다.

그림 2-37. Logcat 탭에서 로그 확인

2.3 마치며

이 책에서 사용되는 Anko Layout은 책으로서는 다소 실험적인 성격이 존재하지만 대부분의 경우에는 실무에 적용할 수 있을만큼 완성도가 갖추어져 있습니다. 안드로이드의 레이아웃은 일반적으로 XML로 작성되어왔고 최근에는 드래그 앤 드롭 방식으로 레이아웃을 작성하는 방법도 많이 발달해있습니다. 이 책에서는 코틀린으로 대부분의 코드를 작성하기 위해 Anko Layout을 채택하였고 이것이 현재 시점에는 다소 일반적이지 않은 방법일지라도 XML과 비교해 아주 큰 차이점은 존재하지 않습니다. 때문에 이 책을 통해 코드를 작성해본다면 XML 레이아웃도 어렵지 않게 이해할 수 있습니다.

[9장 랜덤 채팅 서비스 만들기]에서 XML 레이아웃을 이용해 랜덤 채팅 앱을 개발하는 내용을 다루고 있습니다.

## chapter 03

스토리보드 작성

스토리보드란 영화나 텔레비전 광고 또는 애니메이션같은 영상물을 제작하기 위해 작성하는 문서로 많이 알려져있습니다. 하지만 형식이 조금 다를 뿐 IT 업계에서도 스토리보드라고 불리우는 것이 사용되고 있습니다. 3장에서는 IT 업계에서 사용하는 스토리보드란 무엇인지 또 어떤 용도이고 어떻게 작성하는지를 간략하게 알아보도록 합니다.

3.1 스토리보드 //

애플리케이션을 개발할 때 스토리보드가 있다면 크게 도움이 될 수 있습니다. 스토리보드에는
일반적으로 다음의 이미지처럼 애플리케이션의 UI 구성과 그것들이 어떻게 동작할지에 대한
내용 등이 기술되어 있습니다.

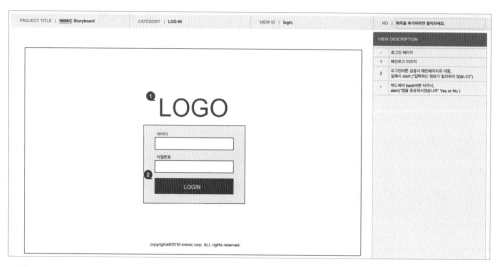

그림 3-1. 스토리보드 예시

스토리보드가 있다면 개발에서의 시행착오가 줄어들게 되며 어느 부분이 얼마만큼 개발되었는
지 체크하기에도 유리해집니다.

이번 챕터에서는 우리가 만들 애플리케이션에 대한 스토리보드를 약식으로 보여줄 것입니다.
이 책에서는 기본적인 구현에 초점을 맞출 것이기 때문에 지나치게 세세한 요구사항은 기술하
지 않을 것입니다. 그리고 다음 챕터부터는 이 스토리보드를 기반으로 서비스를 개발해보도록
하겠습니다.

01. 스플래시

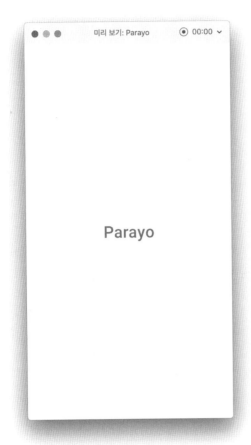

미리 보기: Parayo ◉ 00:00 ⌄

Parayo

그림 3-2. 스플래시 화면

#	설명
1	앱 실행시 1.5초동안 로고를 보여줌

02. 로그인

그림 3-3. 로그인 화면

#	설명
1	이메일 주소와 비밀번호로 로그인함. 메일주소 형식을 지켜야 하며 비밀번호는 공백을 제거하고 8자리 이상 20자리 이하여야 함
2	버튼을 누르면 로그인을 시도 로그인 실패 시 : "로그인 정보를 확인해주세요"라는 토스트를 띄움 로그인 성공 시 : 04. 상품 리스트 화면으로 이동
3	영역을 터치했을 때 03. 회원가입 화면으로 이동

03. 회원 가입

그림 3-4. 회원 가입 화면

#	설명
1	이메일 주소와 이름, 비밀번호만으로 회원가입이 이루어진다. 이메일 형식 검증이 필요하며 이름은 2자 이상 20자리 이하, 비밀번호는 공백을 제거하고 8자리 이상 20자리 이하여야 한다.
2	이메일 주소와 비밀번호가 조건에 맞게 입력되었을 때 활성화 됨. 버튼을 누르면 회원 가입을 시도 이미 가입된 이메일 주소일 때 : "이미 사용 중인 이메일입니다."라는 토스트를 띄움 성공적으로 가입되었을 때 : 02. 로그인 화면으로 이동

04. 상품 리스트

그림 3-5. 상품 리스트 화면

#	설명
1	햄버거 버튼을 누르면 좌측으로부터 드로어 메뉴가 열림(우측 이미지)
2	돋보기 버튼을 누르면 06. 상품 검색 페이지로 이동
3	카테고리 영역. 카테고리 리스트는 좌우로 스크롤 가능. 선택된 카테고리는 밑줄로 강조
4	상품 리스트 영역. 아래로 스크롤하면 상품이 추가로 로드됨. 좌/우 스와이프로 카테고리 이동 가능
5	버튼을 누르면 07. 상품 등록 페이지로 이동
6	앱 로고 이미지
7	네비게이션 영역. 아이템 터치시 각 해당하는 화면으로 이동 문의 : 문의 목록 페이지로 이동　　　로그아웃 : 로그아웃 처리

05. 상품 상세

그림 3-6. 상품 상세 화면

#	설명
1	뒤로가기 버튼을 누르면 바로 이전의 화면으로 돌아감
2	상품 이미지 영역. 상품을 등록할 때 업로드된 이미지가 슬라이드 됨
3	상품 가격이 노출됨
4	스크롤에 영향 받지 않고 바닥에 고정되어 있음. 상품 문의 버튼을 누를 경우 상품 문의 화면으로 이동
5	상품 설명이 노출됨

06. 상품 검색

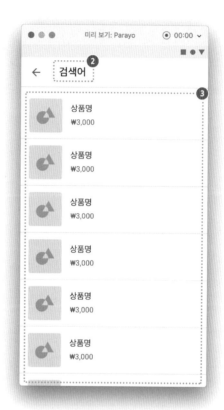

그림 3-7. 상품 검색 화면

#	설명
1	상단 우측 검색 버튼을 누르면 인풋박스가 노출
2	입력한 검색어가 검생 결과 창의 앱바에 노출
3	입력한 검색어가 상품명에 포함된 상품들이 노출됨

07. 상품 등록

그림 3-8. 상품 등록 화면

#	설명
1	각 카메라 아이콘 영역 터치시 사진첩에서 사진 선택. 사진 1장은 필수로 등록해야 하며 최대 4장까지 등록 가능
2	상품명은 40글자까지 허용. 최소 한 글자 이상 입력
3	영역 터치시 카테고리 리스트가 스피너로 나타남
4	터치시 상품을 등록한다. 필수 값이 누락되었을 경우 상품 등록을 보류하고 누락이나 조건에 맞지 않는 내용을 토스트메시지로 알려줌
비고	상품명, 상품 설명, 가격 필드는 필수로 입력. 가격은 0보다 큰 값이어야 함

08. 상품 문의

그림 3-9. 상품 문의 화면

#	설명
1	질문과 답변 1:1로 한 묶음으로 보여짐 질문이 위에 답변은 아래로 보여짐
2	답변이 없는 경우 자신이 올린 상품이라면 답변 버튼이 노출 버튼 클릭 시 답변 등록 폼 띄워줌
3	문의하기 버튼 클릭 시 문의 등록 폼 띄워줌
4	내용을 입력하고 등록을 클릭하면 문의 혹은 답변이 등록되고 창이 닫힘

09. 내 문의

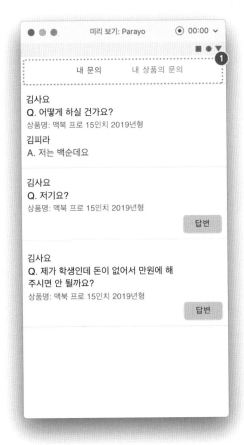

그림 3-10. 내 문의 화면

#	설명
1	드로어 메뉴의 내 문의 메뉴를 통해 진입하면 내 문의와 내 상품의 문의가 탭으로 나누어져 보여짐

3.2 마치며

스토리보드는 세세하고 명확할수록 개발에 도움이 됩니다. 여기에 사용된 스토리보드는 아주 세부적인 내용까지 들어있지는 않지만 이 책을 통해 구현하려 하는 것은 MVP(최소 기능 제품) 이고, 커뮤니케이션이 필요한 기획자가 따로 있지 않기 때문에 꼭 필요한 내용만 넣었습니다. 각자 스토리보드를 작성할 때에는 조금 더 세세한 내용을 체계적으로 기입해보는 것도 도움이 될 것입니다. 다만 너무 디테일한 기능들이 많다 보면 구현 자체를 하지 못하는 일이 생길 수 있으니 적당한 조율이 필요합니다.

회원 인증

이번 챕터에서는 스토리보드를 따라 회원 가입과 로그인 기능을 구현해보도록 하겠습니다. 대부분의 기능이 회원 정보와 연관되어 있기 때문에 회원 인증 기능은 서비스에서 아주 중요한 요소이며 먼저 구현되어 있으면 편리한 부분이기도 합니다. 이 책에서 우리가 REST API를 제공하기 위해 사용하는 HTTP는 기본적으로 상태를 가지지 않는 특성을 지녔기 때문에 한 클라이언트가 2회의 API 호출을 했을 때에 같은 클라이언트가 호출했는지 여부를 구분할 수가 없습니다. HTTP를 사용하는 가장 대표적인 서비스인 웹은 전통적으로 세션과 쿠키를 이용해 클라이언트를 구분합니다. 회원 인증을 위해서는 REST API에서도 이와 같이 사용자를 구분할 수 있는 방법이 필요합니다. 웹과 마찬가지로 세션과 쿠키를 사용할 수도 있지만 모바일 앱과는 썩 잘 어울리지도 않거니와 번거롭기도 한 방법입니다. 모바일 앱에서는 이를 해결하기 위해 주로 토큰을 이용한 인증을 사용합니다. 이 챕터에서는 이 토큰을 이용해 사용자 인증을 처리하는 방법에 대해 살펴보도록 하겠습니다.

4.1 토큰 기반 인증

토큰 기반 인증의 기본적인 흐름을 간략히 설명하면 다음과 같습니다.

- ❏ 클라이언트의 로그인 UI를 통해 받은 인증 정보를 서버로 전송한다.
- ❏ 서버는 클라이언트로부터 받은 인증 정보의 유효성을 검사하고 유효한 인증 정보일 경우 토큰을 생성해서 반환한다.
- ❏ 클라이언트는 서버로부터 받은 토큰을 저장한다.
- ❏ 클라이언트가 서버로 API 요청 등을 보낼 때 Authorization 헤더에 토큰을 포함해 보낸다.
- ❏ 서버는 토큰의 유효성을 검사하고 해당하는 사용자를 구분한다.

토큰 기반 인증의 단점은 토큰이 탈취당하면 토큰의 주인처럼 서비스를 이용할 수 있다는 것입니다. 이를 최소화하기 위해 토큰에 유효기간을 설정하게 됩니다. 유효기간을 짧게 가져갈수록 토큰이 탈취당했을 때 위험부담이 줄어듭니다. 하지만 이 경우 금방 다시 로그인을 해야 하는 문제가 생기기 때문에 토큰을 2개 사용하는 방법을 주로 이용합니다. 하나는 평소 API를 호출할 때 사용하며 유효기간을 짧게 설정하고, 다른 하나는 유효기간을 길게 설정해 저장하고 있다가 API 호출용 토큰이 만료되었을 때 토큰을 자동으로 갱신하는 용도로 사용하게 됩니다. 이를 통해 API 호출용 토큰이 탈취당해도 유효기간이 곧 만료되므로 위험 부담이 적어지고 갱신용 토큰은 전송 횟수가 적으므로 탈취당할 확률이 상대적으로 적어지게 됩니다.

4.2 JWT(JSON Web Token)

토큰 기반 인증에서 자주 사용되는 토큰의 형태로는 JWT(Json Web Token)가 있습니다. JWT는 토큰 자체가 정보를 가지고 있고 정보의 위변조를 검증할 수 있는 서명을 함께 가지고 있다는 특징이 있습니다. 토큰 자체에 정보를 가지고 있을 수 있다는 것은 곧 토큰을 통해 데이터베이스 등 서버의 어딘가에서 추가적인 정보를 읽어올 필요가 없다는 의미가 될 수 있습니다.

JWT는 헤더.본문.서명의 형식을 가지고 있습니다. 헤더는 암호화 알고리즘의 이름을 담고 있고 본문에는 사용자 정보가, 서명은 서버에서 만든 암호화된 서명값이 들어가게 됩니다. 이 값들 중 일부라도 변경되는 경우 서버에서는 유효한 사용자로 판단하지 않습니다.

본문에는 탈취당했을 때에도 큰 문제가 없도록 중요한 사용자 정보를 담고 있으면 안 됩니다. 예를 들면 비밀번호 같은 것은 본문에 넣어서는 안 되는 값입니다. 이번 절에서는 앞의 사실들에 유의하여 JWT를 이용한 토큰 기반 인증 절차에 대해 알아보도록 하겠습니다.

4.3 회원 가입

스토리보드에 따르면 회원 가입 기능은 다음과 같이 정의됩니다.

- ❏ 아이디(이메일)와 비밀번호를 입력받는다.
- ❏ 이메일 형식을 검증한다.
- ❏ 비밀번호는 공백을 제거하고 8자리 이상 20자리 이하로 검증한다.
- ❏ 이미 가입된 아이디가 존재할 경우 응답에 "이미 사용 중인 이메일입니다."라는 메시지를 포함한다.
- ❏ 유효한 가입 정보일 경우 회원 정보를 저장하고 성공 응답을 반환한다.
- ❏ 회원 가입 성공 시 성공 메시지를 보여주고 로그인 화면으로 이동한다.

이제 앞의 규칙들에 따라 회원 가입 절차를 구현해보도록 하겠습니다.

4.3.1 회원 가입 API

회원 가입을 위해 먼저 IntelliJ로 가서 필요한 서버측 API를 작성해줍니다.

회원 정보 정의

회원 가입이 이루어지기 위해서는 회원 정보가 가지고 있어야 할 데이터들을 정의할 필요가 있는데, 여기에서는 다음과 같은 최소한의 데이터를 가지는 것으로 정의해보겠습니다.

- ❏ 이메일
- ❏ 비밀번호(암호화된 해시값)
- ❏ 이름
- ❏ 가입일

이를 기반으로 회원 엔티티로 사용할 코틀린 클래스를 다음과 같이 작성합니다.

먼저 com.example.parayo.domain.user 패키지에 User.kt 파일을 생성합니다. 파일의 내용은 다음과 같습니다.

코드 – com/example/parayo/domain/user/User.kt

```kotlin
package com.example.parayo.domain.user

import java.util.*
import javax.persistence.*

// 1
@Entity(name = "user")
class User(
    var email: String, // 2
    var password: String,
    var name: String
) {

    @Id // 3
    @GeneratedValue(strategy = GenerationType.IDENTITY) // 4
    var id: Long? = null

    var createdAt: Date? = null
    var updatedAt: Date? = null

    @PrePersist // 5
    fun prePersist() {
        createdAt = Date()
        updatedAt = Date()
    }

    @PreUpdate // 6
    fun preUpdate() {
        updatedAt = Date()
    }

}
```

1. @Entity 애노테이션은 이 클래스가 데이터베이스 테이블에 맵핑된 정보를 가지고 있음을 의미합니다. 이 클래스의 객체가 가진 데이터는 데이터베이스에 저장된 혹은 저장될 사용자 한 명의 정보를 대변합니다.

2. email, password, name 값들은 필수이며, 그에 따라 null 값을 허용하지 않으려고 생성자에 위치시키고 id 필드는 우리가 입력하지 않고 MySQL이 생성해준 값을 JPA가 입력해주기 때문에 null로 두었습니다. createdAt과 updatedAt은 JPA의 라이프사이클 훅을 이용해 자동으로 입력해주기 위해 null로 두었습니다.

3. @Id 애노테이션은 해당 필드가 이 테이블의 PK라는 것을 명시해줍니다.

4. @GeneratedValue(strategy = GenerationType.IDENTITY) 애노테이션은 MySQL에 PK 생성을 위임해 테이블에 새 데이터가 저장될 때 해당 필드가 자동으로 1씩 증가하여 유니크한 값을넣어주도록 합니다.

5. @PrePersist가 붙은 함수는 데이터베이스에 새 데이터가 저장되기 전에 자동으로 호출되며 여기에서는 데이터 저장 전에 가입일(데이터 생성일)을 현재 날짜로 지정해주도록 했습니다. 이렇게 하면 새 데이터를 저장할 때 매번 user.createdAt = Date()와 같은 코드를 실행해야하는 번거로움이 사라지게 되며, 잘못된 날짜나 날짜를 누락시키는 실수 또한 방지할 수 있습니다.

6. @PreUpdate 애노테이션은 @PrePersist와 마찬가지로 JPA의 라이프사이클 훅을 지정합니다. 이 애노테이션이 붙은 함수는 데이터베이스에 데이터 업데이트 명령을 날리기 전에 실행됩니다.

이제 스프링 부트 애플리케이션을 실행하면 하이버네이트가 자동으로 데이터베이스 테이블을 생성해주게 됩니다.

레파지토리

회원 테이블과 매핑되는 코틀린 클래스는 정의했지만 이 데이터를 저장하거나 조회하는 등의 행위를 위해서는 추가적인 레이어가 필요합니다. 여기에서 사용할 Spring Data JPA는 Repository라는 레이어를 제공해 자바나 코틀린 문법으로 데이터베이스 쿼리를 수행할 수 있는 기능을 제공합니다. 이를 이용해 User 엔티티의 Repository를 다음과 같이 정의해줍니다. User.kt와 같은 패키지에 UserRepository.kt 파일을 생성하도록 하겠습니다.

```kotlin
package com.example.parayo.domain.user

import org.springframework.data.jpa.repository.JpaRepository
import org.springframework.stereotype.Repository

@Repository  // 1
interface UserRepository : JpaRepository<User, Long> {  // 2
}
```

1. @Repository 애노테이션은 이 인터페이스가 스프링이 관리하는 레파지토리 빈으로서 동작한다는 것을 나타냅니다. 레파지토리는 의미적으로 이 클래스가 데이터의 읽기/쓰기 등을 담당한다는 것을 표시합니다.

2. JpaRepository를 상속받으면 레파지토리를 JPA 스펙에 맞게 확장하면서 기본적인 CRUD 함수를 제공할 수 있게 됩니다.

회원 가입 로직 구현

이제 앞서 정의한 회원 정보를 토대로 가입 절차를 구현해보겠습니다. 아이디로 사용할 이메일은 중복되지 말아야 하기 때문에 이메일 중복을 검사할 수 있어야 합니다. 그리고 올바른 이메일 주소 형식인지 또한 검사해야 합니다. 본인 소유의 이메일 주소가 맞는지를 확인하기 위해 인증코드를 포함한 메일 전송 기능도 넣으면 좋겠지만 이 책에서는 기본적인 구현을 다루는 것에 집중하도록 하겠습니다.

회원 가입 API의 로직을 순서대로 나열하면 다음과 같을 것입니다.

- ❑ 파라미터 값을 검증한다.
- ❑ 이메일 중복을 검사한다.
- ❑ 회원 데이터를 저장한다.

이를 기반으로 한 가입 로직을 코드로 작성해봅시다. domain.auth 패키지에 비즈니스 로직을 처리할 SignupService.kt 파일을 생성합니다.

코드 – com/example/parayo/domain/auth/SignupService.kt

```kotlin
package com.example.parayo.domain.auth

import org.springframework.beans.factory.annotation.Autowired
import org.springframework.stereotype.Service

@Service // 1
class SignupService @Autowired constructor( // 2
    private val userRepository: UserRepository // 3
) {
}
```

1. @Service 애노테이션은 이 클래스가 스프링이 관리하는 빈(Bean) 클래스임을 나타내며 그 중에서도 비즈니스 로직을 처리하는 클래스라는 것을 표시합니다.

2. @Autowired 애노테이션은 빈 클래스를 자동으로 주입받겠다는 것을 의미합니다. @Service와 같이 스프링의 빈으로 선언된 클래스의 생성자, 세터(setter), 프로퍼티 등에 @Autowired 애노테이션을 붙이면 스프링이 해당하는 빈을 알아서 주입해줍니다.

3. 사용자 데이터를 읽어 와야 하기 때문에 생성자에 데이터의 읽기/쓰기 등을 담당하는 UserRepository를 주입 받았습니다.

이어서 회원 가입을 처리할 signup 함수를 작성하기에 앞서 회원 가입에 필요한 파라미터로 쓰일 데이터 클래스를 만들어줍니다. 회원 가입 시에는 이메일, 이름 그리고 비밀번호를 입력받으며 모두 필수로 입력해야 합니다.

코드 – com/example/parayo/domain/auth/SignupRequest.kt

```kotlin
package com.example.parayo.domain.auth

data class SignupRequest(
    val email: String,
    val name: String,
    val password: String
)
```

이제 회원 가입을 처리할 signup() 함수를 만들어보겠습니다. 앞에서 정의했던 절차대로 이메일 형식 검증, 이메일 중복 검사 그리고 회원 데이터 저장 순으로 처리합니다.

코드 – com/example/parayo/domain/auth/SignupService.kt의 signup()

```
fun signup(signupRequest: SignupRequest) {
    validateRequest(signupRequest)
    checkDuplicates(signupRequest.email)
    registerUser(signupRequest)
}
```

이제 각 함수의 로직을 작성하겠습니다. 먼저 각 파라미터를 검증하는 validateRequest()와 그 하위의 validateEmail(), validateName(), validiatePassword() 함수의 내용을 작성하겠습니다.

코드 – com/example/parayo/domain/auth/SignupService.kt의 밸리데이션 함수들

```
private fun validateRequest(signupRequest: SignupRequest) {
    validateEmail(signupRequest.email)
    validateName(signupRequest.name)
    validatePassword(signupRequest.password)
}

// 1
private fun validateEmail(email: String) {
    val isNotValidEmail = "^[A-Z0-9._%+-]+@[A-Z0-9.-]+\\.[A-Z]{2,6}$"
        .toRegex(RegexOption.IGNORE_CASE)
        .matches(email)
        .not()

    if(isNotValidEmail) {
        throw ParayoException("이메일 형식이 올바르지 않습니다.")
    }
}

private fun validateName(name: String) {
    if (name.trim().length !in 2..20)
        throw ParayoException("이름은 2자 이상 20자 이하여야 합니다.")
}
```

```
private fun validatePassword(password: String) {
    if (password.trim().length !in 8..20)
        throw ParayoException("비밀번호는 공백을 제외하고 8자 이상 20자 이하여야 합니다.")
}
```

1. 단순하게 정규표현식으로 이메일 검증을 구현했습니다. 그리고 각 파라미터가 조건에 맞지 않는 경우에는 예외를 던지도록 했습니다.

다음으로는 이메일 중복 검사를 하는 checkDuplicates() 함수를 구현해야 하는데, 이를 위해서는 이메일로 회원 정보를 검색할 수 있는 기능이 필요합니다. 우리가 사용하는 Spring Data JPA에서는 레파지토리 인터페이스에 규칙에 맞는 간단한 함수를 정의하는 것만으로 쿼리를 대신해주는 기능이 있습니다. 일반적인 쿼리 함수 명명 규칙은 *findBy* + 필드명 + *And* + 필드명 ... 형태입니다. 각 필드명은 대문자로 시작해야 하며 파라미터들은 필드와 동일한 타입으로 순서에 맞게 정의해주면 됩니다. 함수의 반환타입은 검색했을 때 반환될 것으로 예상되는 데이터의 수에 따라 단일 엔티티나 엔티티 리스트를 기입해줍니다.

이메일로 조회하는 함수를 만들기 위해 UserRepository에 규칙에 맞게 다음과 같은 함수 정의를 추가해줍니다.

코드 – com/example/parayo/domain/user/UserRepository.kt의 findByEmail()

```
fun findByEmail(email: String): User? // 1
```

1. 이메일로 검색했을 때에는 한 명 혹은 0 명의 유저만 존재해야 하기 때문에 User?를 반환 타입으로 사용했습니다.

이제 SQL을 작성하지 않고도 UserRepository의 findByEmail() 함수를 호출하는 것만으로 데이터베이스 검색이 가능해졌습니다. 이어서 이메일 중복 검사 로직을 구현하겠습니다.

코드 – com/example/parayo/domain/auth/SignupService.kt의 checkDuplicates()

```
private fun checkDuplicates(email: String) =
    userRepository.findByEmail(email)?.let {
        throw ParayoException("이미 사용 중인 이메일입니다.")
    }
```

이메일 형식 검사와 마찬가지로 아주 간단한 로직으로, 동일한 이메일을 가지고 있는 사용자 정보가 데이터베이스에 있을 때 오류 메시지를 전파하기 위해 ParayoException을 던지도록 구현했습니다.

다음은 모든 단계를 통과했을 때 사용자 정보를 등록하는 로직을 구현해야 합니다. User 객체를 만들고 UserRepository를 통해 데이터베이스에 저장해주면 끝이지만 주의할 점이 하나 있습니다. 모종의 사고로 인해 데이터베이스가 탈취당했을 때에는 비밀번호가 그대로 노출될 수 있기 때문에 비밀번호는 절대 데이터베이스에 저장하면 안 됩니다. 이를 방지하기 위해 비밀번호를 해싱해 저장하는데, 여기에서는 주로 사용되는 몇 가지 해시 방법 중 BCrypt를 이용할 것입니다. BCrypt를 사용하기 위해 build.gradle에 다음 라이브러리 의존성을 추가해줍니다.

```
implementation 'org.mindrot:jbcrypt:0.4'
```

그레이들 싱크를 통해 라이브러리를 다운로드 받으면 BCrypt를 사용할 준비가 됩니다. 이제 사용자 정보를 등록하는 로직을 구현해봅시다.

코드 – com/example/parayo/domain/auth/SignupService.kt 의 registerUser()

```kotlin
private fun registerUser(signupRequest: SignupRequest) =
    with(signupRequest) {
        val hashedPassword = BCrypt.hashpw(password, BCrypt.gensalt()) // 1
        val user = User(email, hashedPassword, name)
        userRepository.save(user) // 2
    }
```

1. BCrypt.hashpw()는 문자열을 해싱해주는 기능을 합니다. 그리고 BCrypt로 해시를 할 때에는 원본 문자열을 찾아내기 힘들도록 임의의 salt라는 값을 붙여 함께 해싱하도록 되어 있습니다. 이 salt 값은 간단하게 BCrypt.gensalt()를 통해 생성해주면 됩니다.

2. UserRepository가 상속받은 JpaRepository에는 이미 데이터를 저장하는 save() 함수가 구현되어 있습니다. 여기에 User 객체를 전달하면 데이터베이스에 사용자 정보가 저장됩니다.

비밀번호의 해시값과 회원 가입 시 요청된 데이터를 가지고 User 객체를 생성한 후 UserRepository를 통해 저장하면 회원 가입 과정이 끝나게 됩니다.

API Controller 생성

controller 패키지 아래에 UserApiController를 만들고 SignupService를 주입받아 signup() 함수를 호출하는 API를 만들어줍니다.

코드 – com/example/parayo/controller/UserApiController.kt

```kotlin
package com.example.parayo.controller

import com.example.parayo.common.ApiResponse
import com.example.parayo.domain.auth.SignupRequest
import com.example.parayo.domain.auth.SignupService
import org.springframework.beans.factory.annotation.Autowired
import org.springframework.web.bind.annotation.PostMapping
import org.springframework.web.bind.annotation.RequestBody
import org.springframework.web.bind.annotation.RequestMapping
import org.springframework.web.bind.annotation.RestController

@RestController
@RequestMapping("/api/v1")
class UserApiController @Autowired constructor(
    private val signupService: SignupService
) {

    @PostMapping("/users") // 1
    fun signup(@RequestBody signupRequest: SignupRequest) = // 2
        ApiResponse.ok(signupService.signup(signupRequest))

}
```

1. @PostMapping 애노테이션은 HTTP의 POST 메서드를 이용해 맵핑된 주소를 호출했을 때 함수가 동작함을 나타냅니다. 데이터를 저장하는 API는 대부분 POST 메서드를 사용하도록 권장됩니다.

2. @RequestBody는 데이터를 HTTP의 바디에서 읽는다는 것을 의미합니다. ?password=test처럼 URI에 따라 붙는 쿼리스트링은 웹서버의 로그에 그대로 저장되거나 웹브라우저의 히스토리 캐시에 저장될 수 있으므로 보안상 치명적일 수 있습니다. 이를 피하기 위해서 데이터를 바디에 담고 HTTPS를 이용해 통신하면 회원 가입 시 비밀번호를 탈취당하는 기본적인 보안 문제를 피해갈 수가 있습니다.

이제 서버를 실행시키고 우리가 만든 API를 테스트해볼 수 있습니다. API를 테스트할 때에는 Postman 등의 도구를 사용할 수 있지만 이 책에서는 Postman의 설치 및 사용법은 언급하지 않습니다. 다음은 IntelliJ Ultimate 에디션에 포함되어 있는 REST Client 도구를 이용해 테스트한 요청과 결과입니다.

```
POST http://localhost:8080/api/v1/users
Accept: */*
Cache-Control: no-cache
Content-Type: application/json

{"email": "test", "password": "test", "name": "test" }
```

그림 4-1. users API를 호출

```
rest-api#1
POST http://localhost:8080/api/v1/users

HTTP/1.1 200
Content-Type: application/json;charset=UTF-8
Transfer-Encoding: chunked
Date: Thu, 25 Jul 2019 03:31:54 GMT

{
  "success": false,
  "data": null,
  "message": "이메일 형식이 올바르지 않습니다."
}

Response code: 200; Time: 327ms; Content length: 60 bytes
```

그림 4-2. users API를 호출한 결과

4.3.2 회원 가입 UI

이제 Android Studio로 넘어가서 회원 가입 UI를 만들어보도록 하겠습니다. 이제부터는 MVVM(Model-View-ViewModel)이라는 아키텍처 패턴을 사용해 개발할 것입니다. MVVM은 UI를 조작하고 데이터를 가져오며 비즈니스 로직을 수행하는 코드의 복잡도를 줄이고 역할을 분리해 유지보수성을 높일 수 있도록 고안된 패턴입니다. MVVM에 대해 조금 더 자세히 알아보려면 이 챕터의 마지막 절 중 "MVVM과 데이터 바인딩" 항목을 참고하세요.

라이브러리 의존성 추가

여기에서는 반복되는 코드들을 최소화하기 위해 미리 작성된 MVVM 템플릿 라이브러리를 사용할 것입니다. 이 템플릿을 사용하기 위해 먼저 app 수준 build.gradle 파일의 repositories 블록에 라이브러리 저장소 정보를 추가해줍니다.

```
allprojects {
    repositories {
        google()
        jcenter()
        maven { url 'https://jitpack.io' }
    }
}
```

이어서 module 수준 build.gradle 파일의 dependencies {...} 블록에 다음 의존성을 추가해줍니다. 그리고 안드로이드 라이프사이클 아키텍처 컴포넌트에서 코루틴을 사용할 수 있도록 ext {...} 블록에 해당 라이브러리의 버전을 선언해주고 다음 의존성도 추가해줍니다.

```
ext {
    arch_version = '2.2.0-alpha01'
    anko_version = '0.10.8'
    retrofit_version = '2.6.0'
    okhttp_version = '3.8.0'
}

dependencies {
    // ...
    implementation "androidx.lifecycle:lifecycle-extensions:$arch_version"
    implementation "androidx.lifecycle:lifecycle-viewmodel-ktx:$arch_version"
    implementation "androidx.lifecycle:lifecycle-livedata-ktx:$arch_version"
    implementation "androidx.lifecycle:lifecycle-runtime-ktx:$arch_version"
    // …
}
```

기본 구성 클래스

앞서 추가한 AnkoMVVM 템플릿은 기본적으로 Activity(Fragment), ViewModel + UI의 구성을 한 세트로 가져가도록 되어 있습니다. 이 중 UI는 XML이나 Anko Layout을 선택적으로 이용할 수 있지만 이 책에서는 Anko Layout을 사용하도록 하겠습니다.

가장 먼저 BaseViewModel을 상속받은 SignupViewModel을 만들어줍니다. 이 클래스는 뷰와 모델 간의 연결고리 역할을 합니다. MVVM에서는 대개 뷰와 뷰모델이 가진 데이터의 바인딩을 자동화하기 위해 대부분의 데이터를 Observable이나 LiveData 등으로 선언하게 됩니다. 우리가 사용할 MVVM 템플릿 라이브러리에서는 MutableLiveData를 사용한 데이터 바인딩을 지원하므로 변수들의 타입을 MutableLiveData로 선언하도록 하겠습니다. 회원 가입 화면에 필요한 이메일, 이름 그리고 비밀번호 세 가지 필드를 선언해줍니다.

코드 – com/example/parayo/signup/SignupViewModel.kt

```kotlin
package com.example.parayo.signup
import android.app.Application
import androidx.lifecycle.MutableLiveData
import net.codephobia.ankomvvm.lifecycle.BaseViewModel

class SignupViewModel(app: Application): BaseViewModel(app) {

    val email = MutableLiveData("")
    val name = MutableLiveData("")
    val password = MutableLiveData("")

}
```

다음으로는 BaseActivity를 상속받는 SignupActivity를 생성해줍니다.

액티비티 클래스를 생성한 후에는 앞서 설명한 바와 같이 클래스명에 커서를 위치시킨 후 Option(Alt) + return(Enter)키를 눌러 AndroidManifest에 액티비티를 등록하는 일을 잊지 말아야 합니다.

코드 – com/example/parayo/signup/SignupActivity.kt

```kotlin
package com.example.parayo.signup

import net.codephobia.ankomvvm.components.BaseActivity

class SignupActivity : BaseActivity<SignupViewModel>() {
```

```
        override val viewModelType = SignupViewModel::class

    }
```

API 호출 준비

다음으로 회원 가입 API를 호출하는 부분을 살펴보겠습니다. 서버에서 개발해두었던 회원 가입 API 스펙에 맞게 파라미터로 쓰일 SignupRequest를 추가하고 ParayoApi에 API 함수를 선언합니다.

코드 – com/example/parayo/api/request/SignupRequest.kt

```kotlin
package com.example.parayo.api.request

import android.util.Patterns

class SignupRequest(
    val email: String?,
    val password: String?,
    val name: String?
) {

    // 1
    fun isNotValidEmail() =
        email.isNullOrBlank()
            || !Patterns.EMAIL_ADDRESS.matcher(email).matches()

    fun isNotValidPassword() =
        password.isNullOrBlank() || password.length !in 8..20

    fun isNotValidName() =
        name.isNullOrBlank() || name.length !in 2..20

}
```

1. 각각의 필드 값을 검증하는 함수들을 SignupRequest에 포함시켰습니다. 안드로이드 SDK에는 Patterns 유틸리티에 이메일 검증을 도와주는 EMAIL_ADDRESS 정규표현식이 미리 준비되어 있습니다. 이를 이용해 간단하게 이메일 형식 검증까지 구현했습니다.

```
@POST("/api/v1/users") // 1
suspend fun signup(@Body signupRequest: SignupRequest) // 2
    : ApiResponse<Void>
```

1. @POST("/api/v1/users")는 해당하는 경로로 HTTP의 POST 메서드를 호출함을 의미합니다.

2. @Body 애노테이션은 파라미터의 값을 HTTP의 요청 본문에 쓰도록 지시합니다. 이렇게 설정된 파라미터는 URI에 노출되지 않으므로 HTTPS를 이용한 암호화 통신을 통해 보안을 강화할 수 있습니다.

회원 가입 로직

이제 SignupViewModel에 회원 가입 로직을 작성하겠습니다. 회원 가입 로직은 다음과 같은 순서로 동작합니다.

- ❏ 이메일, 이름, 비밀번호가 조건에 맞게 들어갔는지 검사한다.
- ❏ 회원 가입 API를 호출한다.
- ❏ 가입 실패 혹은 성공 메시지를 경우에 알맞게 출력해준다.
- ❏ 성공 시에는 로그인 화면으로 전환해준다.

앞의 절차에 맞게 회원 가입 함수를 작성해봅시다.

코드 – com/example/parayo/signup/SignupViewModel.kt

```
package com.example.parayo.signup

import android.app.Application
import androidx.lifecycle.MutableLiveData
import androidx.lifecycle.viewModelScope
import com.example.parayo.api.ParayoApi
import com.example.parayo.api.request.SignupRequest
import com.example.parayo.api.response.ApiResponse
import kotlinx.coroutines.Dispatchers
import kotlinx.coroutines.launch
```

```kotlin
import kotlinx.coroutines.withContext
import net.codephobia.ankomvvm.lifecycle.BaseViewModel
import org.jetbrains.anko.error

class SignupViewModel(app: Application) : BaseViewModel(app) {

    val email = MutableLiveData("")
    val name = MutableLiveData("")
    val password = MutableLiveData("")

    suspend fun signup() {
        val request = SignupRequest(email.value, password.value, name.value)
        if (isNotValidSignup(request))
            return

        try {
            val response = requestSignup(request)
            onSignupResponse(response)
        } catch (e: Exception) {
            error("signup error", e) // 1
            toast("알 수 없는 오류가 발생했습니다.") // 2
        }
    }

    // 3
    private fun isNotValidSignup(signupRequest: SignupRequest) =
        when {
            signupRequest.isNotValidEmail() -> {
                toast("이메일 형식이 정확하지 않습니다.")
                true
            }
            signupRequest.isNotValidPassword() -> {
                toast("비밀번호는 8자 이상 20자 이하로 입력해주세요.")
                true
            }
            signupRequest.isNotValidName() -> {
                toast("이름은 2자 이상 20자 이하로 입력해주세요.")
                true
            }
            else -> false
        }

    // 4
```

```kotlin
    private suspend fun requestSignup(request: SignupRequest) =
        withContext(Dispatchers.IO) {
            ParayoApi.instance.signup(request)
        }

    // 5
    private fun onSignupResponse(response: ApiResponse<Void>) {
        if (response.success) {
            toast("회원 가입이 되었습니다. 로그인 후 이용해주세요.")
            finishActivity()
        } else {
            toast(response.message ?: "알 수 없는 오류가 발생했습니다.")
        }
    }
}
```

1. error(string, throwable) 함수는 AnkoLogger를 상속받은 클래스에서 사용할 수 있
   는 Anko 라이브러리의 함수입니다. 이 함수는 기존까지의 Log.e(tag, message,
   throwable) 같은 지저분한 로깅 함수를 깔끔하게 대체해줍니다. 이 외에도 AnkoLogger
   를 상속받으면 제공되는 로깅 함수는 info(string), debug(string), wtf(string) 등 다
   양하게 준비되어 있습니다. BaseViewModel은 AnkoLogger를 상속받고 있으므로
   SignupViewModel에서 별도의 상속 절차 없이 해당 함수들을 사용할 수 있습니다.

2. toast(string) 또한 토스트 메시지를 띄울 때 쉽게 사용할 수 있도록 Anko에서 제공하는
   헬퍼 함수를 ViewModel에서도 동일하게 사용할 수 있도록 BaseViewModel에서 랩핑
   하고 있습니다.

3. isNotValidSignup() 함수는 요청 파라미터가 정확하게 입력되었는지를 검증해주는 함수
   입니다. signup() 함수의 초반에 이 함수를 호출해 파라미터들이 올바르게 입력되지 않았
   다면 즉시 빠져나오도록 구현해주었습니다.

4. requestSignup() 함수는 회원 가입 API를 호출해주는 코드입니다. 네트워크 요청 시에
   는 언제든 오류가 발생할 가능성이 존재하므로 바깥쪽에서 try-catch로 묶어 오류메시
   지를 표시해줍니다. UI가 포함된 애플리케이션을 개발할 때에는 네트워크 요청이 일어나
   는 동안 UI가 멈춘 것처럼 보일 수 있기 때문에 네트워크 요청은 비동기로 실행하는 것이
   중요합니다. withContext 코루틴 빌더를 이용하면 현재 스레드를 블로킹하지 않고 새로

운 코루틴을 시작할 수 있습니다. 이 블록 내의 코드는 IO 스레드에서 비동기로 실행되게 됩니다. 이 함수는 코루틴 내부에서 실행되거나 suspend 함수 내부에서 실행되어야만 하기 때문에 requestSignup() 함수를 suspend로 선언해야 합니다. 또한 suspend 함수의 호출도 다른 코루틴 내부에서 일어나거나 또다른 suspend 함수 내에서 실행되어야 하기 때문에 signup() 함수도 suspend 함수로 정의합니다.

5. requestSignup() 함수로부터 반환받은 응답은 onSignupResponse(…)로 넘겨 회원 가입 결과를 처리하게 됩니다. 스토리보드 상 회원 가입이 성공했을 때에는 로그인 화면을 띄워주도록 해야 하는데, 회원 가입 화면을 로그인 화면에서 진입하므로 회원 가입 화면을 닫아주기만 하면 됩니다. 화면을 닫아주기 위해 BaseViewModel에 미리 준비된 finishActivity() 함수로 화면을 닫아줍니다.

회원 가입 UI

다음으로는 스토리보드를 따라 UI를 작성해보겠습니다.

코드 – com/example/parayo/signup/SignupActivityUI.kt

```kotlin
package com.example.parayo.signup

import android.graphics.Typeface
import android.text.InputType
import android.view.Gravity
import android.widget.LinearLayout
import android.widget.TextView
import com.example.parayo.R
import net.codephobia.ankomvvm.databinding.bindString
import org.jetbrains.anko.*
import org.jetbrains.anko.design.textInputEditText
import org.jetbrains.anko.design.textInputLayout
import org.jetbrains.anko.sdk27.coroutines.onClick

class SignupActivityUI(
    private val viewModel: SignupViewModel // 1
) : AnkoComponent<SignupActivity> {

    override fun createView(ui: AnkoContext<SignupActivity>) =
        ui.linearLayout { // 2
```

```
orientation = LinearLayout.VERTICAL
gravity = Gravity.CENTER_VERTICAL
padding = dip(20)


textView("회원가입") { // 3
    textAlignment = TextView.TEXT_ALIGNMENT_CENTER
    textSize = 20f
    typeface = Typeface.DEFAULT_BOLD
    textColorResource = R.color.colorPrimary
}.lparams(width = matchParent) {
    bottomMargin = dip(50)
}


textInputLayout { // 4
    textInputEditText {
        hint = "Email"
        setSingleLine()
        bindString(ui.owner, viewModel.email)
    }
}.lparams(width = matchParent) {
    bottomMargin = dip(20)
}


textInputLayout {
    textInputEditText {
        hint = "Name"
        setSingleLine()
        bindString(ui.owner, viewModel.name)
    }
}.lparams(width = matchParent) {
    bottomMargin = dip(20)
}


textInputLayout {
    textInputEditText {
        hint = "Password"
        setSingleLine()
```

```
            inputType = InputType.TYPE_CLASS_TEXT or
                    InputType.TYPE_TEXT_VARIATION_PASSWORD
            bindString(ui.owner, viewModel.password)
        }
    }.lparams(width = matchParent) {
        bottomMargin = dip(20)
    }



    button("회원가입") { // 5
        onClick { viewModel.signup() }
    }.lparams(width = matchParent)
}


}
```

1. SignupActivityUI는 SignupViewModel의 데이터에 의존적이기 때문에 생성자에서 SignupViewModel을 주입받았습니다.

2. ui.linearLayout { ··· }은 UI의 최상위 컨테이너로 LinearLayout을 생성해줍니다. 이 레이아웃은 세로 또는 가로의 단일 방향으로 모든 하위 항목을 정렬하는 뷰 그룹입니다. 회원 가입 화면은 자식 요소들이 단순하게 세로로 배열되었기 때문에 LinearLayout을 사용했습니다. 여기에서 사용된 LinearLayout의 속성은 다음과 같습니다.

❏ orientation = LinearLayout.VERTICAL은 LinearLayout의 하위 항목들을 세로로 배열할 것을 나타냅니다.

❏ gravity = Gravity.CENTER_VERTICAL은 LinearLayout의 높이가 자식 요소들이 차지하는 높이의 합보다 큰 경우에 한해 자식 요소들을 세로 중앙에 배치합니다.

❏ padding = dip(20)은 LinearLayout의 안쪽에 20DIP의 여백이 주어짐을 의미합니다. dip(Int)는 Anko에서 제공하는 헬퍼 함수로, 정수를 안드로이드 화면에 적합한 DIP 단위로 변환해주는 함수입니다.

3. textView(…)는 단순한 문자열을 보여주는 TextView를 생성합니다. 여기에 사용된 TextView의 속성은 다음과 같습니다.

❏ textAlignment = TextView.TEXT_ALIGNMENT_CENTER는 텍스트의 가운데 정렬을 의미합니다.

❏ textSize = 20f는 텍스트의 폰트 크기를 20SP로 설정합니다. 이 값은 float으로 입력하게 되어 있습니다.

❏ typeface = Typeface.DEFAULT_BOLD는 텍스트를 굵은 글씨로 보여줍니다.

❏ textColorResource = R.color.colorPrimary는 텍스트의 색깔을 colors.xml 파일에 정의된 colorPrimary 값으로 설정해줍니다. R 클래스는 컴파일 시 res 디렉토리 하위의 파일들을 기준으로 자동 생성되는 클래스입니다. 이 클래스에는 res 디렉토리 안의 파일들에 정의된 모든 리소스 ID가 들어있습니다. R 클래스는 여러 라이브러리에도 동일한 이름으로 존재하기 때문에 여기에서는 import 구문이 com.exampla.parayo.R을 지시하고 있음을 명심해야 합니다.

❏ lparams(width = matchParent...) { … }는 이 TextView의 레이아웃 파라미터들을 설정합니다. width = matchParent로 TextView의 넓이를 부모(여기에서는 LinearLayout) 안에 가득 차도록 설정했습니다. lparams(...) { … } 블록의 bottomMargin = dip(50)은 이 TextView 아래에 50DIP의 바깥쪽 여백을 추가함을 의미합니다.

4. textInputLayout과 textInputEditText는 항상 둘이 중첩되어 따라다닌다고 생각하는 것이 편합니다. editText를 사용할 수도 있지만 일반적인 경우 textInputEditText가 디자인적으로 더 우수하다고 판단해 이를 사용하게 되었습니다. 사용법은 editText와 유사하니 필요한 경우 editText로 바꿔 사용해도 무방합니다. 여기에 사용된 속성들은 다음과 같습니다.

❏ hint = "Password"는 텍스트 입력란이 비어있을 때 임시로 보여줄 텍스트를 의미합니다.

❏ setSingleLine()은 텍스트 입력란이 줄바꿈을 허용하지 않도록 설정합니다. 여기에서의 회원 가입 화면에는 여러 줄로 된 텍스트를 입력받지 않으므로 모두 setSingleLine()을 설정했습니다.

❏ inputType = InputType.TYPE_CLASS_TEXT or InputType.TYPE_TEXT_VARIATION_PASSWORD는 비밀번호와 같은 필드에 사용하는 옵션으로, 이 값이 설정된 텍스트 입력란은 ****와 같이 읽을 수 없도록 마스킹 처리가 됩니다.

❏ bindString(ui.owner, viewModel.emal)은 AnkoMVVM에서 제공하는 데이터 바인딩 함수입니다. 이 함수는 텍스트 입력란과 SignupViewModel의 email 같은 데이터를 연결해 서로의 값을 동기화하도록 도와줍니다. 이메일 입력란에 이메일을 입력했을 경우 SignupViewModel의 email 필드의 값이 입력한 이메일로 자동 반영되는 것입니다. 데이터 바인딩과 관련한 조금 더 자세한 내용은 이 챕터의 마지막 절 중 "MVVM과 데이터 바인딩" 항목을 참고하기 바랍니다.

5. button(...) 함수를 이용하면 버튼을 추가할 수 있습니다. 넓이가 부모 컨테이너에 가득 찬 가장 단순한 형태의 버튼을 추가했습니다.

❑ onClick() 함수를 이용하면 클릭 이벤트 리스너를 설정할 수 있습니다. onClick { viewModel.
signup() }과 같이 람다 블록을 넘기는 것으로 버튼을 클릭했을 때 실행되는 코드를 정의할 수 있
습니다. 이 람다 블록은 코루틴으로 실행되기 때문에 viewModel.signup()은 suspend 함수로 선언
될 수 있습니다.

UI 클래스를 생성했으니 이제 이것을 SignupActivity에 붙여주어야 합니다. SignupActivity
를 열어 onCreate(…) 함수에 방금 작성한 UI를 띄워주는 코드를 추가합니다.

코드 – com/example/parayo/signup/SignupActivity.kt의 onCreate()

```
override fun onCreate(savedInstanceState: Bundle?) {
    super.onCreate(savedInstanceState)

    SignupActivityUI(getViewModel()) // 1
        .setContentView(this)
}
```

1. SignupActivityUI의 생성자에서 SignupViewModel을 필요로 하므로 getViewModel()
을 통해 미리 준비된 SignupViewModel 객체를 주입해줍니다.

AnkoComponent의 setContentView() 함수는 액티비티에 뷰를 적용시켜주는 역할을 합니다.

회원 가입 테스트

이제 남은 것은 IntroActivity에서 SignupActivity를 띄워주는 일입니다. IntroActivity의
onCreate(…) 함수를 다음과 같이 수정해줍니다.

코드 – com/example/parayo/intro/IntroActivity.kt의 onCreate()

```
override fun onCreate(savedInstanceState: Bundle?) {
    super.onCreate(savedInstanceState)
    IntroActivityUI().setContentView(this)

    GlobalScope.launch { // 1
        delay(1000) // 2
        startActivity<SignupActivity>() // 3
        finish() // 4
    }
}
```

1. GlobalScope.launch { ⋯ }를 이용해 메인 스레드에서 비동기 작업을 시작하고 코루틴 블록 내부에서 회원 가입 화면으로 전환을 시켜줍니다.

2. delay(1000)은 코루틴 내부에서 1초간 딜레이를 준다는 것을 의미합니다.

3. startActivity⟨SignupActivity⟩()는 Anko에서 제공하는 헬퍼 함수로 새로운 Activity를 띄우는 코드를 간결한 문법으로 감싼 것입니다.

4. IntroActivity는 뒤로 가기 버튼을 눌렀을 때 다시 보여지면 안 되므로 finish()를 호출해 종료시켜줍니다.

마지막으로 앱을 실행시켜 회원 가입 로직을 확인해보겠습니다. 서버를 먼저 실행시킨 후 안드로이드 애플리케이션을 실행하면 다음과 같이 회원 가입 화면을 확인할 수 있습니다. 이런 저런 값들을 입력해 회원 가입 로직이 정상적으로 동작하는지 확인합니다.

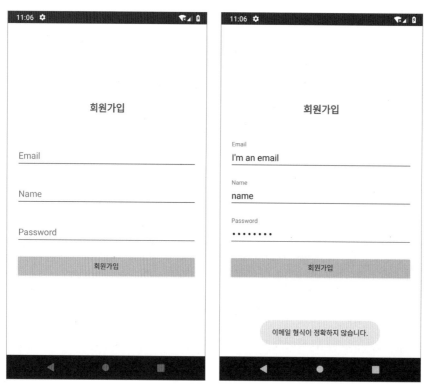

그림 4-3. 앱에서 여러 값들을 입력해 로직을 검증

4.4 회원 로그인 \\

회원 가입에 이어 로그인을 구현해보겠습니다. 스토리보드에 정의된 회원 로그인 절차는 다음과 같습니다.

- ❏ 아이디(이메일)와 비밀번호를 입력받는다.
- ❏ 이메일 형식을 검증한다.
- ❏ 비밀번호는 공백을 제거하고 8자리 이상 20자리 이하로 검증한다.
- ❏ 이메일 주소와 비밀번호가 조건에 맞게 입력된 경우 버튼을 활성화시킨다.
- ❏ 로그인 실패 시 "로그인 정보를 확인해주세요"라는 토스트를 띄워준다
- ❏ 로그인 성공 시 상품 리스트 화면으로 이동한다
- ❏ 회원 가입 버튼을 클릭하면 회원 가입 화면으로 이동한다

이에 따라 회원 로그인 절차를 구현해보도록 하겠습니다.

4.4.1 회원 로그인 API

먼저 IntelliJ의 서버 프로젝트로 돌아가 회원 로그인 API를 만들어줍니다.

토큰 발행

로그인을 하면 토큰을 발급해 반환해야 합니다. JWT 스펙을 직접 구현하는 방법도 있지만 이미 잘 짜여진 라이브러리가 있으므로 build.gradle의 dependencies {…} 블록에 다음 의존성을 추가하고 그레이들 리프레시를 통해 라이브러리를 다운로드 받습니다.

```
implementation 'com.auth0:java-jwt:3.8.1'
```

그리고 domain.auth 패키지에 JWTUtil 클래스를 만들어줍니다.

코드 – com/example/parayo/domain/auth/JWTUtil.kt

```
package com.example.parayo.domain.auth
```

```kotlin
import com.auth0.jwt.JWT
import com.auth0.jwt.algorithms.Algorithm
import java.util.*

object JWTUtil {

    private const val ISSUER = "Parayo"
    private const val SUBJECT = "Auth"
    private const val EXPIRE_TIME = 60L * 60 * 2 * 1000 // 2시간

    private val SECRET = "your-secret"
    private val algorithm: Algorithm = Algorithm.HMAC256(SECRET)

    fun createToken(email: String) = JWT.create()
        .withIssuer(ISSUER)
        .withSubject(SUBJECT)
        .withIssuedAt(Date())
        .withExpiresAt(Date(Date().time + EXPIRE_TIME))
        .withClaim(JWTClaims.EMAIL, email)
        .sign(algorithm)

    object JWTClaims {
        const val EMAIL = "email"
    }

}
```

이 클래스는 하는 일이 고정적이고 다른 코드에 영향을 주지 않기 때문에 리소스 낭비를 줄이고자 싱글톤으로 선언했습니다. JWT를 이용해 토큰을 생성할 때에는 암호화 알고리즘과 몇가지 표준 클레임들 그리고 이메일 같은 커스텀 클레임들을 지정해주어야 합니다. 표준 클레임은 필수 값은 아니지만 사용하는 것이 권장되는 값들입니다.

표준 클레임 중 가장 중요한 것은 만료 시간입니다. API용 토큰은 몇시간 단위의 짧은 만료시간을 가지고 있고, 이 토큰이 만료되었을 때에는 리프레시용 토큰을 이용해 새로운 API 토큰을 발급받아야 합니다. 리프레시 토큰도 만료되었을 때에는 로그인을 다시 해야 하므로 리프레시 토큰은 만료시간을 다소 길게 설정합니다. JWTUtil에 리프레시용 토큰을 생성하는 함수도 추가해주겠습니다.

코드 – com/example/parayo/domain/auth/JWTUtil.kt

```kotlin
package com.example.parayo.domain.auth

import com.auth0.jwt.JWT
import com.auth0.jwt.algorithms.Algorithm
import java.util.*

object JWTUtil {

    private const val ISSUER = "Parayo"
    private const val SUBJECT = "Auth"
    private const val EXPIRE_TIME = 60L * 60 * 2 * 1000 // 2시간
    private const val REFRESH_EXPIRE_TIME = 60L * 60 * 24 * 30 * 1000 // 30일

    private val SECRET = "your-secret"
    private val algorithm: Algorithm = Algorithm.HMAC256(SECRET)

    private val refreshSecret = "your-refresh-secret"
    private val refreshAlgorithm: Algorithm = Algorithm.HMAC256(refreshSecret)

    fun createToken(email: String) = JWT.create()
        .withIssuer(ISSUER)
        .withSubject(SUBJECT)
        .withIssuedAt(Date())
        .withExpiresAt(Date(Date().time + EXPIRE_TIME))
        .withClaim(JWTClaims.EMAIL, email)
        .sign(algorithm)

    fun createRefreshToken(email: String) = JWT.create()
        .withIssuer(ISSUER)
        .withSubject(SUBJECT)
        .withIssuedAt(Date())
        .withExpiresAt(Date(Date().time + REFRESH_EXPIRE_TIME))
        .withClaim(JWTClaims.EMAIL, email)
        .sign(refreshAlgorithm)

    object JWTClaims {
        const val EMAIL = "email"
    }

}
```

로그인 로직 구현

이어서 본격적인 로그인 로직을 구현해보도록 하겠습니다. domain.auth 패키지에 로그인용 데이터로 쓰일 SigninRequest.kt를 만들어줍니다.

코드 – com/example/parayo/domain/auth/SigninRequest.kt

```
package com.example.parayo.domain.auth

data class SigninRequest(
    val email: String,
    val password: String
)
```

코드 – com/example/parayo/domain/auth/SigninResponse.kt

```
package com.example.parayo.domain.auth

data class SigninResponse(
    val token: String,
    val refreshToken: String,
    val userName: String,
    val userId: Long
)
```

로그인에 필요한 데이터는 이메일과 비밀번호뿐이므로 SigninRequest에는 두 필드를 선언해 주었습니다. 응답으로는 SigninResponse에 token과 refreshToken 그리고 사용자의 이름을 선언해주었습니다. 사용자 이름을 토큰의 클레임에 넣고 애플리케이션 단에서 토큰을 파싱하는 방법도 있지만 편의성을 위해 userName 필드를 별도로 선언했습니다.

다음으로는 SigninService.kt를 만들고 로그인 로직을 구현하도록 합니다.

코드 com/example/parayo/domain/auth/SigninService.kt

```
package com.example.parayo.domain.auth

import com.example.parayo.common.ParayoException
import com.example.parayo.domain.user.User
import com.example.parayo.domain.user.UserRepository
```

```
import org.mindrot.jbcrypt.BCrypt
import org.springframework.beans.factory.annotation.Autowired
import org.springframework.stereotype.Service

@Service
class SigninService @Autowired constructor(
    private val userRepository: UserRepository
) {

    // 1
    fun signin(signinRequest: SigninRequest): SigninResponse {
        val user = userRepository
            .findByEmail(signinRequest.email.toLowerCase())
            ?: throw ParayoException("로그인 정보를 확인해주세요.")

        if (isNotValidPassword(signinRequest.password, user.password)) {
            throw ParayoException("로그인 정보를 확인해주세요.")
        }

        return responseWithTokens(user)
    }

    // 2
    private fun isNotValidPassword(
        plain: String,
        hashed: String
    ) = BCrypt.checkpw(plain, hashed).not()

    private fun responseWithTokens(user: User) = user.id?.let { userId ->
        SigninResponse(
            JWTUtil.createToken(user.email),
            JWTUtil.createRefreshToken(user.email),
            user.name,
            userId
        )
    } ?: throw IllegalStateException("user.id 없음.")

}
```

1. signin() 함수는 데이터베이스에 해당 이메일을 사용하는 유저가 존재하는지 검색을 한 후 존재하지 않는다면 "로그인 정보를 확인해주세요"라는 메시지와 함께

ParayoException을 던집니다. 이메일은 대소문자를 구분하지 않고 모두 소문자로 치환해주었습니다.

2. 회원 가입 시에 이메일이 아닌 형식으로 가입되는 유저는 없기 때문에 이메일 형식 검증은 생략했습니다. 그리고 BCrypt.checkpw(...)로 입력한 비밀번호가 데이터베이스의 비밀번호 해시값과 일치하는지를 판별한 후 일치하는 경우에만 토큰을 생성해 반환하도록 구현했습니다.

이어서 signin 함수를 API로 제공할 수 있도록 컨트롤러를 생성해줍니다.

코드 – com/example/parayo/controller/SigninApiController.kt

```kotlin
package com.example.parayo.controller

import com.example.parayo.common.ApiResponse
import com.example.parayo.domain.auth.SigninRequest
import com.example.parayo.domain.auth.SigninService
import org.springframework.beans.factory.annotation.Autowired
import org.springframework.web.bind.annotation.PostMapping
import org.springframework.web.bind.annotation.RequestBody
import org.springframework.web.bind.annotation.RequestMapping
import org.springframework.web.bind.annotation.RestController

@RestController
@RequestMapping("/api/v1")
class SigninApiController @Autowired constructor(
    private val signinService: SigninService
) {

    @PostMapping("/signin")
    fun signin(@RequestBody signinRequest: SigninRequest) =
        ApiResponse.ok(signinService.signin(signinRequest))

}
```

이제 서버를 실행시켜 Postman 등의 툴로 API를 테스트해봅니다. 다음은 IntelliJ의 Rest Client 툴로 테스트한 호출과 결과입니다. 정상적인 회원 데이터로 로그인을 했다면 다음 이미지와 같이 토큰이 반환될 것입니다.

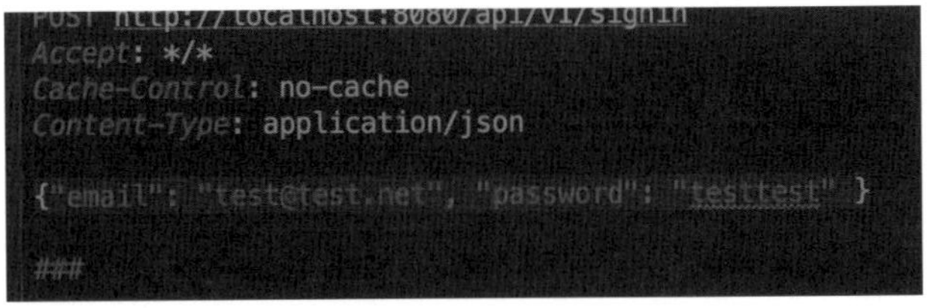

```
POST http://localhost:8080/api/v1/signin
Accept: */*
Cache-Control: no-cache
Content-Type: application/json

{"email": "test@test.net", "password": "testtest" }

###
```

그림 4-4. signin API 호출

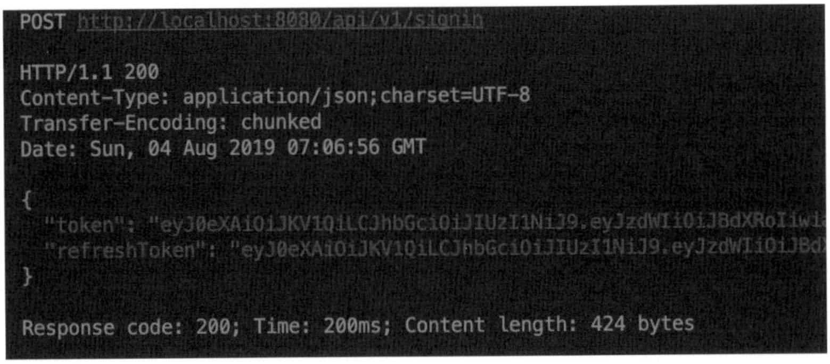

```
POST http://localhost:8080/api/v1/signin

HTTP/1.1 200
Content-Type: application/json;charset=UTF-8
Transfer-Encoding: chunked
Date: Sun, 04 Aug 2019 07:06:56 GMT

{
  "token": "eyJ0eXAiOiJKV1QiLCJhbGciOiJIUzI1NiJ9.eyJzdWIiOiJBdXRoIiwi
  "refreshToken": "eyJ0eXAiOiJKV1QiLCJhbGciOiJIUzI1NiJ9.eyJzdWIiOiJBd
}

Response code: 200; Time: 200ms; Content length: 424 bytes
```

그림 4-5. signin API 호출 결과

4.4.2 회원 로그인 UI

이제 안드로이드 스튜디오로 넘어가 클라이언트쪽의 회원 로그인을 구현해보겠습니다. 가입 부분에서 이미 필요한 라이브러리들은 모두 추가했기 때문에 여기에서는 라이브러리를 추가하지 않아도 됩니다.

기본 구성 클래스

AnkoMVVM의 구성에 맞춰 SignupActivity, SignupViewModel을 생성해주고 SignupActivity를 AndroidManifest에 추가합니다.

코드 – com/example/parayo/signin/SigninViewModel.kt

```
package com.example.parayo.signin

import android.app.Application
import androidx.lifecycle.MutableLiveData
```

```
import net.codephobia.ankomvvm.lifecycle.BaseViewModel

class SigninViewModel(app: Application) : BaseViewModel(app) {

    // 1
    val email = MutableLiveData("")
    val password = MutableLiveData("")

}
```

코드 – com/example/parayo/signin/SigninActivity.kt

```
package com.example.parayo.signin

import net.codephobia.ankomvvm.components.BaseActivity

class SigninActivity : BaseActivity<SigninViewModel>() {

    override val viewModelType = SigninViewModel::class

}
```

1. 뷰모델 클래스에는 로그인에 필요한 email과 password 필드를 함께 초기화해주었습
니다.

API 호출 준비

로그인 응답 스펙에 맞게 SigninRequest와 SigninResponse를 추가하고 ParayoApi 인터페
이스에 앞서 개발한 로그인 API를 추가해줍니다.

코드 – com/example/parayo/api/request/SigninRequest.kt

```
package com.example.parayo.api.request

import android.util.Patterns

class SigninRequest(
    val email: String?,
    val password: String?
```

```
    ) {

        fun isNotValidEmail() =
            email.isNullOrBlank()
                || !Patterns.EMAIL_ADDRESS.matcher(email).matches()


        fun isNotValidPassword() =
            password.isNullOrBlank() || password.length !in 8..20


    }
```

코드 – com/example/parayo/api/response/SigninResponse.kt

```
package com.example.parayo.api.response

data class SigninResponse(
    val token: String,       val refreshToken: String,
    val userName: String,
    val userId: Long
)
```

코드 – com/example/parayo/api/ParayoApi.kt의 signin()

```
@POST("/api/v1/signin")
suspend fun signin(@Body signinRequest: SigninRequest)
    : ApiResponse<SigninResponse>
```

회원 가입 때와 마찬가지로 SigninRequest 객체에는 각 필드가 규칙대로 입력되었는지를 판
단하는 함수를 추가했습니다.

로그인 로직

다음으로는 SigninViewModel을 열어 로그인 로직을 작성해줍니다.

코드 – com/example/parayo/signin/SigninViewModel.kt

```
package com.example.parayo.signin
```

```kotlin
import android.app.Application
import androidx.lifecycle.MutableLiveData
import com.example.parayo.api.ParayoApi
import com.example.parayo.api.request.SigninRequest
import com.example.parayo.api.response.ApiResponse
import com.example.parayo.api.response.SigninResponse
import net.codephobia.ankomvvm.lifecycle.BaseViewModel
import org.jetbrains.anko.error

class SigninViewModel(app: Application) : BaseViewModel(app) {

    val email = MutableLiveData("")
    val password = MutableLiveData("")

    suspend fun signin() {
        val request = SigninRequest(email.value, password.value)
        if(isNotValidSignin(request))
            return

        try {
            val response = requestSignin(request)
            onSigninResponse(response)
        } catch (e: Exception) {
            error("signin error", e)
            toast("알 수 없는 오류가 발생했습니다.")
        }
    }

    private fun isNotValidSignin(request: SigninRequest) =
        when {
            request.isNotValidEmail() -> {
                toast("이메일 형식이 정확하지 않습니다.")
                true
            }
            request.isNotValidPassword() -> {
                toast("비밀번호는 8자 이상 20자 이하로 입력해주세요.")
                true
            }
            else -> false
        }
```

```
private suspend fun requestSignin(request: SigninRequest) =
    withContext(Dispatchers.IO) {
        ParayoApi.instance.signin(request)
    }


private fun onSigninResponse(response: ApiResponse<SigninResponse>) {
    if(response.success) {
        toast("로그인되었습니다.") // 1
        // TODO. 상품 리스트 화면으로 이동
    } else {
        toast(response.message ?: "알 수 없는 오류가 발생했습니다.")
    }
}

}
```

1. 아직은 상품 리스트 화면이 준비되지 않아 토스트만 띄워주고 있지만 상품 리스트 화면이 준비된다고 하더라도 앱을 재실행하는 순간 매번 로그인을 해주어야 상품 리스트 화면으로 넘어갈 수 있습니다. 이런 이유 때문에 앞서 언급했던 것처럼 인증 토큰을 어딘가에 저장해두고 로컬에서도 로그인 여부를 검증할 수 있는 방법이 필요합니다.

로그인 정보 저장

SharedPreferences

안드로이드에서 로컬에 데이터를 저장하는 방법에는 SQLite같은 로컬 데이터베이스를 이용하는 방법도 있지만 단순한 정보는 SharedPreferences를 이용해 저장하기도 합니다. 여기에서는 SharedPreferences를 이용해 데이터를 저장하는 방법과 이를 조금은 더 간편하게 사용하는 방법에 대해 알아보도록 하겠습니다.

SharedPreferences를 사용해 데이터를 쓰고 읽는 기본적인 방법은 다음과 같습니다.

```
// 쓰기
PreferenceManager
    .getDefaultSharedPreferences(context)
    .edit()
    .putString("name", null) // 저장된 값이 없으면 null 리턴
```

```
    .apply()

// 읽기
PreferenceManager
    .getDefaultSharedPreferences(context)
    .getString("name", "anonymous")
```

이것을 한번 감싸서 다음과 같이 만들어볼 수 있습니다.

```
class Prefs(context: Context) {

    val prefs = PreferenceManager
        .getDefaultSharedPreferences(context)

    fun getName() = prefs
        .getString("name", null)

    fun setName(value: String) = prefs
        .edit()
        .putString("name", value)
        .apply()

}
```

코틀린에서 매번 get, set 함수를 호출하는 것은 어울리지 않으니 이것을 조금 더 코틀린답게 바꿔봅시다.

```
class Prefs(context: Context) {

    val prefs = PreferenceManager
        .getDefaultSharedPreferences(context)

    var name
        get() = prefs.getString("name", null)
        set(value) = prefs.edit()
            .putString("name", value)
            .apply()

}
```

이제 이것을 다음과 같이 사용할 수 있습니다.

```
val prefs = Prefs(context)
prefs.name = "Hama"
val name = prefs.name
```

하지만 여전히 매번 context를 파라미터로 넣고 객체를 생성해주어야 합니다. context를 알고 있어야 하기 때문에 사용 범위가 제한적일 수 있습니다. 조금 더 편하게 만들기 위해 이 클래스를 싱글톤으로 만들고 전역으로 사용할 수 있는 context를 만들어봅시다.

안드로이드에는 애플리케이션이 실행될 때 Application이라는 클래스의 전역 객체가 만들어집니다. 이 클래스는 애플리케이션의 전역적인 상태를 관리하는 클래스로, 이 클래스를 상속받아 AndroidManifest에 지정해주면 우리가 필요한 값들도 이 클래스를 통해 전역적으로 공유할 수 있습니다. 여기에서는 애플리케이션 컨텍스트를 이용하기 위해 이 클래스를 상속받아 우리의 커스텀 Application 클래스를 만들어보겠습니다.

코드 – com/example/parayo/App.kt

```
package com.example.parayo

import android.app.Application

class App : Application() {

    override fun onCreate() {
        super.onCreate()
        instance = this
    }

    companion object {
        lateinit var instance: App
    }

}
```

Application 클래스는 Context 클래스를 상속받고 있으므로 context가 필요한 곳에 이 클래스의 인스턴스를 사용할 수 있습니다. 따라서 instance라는 정적 필드를 만들고 lateinit 키워드로 지연 초기화를 사용해 onCreate()에서 객체를 넣어주었습니다.

이제 AndroidManifest에 이 클래스를 등록해줍니다.

코드 – AndroidManifest.xml

```xml
<manifest xmlns:android="http://schemas.android.com/apk/res/android"
        xmlns:tools="http://schemas.android.com/tools"
        package="com.example.parayo">

    <uses-permission android:name="android.permission.INTERNET"/>

    <application android:allowBackup="true"
            android:label="@string/app_name"
            android:icon="@mipmap/ic_launcher"
            android:roundIcon="@mipmap/ic_launcher_round"
            android:supportsRtl="true"
            android:theme="@style/AppTheme"
            android:name=".App"
            android:usesCleartextTraffic="true"
            tools:ignore="GoogleAppIndexingWarning">

// … 이하 코드 생략
```

이제 Prefs 클래스를 다음과 같이 만들 수 있습니다. 우리가 당장 저장해야 하는 값은 token, refreshToken, userName, userId이므로 네 개의 프로퍼티를 선언해주었습니다.

코드 – com/example/parayo/common/Prefs.kt

```kotlin
package com.example.parayo.common

import android.preference.PreferenceManager
import com.example.parayo.App

object Prefs {

    private const val TOKEN = "token"
    private const val REFRESH_TOKEN = "refresh_token"
    private const val USER_NAME = "user_name"
    private const val USER_ID = "user_id"
```

```
    val prefs by lazy {
        PreferenceManager
            .getDefaultSharedPreferences(App.instance)
    }

    var token
        get() = prefs.getString(TOKEN, null)
        set(value) = prefs.edit()
            .putString(TOKEN, value)
            .apply()

    var refreshToken
        get() = prefs.getString(REFRESH_TOKEN, null)
        set(value) = prefs.edit()
            .putString(REFRESH_TOKEN, value)
            .apply()

    var userName
        get() = prefs.getString(USER_NAME, null)
        set(value) = prefs.edit()
            .putString(USER_NAME, value)
            .apply()

    var userId
        get() = prefs.getLong(USER_ID, 0)
        set(value) = prefs.edit()
            .putLong(USER_ID, value)
            .apply()

}
```

이제는 어디에서든 Prefs.name과 같은 코드로 값을 읽고 저장할 수 있습니다. SigninViewModel의 onSigninResponse에서 다음과 같이 토큰과 사용자 정보를 저장해줄 수 있도록 수정합니다.

코드 – com/example/parayo/signin/SigninViewModel.kt의 onSigninResponse

```
private fun onSigninResponse(response: ApiResponse<SigninResponse>) {
    if(response.success && response.data != null) {
```

```kotlin
            Prefs.token = response.data.token
            Prefs.refreshToken = response.data.refreshToken
            Prefs.userName = response.data.userName
            Prefs.userId = response.data.userId

        toast("로그인되었습니다.")
        // TODO. 상품 리스트 화면으로 이동
    } else {
        toast(response.message ?: "알 수 없는 오류가 발생했습니다.")
    }
}
```

로그인 UI

이어서 스토리보드의 디자인에 맞게 로그인 UI를 작성해줍니다. 로그인 UI의 코드는 회원 가입 UI와 유사합니다.

코드 – com/example/parayo/signin/SigninActivityUI.kt

```kotlin
package com.example.parayo.signin

import android.graphics.Color
import android.graphics.Typeface
import android.text.InputType
import android.view.Gravity
import android.widget.LinearLayout
import android.widget.TextView
import com.example.parayo.R
import com.example.parayo.signup.SignupActivity
import net.codephobia.ankomvvm.databinding.bindString
import org.jetbrains.anko.*
import org.jetbrains.anko.design.textInputEditText
import org.jetbrains.anko.design.textInputLayout
import org.jetbrains.anko.sdk27.coroutines.onClick

class SigninActivityUI(
    private val viewModel: SigninViewModel
) : AnkoComponent<SigninActivity> {

    override fun createView(ui: AnkoContext<SigninActivity>) =
```

```
ui.linearLayout {
    orientation = LinearLayout.VERTICAL
    gravity = Gravity.CENTER_VERTICAL
    padding = dip(20)


    textView("Parayo") {
        textAlignment = TextView.TEXT_ALIGNMENT_CENTER
        textSize = 24f
        typeface = Typeface.DEFAULT_BOLD
        textColorResource = R.color.colorPrimary
    }.lparams(width = matchParent) {
        bottomMargin = dip(50)
    }


    textInputLayout {
        textInputEditText {
            hint = "Email"
            setSingleLine()
            bindString(ui.owner, viewModel.email)
        }
    }.lparams(width = matchParent) {
        bottomMargin = dip(20)
    }


    textInputLayout {
        textInputEditText {
            hint = "Password"
            setSingleLine()
            inputType = InputType.TYPE_CLASS_TEXT or
                        InputType.TYPE_TEXT_VARIATION_PASSWORD
            bindString(ui.owner, viewModel.password)
        }
    }.lparams(width = matchParent) {
        bottomMargin = dip(20)
    }


    button("로그인") {
```

```
                onClick { viewModel.signin() }
            }.lparams(width = matchParent)


        button("회원가입") {
            backgroundColor = Color.TRANSPARENT
            textColorResource = R.color.colorPrimary
            onClick { ui.startActivity<SignupActivity>() } // 1
        }
    }
}
```

1. 회원 가입 화면과 크게 다를 것은 없지만 하나 추가된 점은 하단의 "회원가입" 버튼을 눌렀을 때 회원 가입 화면으로 이동해야 한다는 것입니다. 때문에 회원가입 버튼에 onClick { … } 함수로 이벤트를 설정하고 ui.startActivity() 함수로 회원 가입 화면을 띄워주었습니다.

다음으로는 첫 화면을 로그인 화면으로 바꿔주기 위해 IntroActivity의 onCreate()를 수정해줍니다.

코드 – com/example/parayo/intro/IntroActivity.kt의 onCreate()

```
override fun onCreate(savedInstanceState: Bundle?) {
    super.onCreate(savedInstanceState)
    IntroActivityUI().setContentView(this)

    GlobalScope.launch {
        delay(1000)
        startActivity<SigninActivity>()
        finish()
    }
}
```

로그인 테스트

서버를 실행시킨 후 안드로이드 앱을 실행하면 다음과 같이 로그인 화면을 확인할 수 있습니다. 회원 가입 후 로그인 화면에서 여러 가지 값들을 입력해보며 로그인 로직이 잘 만들어졌는지 확인해봅시다.

그림 4-6. 정상적으로 로그인이 되면 "로그인되었습니다" 라는 토스트가 나타난다

4.5 마치며

4.5.1 리소스 파일 분리와 다국어 지원

이 책에서는 여러 파일을 넘나들며 코드를 설명해야 하는 특성 상 편의를 위해 색상 코드, API 서버 주소, 오류 메시지 등의 여러 리소스들을 대부분 하드코딩해서 사용하고 있습니다. 하지만 유지보수와 확장성을 생각하자면 이것은 결코 좋은 방법이 아닙니다. 안드로이드에서는 색상 코드는 colors.xml에, 문자열 리소스는 strings.xml에 그리고 여백 등의 사이즈는 dimens.

xml에 분리해서 사용하도록 가이드하고 있습니다. 특히 다국어 지원을 위해서는 문자열 리소스들을 strings.xml이나 이에 준하는 별도의 파일에 관리하는 것이 올바른 방법입니다. 안드로이드 앱에서는 strings.xml 파일을 언어별로 분리해 시스템 언어가 변경되었을 경우 자동으로 해당 리소스를 사용하는 기능이 제공되기 때문입니다.

4.5.2 HTTP와 HTTPS

HTTP는 웹상에서 텍스트로 구성된 HTML 문서를 주고받기 위한 규약입니다. HTTPS는 HTTP에서 보안(Security)이 강화된 규약입니다. HTTP의 경우 암호화 되지 않은 텍스트를 주고받기 때문에 주고받는 메시지를 엿보는 것이 매우 쉽습니다. 그러므로 로그인 시 비밀번호를 전송하는 등의 보안상 민감한 데이터의 경우 HTTP를 이용하는 것은 매우 위험한 행위입니다. 애플 앱스토어의 경우 API를 HTTPS로 처리하지 않으면 앱 등록 거부 사유가 될 수도 있으며 안드로이드도 이를 강조하고 있는 추세입니다. 때문에 실제 운영 환경에 애플리케이션을 배포하기 위해서는 꼭 SSL 인증서를 발급받아 HTTPS를 사용할 수 있도록 설정한 후 API의 프로토콜을 HTTPS로 변경하는 것이 좋습니다. 참고로 AWS에서는 Certificate Manager라고 하는 SSL 인증서 서비스를 무료로 제공하고 있습니다.

4.5.3 데이터베이스 테이블과 인덱스

이 책에서 설명하는 내용들은 하이버네이트가 생성해주는 테이블 스키마에 의존하고 있습니다. 하지만 데이터가 많아질수록 검색 성능은 저하되기 마련입니다. MySQL과 같은 관계형 데이터베이스에서 이를 극복하기 위해서 기본적으로 취하는 전략은 테이블에 인덱스를 만드는 것입니다. 인덱스를 간단히 설명하자면 무언가를 효율적으로 검색하기 위해 미리 정리해두는 행위로 볼 수 있습니다. 기본 키(Primary Key) 검색의 경우 이미 정렬이 되어 있기 때문에 검색 효율이 좋지만 나머지 값으로 검색을 하기 위해서는 별개로 인덱스를 생성해주어야 합니다. 예로 책에서는 사용자 정보를 가져오기 위해 email 필드로 검색을 했습니다. 이 경우 회원 정보가 많아지면 검색 성능이 저하되기 때문에 데이터베이스 콘솔에서 다음과 같은 명령어를 통해 인덱스를 생성해주어야 합니다.

```
create index user_idx_01 on user (email);
```

이는 초반에 취할 수 있는(취해야 하는) 가장 기본적인 전략이며, 서비스 규모가 커진다면 마스터(쓰기 전용) 노드와 슬레이브(읽기 전용) 레플리카들의 분리 및 다른 DMBS 활용에 대한 고민 등이 필요해집니다.

4.5.4 MVVM과 데이터 바인딩

MVVM은 Model-View-ViewModel의 약자로 Model, View, ViewModel의 관심사를 분리해 서로간의 의존성을 줄이고 뷰를 단순화시켜 유지보수성을 높일 수 있는 패턴입니다. 모델은 데이터를 관리하고 뷰는 UI를 관리하며 뷰모델은 데이터와 UI 간의 연결고리가 되어줍니다. 다음 그림을 참고해 이해해보면 좋습니다.

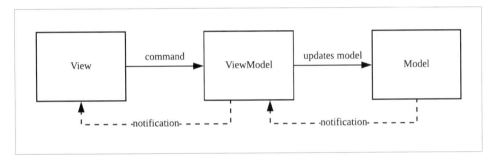

그림 4-7. MVVM에서의 제어 흐름

View는 Model을 모르지만 ViewModel을 알고 있습니다. ViewModel은 View를 모르지만 Model을 알고 있습니다. ViewModel은 Model이 변경된 것을 감지해 UI를 위한 데이터를 변경해야 하며 View는 ViewModel의 데이터가 변경된 것을 감지해 UI를 업데이트해야 합니다. 또한 View를 통해 들어온 사용자 인터랙션은 ViewModel에게 전달되어 특정 로직이 실행됩니다.

이 책에서는 안드로이드 애플리케이션에서 MVVM 패턴을 "대충" 적용하고 있습니다. 대충 적용했다는 표현을 사용한 이유는 모델 레이어가 적절히 분리되어있지 않기 때문입니다. 완전한 MVVM 패턴을 구현하자면 파일과 코드량 증가로 책에서 설명하고자 하는 내용에 비해 군더더기가 많아질 수 있습니다. 이는 이 책을 위해서 AnkoMVVM 라이브러리를 만든 것과도 관련이 있는데, MVVM에 대한 설명 및 보일러플레이트(bolierplate)구현을 책에서 제외하고 실제 로직 구현에 집중하기 위함입니다.

MVVM에서는 보통 데이터 바인딩을 필수 기술로 간주하고 있습니다. 여기에는 UI와 View를 Activity 등으로부터 분리해 의존성을 줄이기 위한 목적도 있습니다. 데이터 바인딩을 이용하면 복잡한 코드 없이 View와 ViewModel을 연결해줄 수 있는데, 안드로이드에서는 이것이 LiveData나 RxJAVA 등으로 구현될 수 있습니다. 이 책에서 사용된 AnkoMVVM의 데이터바인딩은 대부분 MutableLiveData 타입의 객체를 관찰해 변화가 생기면 뷰에 전달하는 헬퍼 함수들입니다.

안드로이드에서 ViewModel을 사용할 때 조심해야 할 점은 ViewModel에 컨텍스트 객체를 저장해서는 안 된다는 것입니다. ViewModel의 생명 주기는 컨텍스트 객체와는 다르기 때문에 뷰모델이 컨텍스트 객체를 들고 있는 경우 메모리 릭(leak)을 일으킬 수가 있습니다. 이 경우 컨텍스트를 감싼 인터페이스를 만들고 ViewModel에서 WeakReference 타입으로 관리하며 간접적으로 로직을 호출하는 방법도 있지만 AnkoMVVM에서는 불필요한 인터페이스가 늘어나는 것을 방지하기 위해 ViewModel에 이벤트 객체를 두고 Activity나 Fragment에서는 이 이벤트 객체를 관찰하는 방식을 택했습니다. 때문에 ViewModel에서도 Activity에서 호출하는 것과 마찬가지의 방법으로 startActivity() 등의 함수를 이용할 수가 있습니다.

chapter 05

상품 등록과 검색

상품은 이 서비스의 주가 되는 개체입니다. 이 챕터에서는 상품을 등록하고, 여러 사용자들이 등록한 상품들을 나열하고 검색하며, 상품의 상세 정보를 보여줄 것입니다.

로그인이나 회원가입 화면에 비해 상대적으로 화면이 복잡해졌으므로 이제부터는 *anko layout*을 조금 더 본격적으로 사용하게 될 것입니다. 어쩌면 안드로이드 레이아웃을 구성하는 데 사용되는 전통적인 방법인 *XML* 레이아웃에 비해 복잡해 보이는 경우도 있습니다. 언제나 네이티브 코드로 *UI*를 작성하는 것이 최선은 아니지만 네이티브 코드로 *UI*를 작성했을 때에는 다음과 같은 이점이 있습니다.

- ❏ 타입 안정성 – XML 레이아웃에서는 뷰를 찾을 때 타입 캐스팅 오류 발생 가능성이 있음.

- ❏ 널 안정성 – 코틀린은 기본적으로 널 안정성을 가진 언어이기 때문에 코틀린으로 UI를 작성했을 때 XML 레이아웃에 비해 NullPointerException이 발생하지 않음.

- ❏ CPU와 배터리 리소스 절약 – XML을 파싱하는 데 필요한 추가적인 리소스를 절약할 수 있음.

- ❏ 코드의 재사용성 – XML에 비해 코드의 재사용성이 높고 보다 명시적임.

5.1 상품 메인 레이아웃 \\

가장 먼저 메인 레이아웃을 작성해보도록 하겠습니다. product 패키지에 ProductMain
ViewModel과 ProductMainActivity 그리고 ProductMainUI를 작성합니다.
ProductMainActivity는 꼭 AndroidManifest에 등록해주도록 합니다.

코드 – com/example/parayo/product/ProductMainViewModel.kt

```kotlin
package com.example.parayo.product

import android.app.Application
import net.codephobia.ankomvvm.lifecycle.BaseViewModel

class ProductMainViewModel(app: Application) : BaseViewModel(app) {
}
```

코드 – com/example/parayo/product/ProductMainActivity.kt

```kotlin
package com.example.parayo.product

import android.os.Bundle
import net.codephobia.ankomvvm.components.BaseActivity
import org.jetbrains.anko.setContentView

class ProductMainActivity :
    BaseActivity<ProductMainViewModel>() {

    override val viewModelType = ProductMainViewModel::class

    override fun onCreate(savedInstanceState: Bundle?) {
        super.onCreate(savedInstanceState)
    }

}
```

코드 – com/example/parayo/product/ProductMainUI.kt

```kotlin
package com.example.parayo.product
```

```
import android.view.View
import org.jetbrains.anko.AnkoComponent
import org.jetbrains.anko.AnkoContext

class ProductMainUI(
    private val viewModel: ProductMainViewModel
) : AnkoComponent<ProductMainActivity> {

    override fun createView(ui: AnkoContext<ProductMainActivity>): View {
        TODO("not implemented")
    }


}
```

이제부터는 상품 리스트 화면 구조를 자세히 뜯어보며 부분적으로 UI를 그려보도록 하겠습니다.

5.1.1 네비게이션 드로어

그림 5-1. 네비게이션 드로어

앞의 이미지에서처럼 옆에서 슬라이드되어 나오는 메뉴를 네비게이션 드로어라고 부릅니다. 화면에 네비게이션 드로어를 넣기 위해서는 일반적으로 DrawerLayout을 화면의 최상단 레이아웃으로 사용하고 그 안에 컨텐츠와 좌측 정렬된 NavigationView를 배치합니다.

코드 – com/example/parayo/product/ProductMainUI.kt의 createView()

```kotlin
override fun createView(ui: AnkoContext<ProductMainActivity>) =
        ui.drawerLayout { // 1
            verticalLayout { // 2
            }.lparams(matchParent, matchParent)

            // 3
            navigationView = navigationView {
            }.lparams(wrapContent, matchParent) {
                gravity = Gravity.START // 4
            }
        }
```

1. DrawerLayout을 화면의 최상단 레이아웃으로 사용했습니다.

2. verticalLayout() 함수는 LinearLayout에 orientation 속성을 vertical로 설정해 세로로 배열되는 LinearLayout을 생성하는 함수입니다.

3. navigationView() 함수를 이용해 네비게이션 드로어를 생성해줍니다.

4. lparams 블록 안의 gravity 속성은 해당 뷰가 컨테이너보다 작은 경우 컨테이너의 어느 쪽으로 정렬될 것인지를 나타냅니다. navigationView의 경우 drawerLayout의 안쪽에서 좌측에 정렬되어 나타나야 하므로 gravity를 START로 설정했습니다.

이제 ProductMainActivity에서 ProductMainUI를 보여주도록 코드를 수정합니다.

코드 – com/example/parayo/product/ProductMainActivity.kt 의 onCreate()

```kotlin
override fun onCreate(savedInstanceState: Bundle?) {
    super.onCreate(savedInstanceState)
    ProductMainUI(getViewModel)
        .setContentView(this)
}
```

ProductMainActivity가 만들어졌으므로 로그인 후 그리고 앱을 실행시켰을 때 이미 로그인이 되어있는 경우 ProductMainActivity로 전환시켜주어야 합니다.

SigninViewModel에서 TODO로 남겨두었던 부분을 다음과 같이 고쳐줍니다.

코드 – com/example/parayo/signin/SigninViewModel.kt의 onSigninResponse()

```
private fun onSigninResponse(response: ApiResponse<SigninResponse>) {
    if(response.success && response.data != null) {
        Prefs.token = response.data.token
        Prefs.refreshToken = response.data.refreshToken
        Prefs.userName = response.data.userName
        Prefs.userId = response.data.userId

        toast("로그인되었습니다.")
        startActivityAndFinish<ProductMainActivity>()
    } else {
        toast(response.message ?: "알 수 없는 오류가 발생했습니다.")
    }
}
```

그리고 IntroActivity도 다음과 같이 수정합니다.

코드 – com/example/parayo/intro/IntroActivity.kt 의 onCreate()

```
override fun onCreate(savedInstanceState: Bundle?) {
    super.onCreate(savedInstanceState)
    IntroActivityUI().setContentView(this)

    GlobalScope.launch {
        delay(1500)
        if(Prefs.token.isNullOrEmpty()) { // 1
            startActivity<SigninActivity>()
        } else { // 2
            startActivity<ProductMainActivity>()
        }
        finish()
    }
}
```

1. Prefs.token의 값이 null인 경우 startActivity〈SigninActivity〉()를 실행합니다.

2. Prefs.token의 값이 null이 아닐 경우에 ProductMainActivity를 실행해줍니다.

앱을 실행해보면 아직 빈 화면이지만 좌측에서 우측으로 스와이프할 때 네비게이션 드로어가 나타나는 것을 확인할 수 있습니다.

그림 5-2. 네비게이션 드로어가 나타난 모습

5.1.2 툴바

다음으로는 다음 이미지에서 사각형 영역으로 표시된 툴바를 만들어줍니다. verticalLayout 블록 안에 toolbar { … }를 넣는 것으로 툴바를 만들 수 있습니다.

그림 5-3. 툴바 영역

먼저 검색 버튼에 사용할 아이콘을 준비해야 합니다. 아이콘은 웹사이트(https://materialdesignicons.com)를 통해 다운로드 받거나 File 〉 New 〉 Vector Asset 메뉴를 통해 손쉽게 추가할 수 있습니다. 여기에서는 웹사이트를 통해 매터리얼 디자인 아이콘을 다운로드 받는 방법에 대해 설명하겠습니다.

검색창에 받고싶은 아이콘의 키워드를 입력한 후 검색해 원하는 아이콘을 클릭하고 Icon Package 버튼을 눌러 .XML Vector Drawable을 다운로드 받습니다. 여기에서는 search를 검색해 돋보기 모양을 다운로드 받았습니다.

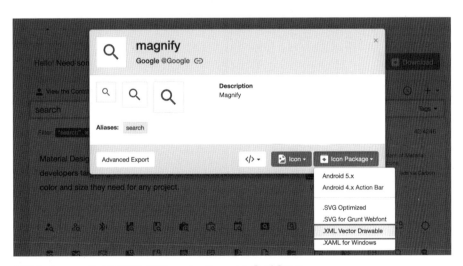

그림 5-4. magnify 아이콘의 .XML vector Drawable을 다운로드

그리고 다운로드 받은 파일명을 적당히 바꿔줍니다. 여기에서는 ic_search.xml로 변경했습니다. 그리고 이 파일을 우리 프로젝트 안의 res/drawable 디렉토리 안에 넣어준 후 ProductMainUI에 툴바 코드를 삽입합니다.

```
override fun createView(ui: AnkoContext<ProductMainActivity>) =
    ui.drawerLayout {
        verticalLayout {
            toolbar { // 1
                title = "Parayo"
                menu.add("Search") // 2
                    .setIcon(R.drawable.ic_search)
                    .setShowAsAction(SHOW_AS_ACTION_ALWAYS) // 3
            }.lparams(matchParent, wrapContent)
        }.lparams(matchParent, matchParent)

        navigationView = navigationView {
        }.lparams(wrapContent, matchParent) {
            gravity = Gravity.START
        }
    }
```

1. toolbar 블록 내부의 title = "Parayo"는 툴바에 표시할 타이틀을 지정해주는 역할을 합니다.

2. menu.add(...)...는 툴바의 우측 메뉴를 추가하는 코드입니다. setIcon(...)으로 앞서 다운로드받은 ic_search.xml 파일을 아이콘으로 등록해주었습니다.

3. 메뉴 아이템의 setShowAsAction(...)은 조금 특별한 용도의 함수입니다. 일반적으로 툴바에서 menu.add(...)로 추가된 메뉴는 툴바에 아이콘으로 나타나지 않고 팝업 메뉴 안에 나타나게 됩니다. 이를 툴바에 직접 표시해주기 위해서는 앞의 코드에서처럼 showAsAction의 값을 SHOW_AS_ACTION_ALWAYS로 설정해주면 됩니다.

이제 상단에 다음과 같은 툴바가 나타나게 됩니다.

그림 5-5. 앱을 실행하면 로고와 검색 버튼이 달린 툴바가 생겼다

툴바 하단에 존재하는 얇은 선을 그리기 위해서는 몇가지 방법이 있습니다. 그 중 하나는 다음과 같이 기본 뷰의 높이를 1로 지정하고 배경색을 설정하는 것입니다.

```
view {
    backgroundColor = Color.parseColor("#DDDDDD")
}.lparams(matchParent, dip(1))
```

다른 하나는 툴바에 아래쪽에 1DP의 선이 그려진 배경을 지정하는 것입니다. 배경을 그리는 코드는 조금 더 복잡하지만 배경을 사용하는 것이 더 일반적이기 때문에 여기에서는 배경을 지정해보도록 하겠습니다. 먼저 view 패키지 아래에 backgrounds.kt 파일을 생성하고 다음 코드를 넣습니다.

코드 – com/example/parayo/view/backgrounds.kt

```kotlin
package com.example.parayo.view

import android.graphics.Color
import android.graphics.drawable.ColorDrawable
import android.graphics.drawable.Drawable
import android.graphics.drawable.LayerDrawable


private fun borderBG(
    borderColor: String = "#1F000000",
    bgColor: String = "#FFFFFF",
    borderWidthLeft: Int = 0,
    borderWidthTop: Int = 0,
    borderWidthRight: Int = 0,
    borderWidthBottom: Int = 0
): LayerDrawable {
    val layerDrawable = arrayOf<Drawable>(
        ColorDrawable(Color.parseColor(borderColor)), // 1
        ColorDrawable(Color.parseColor(bgColor))
    ).let(::LayerDrawable) // 2

    layerDrawable.setLayerInset(
        1,
        borderWidthLeft,
```

```
        borderWidthTop,
        borderWidthRight,
        borderWidthBottom
    )

    return layerDrawable
}
```

이 코드는 상하좌우에 borderTopWidth, borderBottomWidth, borderLeftWidth, borderRightWidth 만큼의 선이 있는 Drawable 객체를 생성하고 반환하는 코드입니다.

1. ColorDrawable은 사각형 영역을 특정 색으로 채워주는 Drawable 클래스입니다. 여기에서는 선이 될 ColorDrawable과 배경이 될 ColorDrawable 객체를 각각 만들어주었습니다.

2. .let(::LayerDrawable)은 조금 생소한 코드일지 모르지만 LayerDrawable(...)과 같이 생성자를 호출하는 코드입니다. 위 코드는 다음과 같이 바꿔 쓸 수 있습니다.

```
val drawables = arrayOf<Drawable>(
        ColorDrawable(Color.parseColor(borderColor)),
        ColorDrawable(Color.parseColor(bgColor))
    )

val layerDrawable = LayerDrawable(drawables)
```

LayerDrawable은 생성자에 Drawable 타입의 배열을 받아 배열 요소의 순서대로 층층이 겹쳐서 그려주는 역할을 합니다. 여기에 두 개의 ColorDrawable 객체를 만들고 선이 될 색상을 아래에, 배경이 될 색상을 위에 겹치게 쌓고 setLayerInset(...)으로 배경이 될 색상의 바깥쪽 여백을 지정하는 방법으로 선을 만들어주게 됩니다. setLayerInset() 함수의 인자는 순서대로 LayerDrawable에 할당된 Drawable 리스트에서 원하는 Drawable 객체의 인덱스, 좌, 상, 우, 하 넓이입니다. 다음 이미지를 참고해주세요.

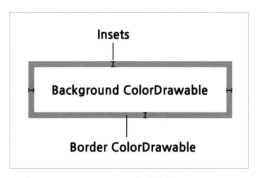

그림 5-6. LayerDrawable의 시각적 구조

여기에서 하단의 inset만 0보다 큰 값으로 설정해 아랫부분에 선을 만들 수 있습니다. 이 코드를 그냥 사용하기에는 파라미터가 너무 많으므로 이 함수를 이용해 다음과 같이 좌, 상, 우, 하에 선을 그리는 함수를 각각 별도로 만들어줍니다.

코드 – com/example/parayo/view/backgrounds.kt

```kotlin
// 상단 코드(borderBG(...)) 생략

fun borderLeft(
    color: String = "#1F000000",
    width: Int
) = borderBG(
    borderColor = color,
    borderLeftWidth = width
)

fun borderTop(
    color: String = "#1F000000",
    width: Int
) = borderBG(
    borderColor = color,
    borderTopWidth= width
)

fun borderRight(
    color: String = "#1F000000",
    width: Int
) = borderBG(
```

```
        borderColor = color,
        borderRightWidth= width
    )


    fun borderBottom(                 .
        color: String = "#1F000000",
        width: Int
    ) = borderBG(
        borderColor = color,
        borderBottomWidth = width
    )
```

이제 툴바 하단에 배경을 이용해 선을 그어보겠습니다.

코드 – com/example/parayo/product/ProductMainUI.kt의 toolbar { }

```
toolbar {
    title = "Parayo"
    bottomPadding = dip(1) // 1
    background = borderBottom(width = dip(1)) //2
    menu.add("Search")
        .setIcon(R.drawable.ic_search)
        .setShowAsAction(SHOW_AS_ACTION_ALWAYS)
}.lparams(matchParent, wrapContent)
```

1. 툴바의 우측 메뉴 아이콘 영역이 툴바 전체 높이를 덮어버리기 때문에 하단 배경은 잘리
는 현상이 있어 툴바의 하단에 1DP의 여백을 주었습니다.

2. 툴바에 background = borderBottom(...)으로 아래쪽 선이 들어간 배경을 지정합니다.

다음으로는 툴바의 로고 텍스트 좌측에 햄버거버튼을 달고 네비게이션 드로어와 연결하도록
하겠습니다. 이 코드는 Activity에 작성해야 하므로 toolbar를 Activity에서 접근할 수 있는 변
수로 만들어주어야 합니다. 다음과 같이 ProductMainUI에 toolBar라는 변수를 만들고 툴바
UI 코드에서 변수에 툴바 객체를 대입해줍니다.

코드 – com/example/parayo/product/ProductMainUI.kt

```kotlin
class ProductMainUI(
    private val viewModel: ProductMainViewModel
) : AnkoComponent<ProductMainActivity> {

    lateinit var toolBar: Toolbar

    override fun createView(ui: AnkoContext<ProductMainActivity>) =
        ui.drawerLayout {
            drawerLayout = this

            verticalLayout {
                toolBar = toolbar {
                    title = "Parayo"
                    // 이후 코드 생략..
```

그리고 ProductMainActivity에 다음 코드를 작성해줍니다. 여기에 사용되는 ActionBar DrawerToggle의 생성자에서는 접근성을 위해 드로어 열기/닫기에 대한 스트링 리소스를 필요로 하므로 strings.xml 파일에 필요한 리소스를 먼저 추가해줍니다.

코드 – strings.xml

```xml
<resources>
    <string name="app_name">Parayo</string>
    <string name="open_drawer_description">open drawer</string>
    <string name="close_drawer_description">close drawer</string>
</resources>
```

코드 – com/example/parayo/product/ProductMainActivity.kt의 onCreate()와 setupDrawerListener()

```kotlin
override fun onCreate(savedInstanceState: Bundle?) {
    super.onCreate(savedInstanceState)
    ui.setContentView(this)
    setupDrawerListener()
}

private fun setupDrawerListener() {
```

```
    // 1
    val toggle = ActionBarDrawerToggle(
        this,
        ui.drawerLayout,
        ui.toolBar,
        R.string.open_drawer_description,
        R.string.close_drawer_description
    )
    ui.drawerLayout.addDrawerListener(toggle) // 2

    toggle.syncState() // 3
}
```

1. ActionBarDrawerToggle은 툴바의 햄버거버튼과 드로어 레이아웃의 이벤트를 연결시켜 주는 역할을 하는 리스너 클래스입니다.

2. ui.drawerLayout.addDrawerListener(toggle)은 바로 앞에 설명한 ActionBarDrawer Toggle 객체를 드로어 레이아웃의 이벤트 리스너로 등록합니다.

3. toggle.syncState()는 현재 네비게이션 드로어의 상태와 햄버거버튼의 상태를 동기화해 줍니다.

이제 앱을 실행시켜보면 우리가 원하는 모양과 거의 흡사한 모양새를 확인할 수 있고, 햄버거 버튼을 누르면 네비게이션 드로어가 열리는 것을 볼 수 있습니다.

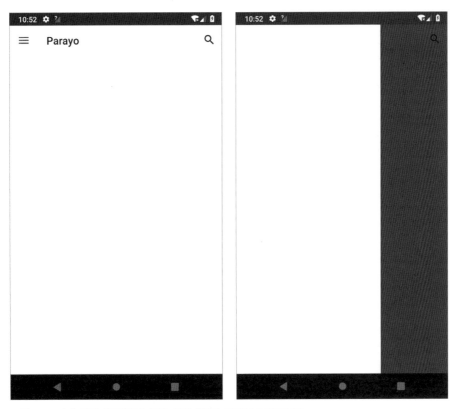

그림 5-7. 이제 햄버거버튼을 누르면 네비게이션 드로어가 나타난다

5.1.3 네비게이션 헤더

다음으로는 네비게이션 드로어에 헤더와 메뉴들을 삽입하도록 하겠습니다.

헤더 UI는 추후 더 복잡해질 가능성이 있기 때문에 레이아웃 코드의 가독성도 높일겸 별도 파일로 분리하도록 합니다.

코드 – com/example/parayo/product/ProductMainNavHeader.kt

```
package com.example.parayo.product


import android.graphics.Typeface
import android.view.View
import com.example.parayo.R
```

```
import com.example.parayo.common.Prefs
import com.example.parayo.view.borderBottom
import org.jetbrains.anko.*

class ProductMainNavHeader : AnkoComponent<View> {

    override fun createView(ui: AnkoContext<View>) =
        ui.verticalLayout {
            padding = dip(20)
            background = borderBottom(width = dip(1))

            imageView(R.drawable.ic_logo) // 1
                .lparams(dip(54), dip(54))

            textView(Prefs.userName) { // 2
                topPadding = dip(8)
                textSize = 20f
                typeface = Typeface.DEFAULT_BOLD
            }
        }

}
```

1. imageView의 R.drawable.ic_logo는 앞서 언급한 materialicons.com에서 alpha-p-circle 아이콘을 다운로드 받아 이름을 변경한 것입니다.

2. textView에는 로그인 후 SharedPreferences에 저장했던 userName의 값을 넣어주었습니다.

이제 이 헤더를 NavigationView에 넣어줍니다.

코드 – com/example/parayo/product/ProductMainUI.kt의 navigationView { }

```
navigationView {
    ProductMainNavHeader()
        .createView(AnkoContext.create(context, this)) // 1
        .run(::addHeaderView) // 2
}.lparams(wrapContent, matchParent) {
    gravity = Gravity.START
}
```

1. AnkoContext.create(...)는 새 AnkoContext를 생성하는 정적 함수입니다. 일반적인 컨테이너들과 달리 NavigationView에 헤더 뷰를 삽입하기 위해서는 addHeaderView(view) 함수를 사용해야 하기 때문에 AnkoContext.create(...) 함수로 별도 UI 컨텍스트에서 뷰를 생성해 addHeaderView의 인자에 넘겨주는 방법을 사용합니다.

2. .run(::addHeaderView)는 let, apply, run 등의 함수를 체이닝하는 일반적인 사용 방법 중 하나입니다. run { addHeaderView(this) }과 같이 람다를 넘겨줄 수도 있지만 파라미터가 하나일 경우 run(::addHeaderView)와 같이 함수 레퍼런스를 넘기는 것도 허용되므로 더 간략하게 코드를 작성할 수 있습니다.

앱을 실행해보면 다음와 같이 네비게이션 드로어에서 헤더를 확인할 수 있습니다.

그림 5-8. 네비게이션 드로어에 추가된 헤더

5.1.4 네비게이션 메뉴

다음으로는 네비게이션 드로어에 메뉴를 추가하도록 하겠습니다. 네비게이션 메뉴는 블록 안에서 menu.add() 함수로 추가할 수 있습니다.

코드 – com/example/parayo/product/ProductMainUI.kt

```kotlin
package com.example.parayo.product

import android.view.Gravity
import android.view.Menu.NONE
import android.view.MenuItem
import android.view.MenuItem.SHOW_AS_ACTION_ALWAYS
import androidx.appcompat.widget.Toolbar
import androidx.drawerlayout.widget.DrawerLayout
import androidx.viewpager.widget.ViewPager
import com.example.parayo.R
import com.example.parayo.view.borderBottom
import com.google.android.material.navigation.NavigationView
import com.google.android.material.tabs.TabLayout
import org.jetbrains.anko.*
import org.jetbrains.anko.appcompat.v7.toolbar
import org.jetbrains.anko.design.navigationView
import org.jetbrains.anko.support.v4.drawerLayout

class ProductMainUI(
    private val viewModel: ProductMainViewModel
) : AnkoComponent<ProductMainActivity>,
    NavigationView.OnNavigationItemSelectedListener { // 1

    lateinit var drawerLayout: DrawerLayout
    lateinit var navigationView: NavigationView // 2
    lateinit var toolBar: Toolbar

    override fun createView(ui: AnkoContext<ProductMainActivity>) =
        ui.drawerLayout {
            // ... 코드 생략

            navigationView = navigationView { // 3
                ProductMainNavHeader()
                    .createView(AnkoContext.create(context, this))
```

```
                .let(::addHeaderView)

        // 4
        menu.apply {
            add(NONE, MENU_ID_INQUIRY, NONE, "내 문의").apply {
                setIcon(R.drawable.ic_chat)
            }
            add(NONE, MENU_ID_LOGOUT, NONE, "로그아웃").apply {
                setIcon(R.drawable.ic_signout)
            }
        }

        // 5
        setNavigationItemSelectedListener(this@ProductMainUI)
    }.lparams(wrapContent, matchParent) {
        gravity = Gravity.START
    }
}


// 6
override fun onNavigationItemSelected(item: MenuItem): Boolean {
    when(item.itemId) {
        MENU_ID_INQUIRY -> { viewModel.toast("내 문의") }
        MENU_ID_LOGOUT -> {
            Prefs.token = null
            Prefs.refreshToken = null
            viewModel.startActivityAndFinish<SigninActivity>()
        }
    }

    drawerLayout.closeDrawer(navigationView)

    return true
}

// 7
companion object {
    private const val MENU_ID_INQUIRY = 1
    private const val MENU_ID_LOGOUT = 2
}

}
```

1. NavigationView.OnNavigationItemSelectedListener는 네비게이션의 메뉴가 클릭되었을 때 호출될 함수를 정의한 인터페이스입니다. ProductMainUI에서 이 리스너를 상속받고 onNavigationItemSelected()를 구현해 메뉴아이템이 클릭되었을 때 동작해야할 로직을 정의할 수 있습니다.

2. 메뉴가 클릭되었을 때 네비게이션 드로어를 닫기 위해 NavigationView의 객체를 참조할 필요가 있기 때문에 ProductMainUI 클래스의 프로퍼티로 lateinit var navigationView: NavigationView를 추가로 선언해주었습니다.

3. navigationView { ··· } 블록을 초기화해줄 때 앞서 선언한 navigationView 프로퍼티에 이 객체를 대입해주었습니다.

4. menu.add() 함수의 파라미터는 순서대로 groupId, itemId, order, title입니다. groupId와 order는 특정할 필요가 없으면 Menu.NONE으로 지정해주면 됩니다. groupId를 1 이상의 것으로 특정해주면 같은 groupId를 가진 메뉴들끼리 그룹핑되어 표시되게 됩니다. 예를 들어 메뉴아이템을 4개 추가하고 각 groupId를 1, 1, 2, 2 순서로 설정했다면 메뉴가 다음 이미지처럼 groupId별로 구분되어 나타나게 됩니다.

그림 5-9. groupId로 구분된 메뉴 예시

5. setNavigationItemSelectedListener()는 메뉴가 클릭되었을 때 동작할 함수를 정의한 OnNavigationItemSelectedListener 구현체를 지정해주는 함수입니다. 여기에서는 ProductMainUI가 해당 리스너를 구현했으므로 this@ProductMainUI를 지정해주었습니다. 이 블록(navigationView{...}) 내부에서는 this가 NavigationView 객체를 의미

하므로 **@ProductMainUI**를 붙여 ProductMainUI 객체를 지정하도록 했습니다.

6. onNavigationItemSelected() 함수는 OnNavigationItemSelectedListener의 구현부입니다. when 절을 이용해 메뉴아이템의 itemId 값을 기준으로 수행해야 할 로직을 구분해주었습니다. 아직은 문의 메뉴를 눌렀을 때 이동할 화면이 만들어지지 않았으므로 토스트를 띄우는 것으로 대체했습니다. 함수의 마지막에서는 drawerLayout.closeDrawer()를 이용해 네비게이션 드로어를 닫아주었습니다. 이렇게 하지 않으면 화면이 전환되었다가 다시 돌아왔을 때 여전히 열려있는 네비게이션 드로어를 보게 됩니다.

7. 메뉴를 클릭했을 때에는 메뉴의 ID 값으로 케이스를 구분할 필요가 있어 각 메뉴에 아이디를 부여해주어야 합니다. companion object { } 안에 ID 값들을 선언해주었습니다. 그리고 menu.add()의 파라미터로 각 ID를 넘겨주어야 합니다.

앱을 실행하면 다음과 같이 메뉴가 추가되고 메뉴를 클릭했을 때 토스트 메시지가 뜨는 것을 확인할 수 있습니다.

그림 5-10. 완성된 네비게이션 드로어 UI

5.2 상품 등록 \\\

상품 목록을 보여주려면 등록된 상품이 필요하기 때문에 상품 등록부터 구현해보도록 하겠습니다. 상품 등록은 다음과 같은 절차로 진행됩니다.

- ❏ 상품 메인 레이아웃의 우하단 플로팅 액션 버튼을 클릭해 상품 등록 화면으로 진입한다.
- ❏ 사진, 상품명, 상품 설명, 가격, 카테고리를 입력받는다.
- ❏ 필수 값들과 글자 수 등을 검증하고 조건에 부합하지 않으면 오류 메시지를 반환한다.
- ❏ 정상적인 값들이 입력되었으면 상품 정보를 저장하고 성공 응답을 반환한다.

여기에서는 앞의 절차에 유의하여 상품 등록을 구현해보겠습니다.

5.2.1 상품 등록 API

IntelliJ를 열어 상품 등록 API부터 개발하도록 합니다.

상품 정보 정의

상품을 등록하기 위해서는 상품 정보가 정의되어 있어야 합니다. 스토리보드에 따르면 상품에는 다음과 같은 속성들이 존재합니다.

- ❏ 최대 4장의 사진
- ❏ 상품명(최대 40자)
- ❏ 상품 설명(최대 500자)
- ❏ 카테고리
- ❏ 가격

그리고 눈에는 보이지 않는 다음과 같은 정보들이 있습니다.

- ❏ 등록된 상품의 고유한 ID
- ❏ 등록한 사용자의 고유한 ID
- ❏ 판매 여부

❑ 등록일

❑ 수정일

이를 JPA 엔티티로 만들어봅시다. 먼저 상품의 판매 상태를 나타낼 enum 클래스를 작성해보 겠습니다. 여기에서는 판매중 상태와 품절 상태만 정의하도록 하겠습니다.

코드 – com/example/parayo/domain/product/ProductStatus.kt

```kotlin
package com.example.parayo.domain.product

enum class ProductStatus(private val status: String) {
    SELLABLE("판매중"),
    SOLD_OUT("품절")
}
```

다음으로는 상품 이미지 정보를 저장할 별도의 엔티티를 만들겠습니다. 상품 이미지 개수가 최 대 4개로 제한되어 있기 때문에 image0, image1, image2, image3과 같이 4개의 필드를 추 가해도 되지만 추후 이미지 수가 늘어날 때를 대비해 별도의 테이블로 빼내도록 하는 것이 좋 습니다.

코드 – com/example/parayo/domain/product/ProductImage.kt

```kotlin
package com.example.parayo.domain.image

import java.util.*
import javax.persistence.*

@Entity(name = "product_image")
class ProductImage(
    var path: String,
    var productId: Long? = null
) {

    @Id
    @GeneratedValue(strategy = GenerationType.IDENTITY)
    var id: Long? = null

    var createdAt: Date? = null
```

```kotlin
        var updatedAt: Date? = null

    @PrePersist
    fun prePersist() {
        createdAt = Date()
        updatedAt = Date()
    }

    @PreUpdate
    fun preUpdate() {
        updatedAt = Date()
    }

}
```

ProductImage 클래스는 특별한 데이터 없이 이미지의 경로만 저장하는 클래스로 설계했습니다.

다음으로는 상품 엔티티를 정의하도록 하겠습니다.

코드 – com/example/parayo/domain/product/Product.kt

```kotlin
package com.example.parayo.domain.product

import com.example.parayo.domain.image.Image
import com.example.parayo.domain.jpa.BaseEntity
import javax.persistence.Entity
import javax.persistence.EnumType
import javax.persistence.Enumerated
import javax.persistence.OneToMany

@Entity(name = "product")
class Product(
    @Column(length = 40) // 1
    var name: String,
    @Column(length = 500)
    var description: String,
    var price: Int,
    var categoryId: Int,
    @Enumerated(EnumType.STRING) // 2
    var status: ProductStatus,
    @OneToMany // 3
```

```
    @JoinColumn(name = "productId") // 4
    var images: MutableList<ProductImage>,
    val userId: Long
) {

    @Id
    @GeneratedValue(strategy = GenerationType.IDENTITY)
    var id: Long? = null

    var createdAt: Date? = null
    var updatedAt: Date? = null

    @PrePersist
    fun prePersist() {
        createdAt = Date()
        updatedAt = Date()
    }

    @PreUpdate
    fun preUpdate() {
        updatedAt = Date()
    }

}
```

1. @Column은 해당 프로퍼티가 데이터베이스의 컬럼에 맵핑될 때의 속성들을 지정합니다. 이 애노테이션을 생략하게 되면 프로퍼티명이 컬럼명이 되고 디폴트 옵션들을 사용하게 됩니다. 컬럼의 이름, 최대 길이, 유니크 키 여부 등 여러 옵션이 있지만 여기에서는 요구 사항에 따라 최대 길이(length)만 설정했습니다.

2. @Enumerated는 enum 클래스가 데이터베이스에 어떤 형식으로 저장되어야 할지를 지정합니다. 디폴트는 ORDINAL로 정수 형태로 저장되지만 가독성 및 순서의 변경을 고려해 코드 상의 문자 그대로 저장되도록 EnumType.STRING을 지정해주었습니다.

3. @OneToMany는 Product 하나에 ProductImage 여러 개가 맵핑될 수 있다는 것을 나타냅니다. 때문에 images 프로퍼티는 MutableList 타입으로 선언되어야 합니다. 이 상황에서 HIbernate가 Product와 ProductImage를 맵핑해주기 위해 선택하는 기본 전략은 product와 product_image 테이블 사이에 product_product_image라는 관계 테이블을

하나 더 생성하는 것입니다. 이때는 테이블도 지저분해지고 쿼리도 비효율적일 수 있기 때문에 다음에 설명하는 @JoinColumn을 추가해 FK를 이용한 조인 쿼리를 사용하는 것이 더 나은 방법입니다.

4. @JoinColumn은 해당 엔티티의 PK와 맵핑되는 타겟 엔티티의 어떤 컬럼을 통해 두 테이블을 조인할 것인가를 지정합니다. 앞의 코드에서는 ProductImage 엔티티에 productId 프로퍼티를 선언했고 @JoinColumn에 "productId"를 지정했으므로 ProductImage에 productId라는 FK가 생성되고 이 값을 이용해 두 테이블 간 조인이 일어나게 됩니다.

Image와 Product 클래스가 새로 만들어졌지만 매번 id, createdAt, updatedAt을 동일하게 선언해주는 것이 마음에 들지 않습니다. 하이버네이트의 상속을 이용해 공통 필드들을 가진 클래스를 별도로 만들고 엔티티 클래스에서는 이를 상속받도록 변경하도록 하겠습니다.

코드 – com/example/parayo/domain/jpa/BaseEntity.kt

```kotlin
package com.example.parayo.domain.jpa

import java.util.*
import javax.persistence.*

@MappedSuperclass
abstract class BaseEntity {

    @Id
    @GeneratedValue(strategy = GenerationType.IDENTITY)
    open var id: Long? = null


    open var createdAt: Date? = null
    open var updatedAt: Date? = null

    @PrePersist
    fun prePersist() {
        createdAt = Date()
        updatedAt = Date()
    }

    @PreUpdate
```

```kotlin
    fun preUpdate() {
        updatedAt = Date()
    }

}
```

코드 – com/example/parayo/domain/product/ProductImage.kt

```kotlin
package com.example.parayo.domain.image

import com.example.parayo.domain.jpa.BaseEntity
import javax.persistence.Entity

@Entity(name = "product_image")
class ProductImage(
    var path: String,
    var productId: Long? = null
) : BaseEntity() {
}
```

코드 – com/example/parayo/domain/product/Product.kt

```kotlin
package com.example.parayo.domain.product

import com.example.parayo.domain.image.ProductImage
import com.example.parayo.domain.jpa.BaseEntity
import javax.persistence.*

@Entity(name = "product")
class Product(
    @Column(length = 40)
    var name: String,
    @Column(length = 500)
    var description: String,
    var price: Int,
    var categoryId: Int,
    @Enumerated(EnumType.STRING)
    var status: ProductStatus,
    @OneToMany
    @JoinColumn(name = "productId")
```

```
        var images: MutableList<ProductImage>,
        val userId: Long
) : BaseEntity() {
}
```

이제는 엔티티 코드가 훨씬 간결해졌습니다. 여기에 코드는 적지 않겠지만 앞서 만들었던
User 엔티티도 동일하게 변경해주도록 합니다.

이제 스프링 부트 애플리케이션을 실행시키면 product와 product_image 두 개의 테이블이
자동으로 생성됩니다.

레파지토리

상품 정보와 상품 이미지 정보를 저장하기 위해 앞서 회원 가입 부분에서 정의했던 것처럼 두
레파지토리를 정의해줍니다.

코드 – com/example/parayo/domain/product/ProductRepository.kt

```
package com.example.parayo.domain.product

import org.springframework.data.jpa.repository.JpaRepository

interface ProductRepository : JpaRepository<Product, Long> {
}
```

코드 – com/example/parayo/domain/product/ProductImageRepository.kt

```
package com.example.parayo.domain.product

import org.springframework.data.jpa.repository.JpaRepository

interface ProductImageRepository : JpaRepository<ProductImage, Long> {
}
```

상품 등록 로직 구현

앞에서 정의한 상품 정보를 토대로 상품 등록 로직을 작성해보도록 하겠습니다. 모바일에서 상

품을 등록할 때 이미지가 여러 개 등록되면 등록하는 데에 시간이 오래 걸릴 수 있으므로 앱에서 이미지를 선택할 때마다 이미지를 업로드하게 만들기 위해 이미지 업로드 API와 상품 등록 API 두 가지를 만들도록 하겠습니다. 이미지만 업로드하고 상품은 등록하지 않는 경우에는 공간 낭비가 있을 수 있지만 최종적으로 상품을 등록하는 데 시간이 덜 걸린다는 장점이 있습니다.

API 토큰 검증

API를 준비하기 전에, 이들을 아무나 호출할 수 있어서는 안 됩니다. 즉, 회원으로 등록되어 있는 사용자만 API를 호출할 수 있어야 합니다. 이를 위해 로그인을 하면 발행되는 토큰을 가지고 사용자를 검증하는 방법에 대해 알아보겠습니다.

일반적으로 토큰 정보는 HTTP 요청의 헤더에 실어서 주고받게 됩니다. JWT 공식 홈페이지에 나와있는 기본적인 사용 시나리오에 따르면 토큰 값은 다음과 같이 헤더에 포함되게 됩니다.

```
Authorization: Bearer <token>
```

서버에서 토큰을 검증하는 과정에는 다음과 같은 내용들이 필요합니다.

- ❏ HTTP 헤더에서 **토큰 추출**
- ❏ **토큰의 유효성 검증**
- ❏ 사용자 정보를 미리 읽어오기

토큰의 유효성을 검증한 후에는 토큰 클레임에 저장했던 이메일 등의 정보를 이용해 어딘가에 사용자 정보를 가지고 있어야 많은 API에 사용자 정보를 가져오기 위한 파라미터를 추가하는 등의 번거로움을 피할 수 있습니다. 웹서버는 보통 스레드풀을 돌려쓰기 때문에 전역 변수로 사용자 정보를 가지고 있으면 심각한 문제를 초래하게 됩니다. 하지만 자바에는 ThreadLocal이라는 스레드 영역에서의 로컬 변수를 할당할 수 있는 클래스가 존재합니다. 스프링 MVC의 요청은 대개 한 스레드 내에서 처리되므로 ThreadLocal을 사용해 사용자 정보를 저장할 수 있습니다. 주의할 점은 요청이 끝나는 시점에 이 변수를 초기화해야 다른 사용자의 요청이 동일 스레드에서 실행되었을 때 사용자 정보가 섞이지 않을 수 있다는 것과, 특정 요청을 멀티스레드로 처리하려고 하는 경우 새 스레드에서는 기본적으로 사용자 정보에 접근할 수 없다는 것입니다. 이 점에 유의하며 다음과 같이 ThreadLocal 변수를 가지고 있는 빈을 하나 정의해줍니다.

```kotlin
package com.example.parayo.domain.auth

import com.example.parayo.domain.user.UserRepository
import org.springframework.beans.factory.annotation.Autowired
import org.springframework.stereotype.Service

@Service
class UserContextHolder @Autowired constructor(
    private val userRepository: UserRepository
) {
    private val userHolder = ThreadLocal.withInitial {
        UserHolder()
    }

    val id: Long? get() = userHolder.get().id
    val name: String? get() = userHolder.get().name
    val email: String? get() = userHolder.get().email

    fun set(email: String) = userRepository
        .findByEmail(email)?.let { user ->
            this.userHolder.get().apply {
                this.id = user.id
                this.name = user.name
                this.email = user.email
            }.run(userHolder::set)
        }

    fun clear() {
        userHolder.remove()
    }

    class UserHolder {
        var id: Long? = null
        var email: String? = null
        var name: String? = null
    }

}
```

이 클래스는 UserRepository로부터 사용자 정보를 읽어 ThreadLocal⟨UserHolder⟩ 타입의 프로퍼티에 사용자 정보를 저장해주는 set() 함수와 이를 초기화시켜주는 clear() 함수를 가지고 있습니다. 우리의 사용자 정보 중 사용될만한 정보는 id, email, name 세 가지가 존재하므로 UserHolder 클래스에는 이 세 개의 프로퍼티를 선언해주었습니다.

다음으로는 JWT 토큰을 검증하고 이메일을 추출하는 코드를 작성하겠습니다. JWTUtil.kt에 다음 코드를 추가합니다.

코드 – com/example/parayo/domain/auth/JWTUtil.kt

```kotlin
object JWTUtil {

    // 이전 코드 생략...

    fun verify(token: String): DecodedJWT =
        JWT.require(algorithm)
            .withIssuer(ISSUER)
            .build()
            .verify(token) // 1

    fun verifyRefresh(token: String): DecodedJWT =
        JWT.require(refreshAlgorithm)
            .withIssuer(ISSUER)
            .build()
            .verify(token)

    fun extractEmail(jwt: DecodedJWT): String =
        jwt.getClaim(JWTClaims.EMAIL).asString() // 2

    object JWTClaims {
        const val EMAIL = "email"
    }

}
```

1. JWT 객체의 verify()는 토큰의 유효성을 검증하고 DecodedJWT 객체를 반환합니다. 만일 토큰이 유효하지 않다면 예외를 던집니다.

2. DecodedJWT 객체의 getClaim()은 앞서 설명했던 토큰의 클레임을 반환합니다. 여기에

서는 로그인 시 토큰을 생성하며 저장한 email 클레임을 읽었습니다.

이제 검증된 토큰으로부터 이메일을 가져와 UserContextHolder에 넣어주는 로직을 작성하
도록 하겠습니다. 매 요청마다 동일한 코드를 작성해야 하는 것은 큰 고통이지만 스프링의
HandlerInterceptor를 이용하면 이 비용을 줄일 수 있습니다. 스프링의 HandlerInterceptor
에는 매 요청의 처리 전/후에 할 일을 정의할 수 있습니다. 이를 이용해 요청 처리 전에 토큰을
검증하고 처리 후에는 ThreadLocal의 사용자 데이터를 초기화해주도록 합니다.

코드 – com/example/parayo/interceptor/TokenValidationInterceptor.kt

```kotlin
package com.example.parayo.interceptor

import com.example.parayo.domain.auth.UserContextHolder
import org.springframework.beans.factory.annotation.Autowired
import org.springframework.stereotype.Component
import org.springframework.web.servlet.HandlerInterceptor

@Component // 1
// 2
class TokenValidationInterceptor @Autowired constructor(
    private val userContextHolder: UserContextHolder
) : HandlerInterceptor {

    private val logger = LoggerFactory.getLogger(this::class.java) // 3

}
```

1. @Component 애노테이션은 이 클래스가 스프링이 관리하는 빈 클래스임을 나타냅니다.
@Service와는 기술적으로는 동일하지만 의미상으로는 비즈니스 로직을 처리하는 클래스
가 아니라는 점에서 다릅니다.

2. 스프링의 HandlerInterceptor 클래스를 상속받아 TokenValidationInterceptor를 만들
고 앞서 만들었던 UserContextHolder를 사용하기 위해 생성자에서 주입받았습니다.

3. 서버사이드 로깅을 위해 로거 객체를 프로퍼티로 선언했습니다.

HandlerInterceptor에는 요청 처리 전, 후 그리고 뷰가 렌더링 된 후에 호출될 수 있도록 미리
준비된 다음의 세 가지 함수가 있습니다.

- ❏ boolean preHandle(HttpServletRequest request, HttpServletResponse response, Object handler) – 요청 처리 전에 호출

- ❏ default void postHandle(HttpServletRequest request, HttpServletResponse response, Object handler, @Nullable ModelAndView modelAndView) – 요청 처리 후 뷰가 렌더링되기 전에 호출

- ❏ default void afterCompletion(HttpServletRequest request, HttpServletResponse response, Object handler, @Nullable Exception ex) – 요청 처리 후 뷰가 렌더링된 후에 호출

우리는 이들 중 preHandle과 postHandle을 사용해 토큰을 검증하고 . 먼저 다음과 같이 토큰 검증에 사용될 상수들을 정의하고 오류 로깅을 위해 로거 변수를 생성합니다.

코드 – com/example/parayo/interceptor/TokenValidationInterceptor.kt의 companion object { ... }

```kotlin
companion object {
    private const val AUTHORIZATION = "Authorization" // 1
    private const val BEARER = "Bearer" // 2
    private const val GRANT_TYPE = "grant_type" // 3
    const val GRANT_TYPE_REFRESH = "refresh_token"

    // 4
    private val DEFAULT_ALLOWED_API_URLS = listOf(
        "POST" to "/api/v1/signin",
        "POST" to "/api/v1/users"
    )
}
```

1. AUTHORIZATION은 Authorization 토큰이 포함된 헤더 값을 가져오기 위한 상수입니다.

2. BEARER는 Authorization 헤더에 JWT 토큰을 전달할 때 사용되는 인증 방법을 나타내는 스키마입니다. 실제 토큰을 사용하려면 헤더 값에서 이 문자열을 제거한 후 사용해야 합니다.

3. GRANT_TYPE과 GRANT_TYPE_REFRESH는 토큰 재발행을 요청할 때 사용될 파라미터의 키와 값입니다.

4. DEFAULT_ALLOWED_API_URLS는 토큰 인증 없이 사용할 수 있는 URL들을 정의하기 위해 선언한 리스트입니다. Spring Security나 여타 다른 라이브러리들을 사용한다면

조금은 더 편하고 세련된 방법으로 설정할 수 있지만 이 책에서 Spring Security를 다루지는 않으므로 간단한 방법으로 직접 구현하도록 하겠습니다.

다음으로는 preHandle() 함수에 토큰과 URL을 검증하고 미리 사용자 정보를 세팅해주는 로직을 작성하도록 하겠습니다.

코드 – com/example/parayo/interceptor/TokenValidationInterceptor.kt의 preHandle()

```kotlin
override fun preHandle(
    request: HttpServletRequest,
    response: HttpServletResponse,
    handler: Any
): Boolean {
    val authHeader = request.getHeader(AUTHORIZATION) // 1

    // 2
    if (authHeader.isNullOrBlank()) {
        val pair = request.method to request.servletPath
        if (!DEFAULT_ALLOWED_API_URLS.contains(pair)) {
            response.sendError(401)
            return false  // 3
        }
        return true
    } else {
        val grantType = request.getParameter("grant_type")
        val token = extractToken(authHeader)
        return handleToken(grantType, token, response)
    }
}

// 4
private fun handleToken(
    grantType: String,
    token: String,
    response: HttpServletResponse
) = try {
    val jwt = when(grantType) {
        GRANT_TYPE_REFRESH -> JWTUtil.verifyRefresh(token)
        else -> JWTUtil.verify(token)
    }
    val email = JWTUtil.extractEmail(jwt)
```

```
      userContextHolder.set(email)
      true
  } catch (e: Exception) {
      logger.error("토큰 검증 실패. token = $token", e)
      response.sendError(401)
      false
  }

  private fun extractToken(token: String) =
      token.replace(BEARER, "").trim()
```

1. request.getHeader(AUTHORIZATION)는 HttpServletRequest에 포함된 Authorization 헤더를 반환합니다.

2. Authorization 헤더 값이 없는 경우는 허용된 URL인지를 검사해 진입 가능 여부를 결정하고, 값이 있는 경우에는 토큰을 추출해 유효성을 검증하고 사용자 정보를 세팅해주어야 합니다. 토큰이 유효하지 않거나 허용되지 않은 URL이라면 response.sendError(401)로 HTTP의 401 응답을 반환해 클라이언트에 권한이 없다는 것을 알려야 합니다. 이렇게 401 응답을 받은 클라이언트는 로그인이나 토큰 갱신이 필요하다는 것을 알 수 있습니다.

3. HandlerInterceptor는 여러 개 존재할 수 있기 때문에 다음 체인이 실행될지 말지를 결정해주기 위해 boolean 값을 반환합니다. 여기에서는 401 응답을 반환하는 경우 다음 체인이 실행될 필요가 없기 때문에 false를 반환하도록 했습니다.

4. handleToken() 함수에서는 앞서 준비된 JWTUtil의 함수를 이용해 토큰을 검증합니다. grant_type이 refresh_token인 경우 JWTUtil.verifyRefresh()를, 그렇지 않은 경우 JWTUtil.verify() 함수를 사용합니다. 검증된 토큰에 있는 email 클레임을 이용해 UserContextHolder에 사용자 정보를 설정해주는데, 토큰 검증에 실패한다면 앞에서와 마찬가지로 401 응답을 반환합니다.

이어서 다음과 같이 스레드에서 사용한 사용자 정보를 초기화해줄 postHandle() 함수를 작성합니다.

코드 – com/example/parayo/interceptor/TokenValidationInterceptor.kt의 postHandle()

```
override fun postHandle(
    request: HttpServletRequest,
```

```
        response: HttpServletResponse,
        handler: Any,
        modelAndView: ModelAndView?
    ) {
        userContextHolder.clear()
    }
}
```

postHandle()에서는 별다른 로직 없이 앞에서 준비한 userContextHolder의 clear() 함수를 호출해 사용자 정보를 초기화만 해주었습니다.

이제 준비된 인터셉터를 스프링에서 사용할 수 있게 등록해주어야 합니다. 다음과 같이 WebMvcConfigurer를 상속받은 설정 클래스를 만들어 인터셉터를 등록해줍니다.

코드 – com/example/parayo/config/WebConfig.kt

```
package com.example.parayo.config

import com.example.parayo.interceptor.TokenValidationInterceptor
import org.springframework.beans.factory.annotation.Autowired
import org.springframework.context.annotation.Configuration
import org.springframework.web.servlet.config.annotation.InterceptorRegistry
import org.springframework.web.servlet.config.annotation.WebMvcConfigurer

@Configuration // 1
class WebConfig @Autowired constructor(
    private val tokenValidationInterceptor: TokenValidationInterceptor
) : WebMvcConfigurer { // 2

    // 3
    override fun addInterceptors(registry: InterceptorRegistry) {
        registry.addInterceptor(tokenValidationInterceptor)
            .addPathPatterns("/api/**")
    }

}
```

1. @Configuration 애노테이션은 이 클래스가 스프링에서 사용하는 설정을 담은 빈 클래스라는 것을 나타냅니다. 이 애노테이션을 사용하면 스프링이 SpringBootApplication 이하의 패키지에서 모든 설정 클래스들을 검사해 자동으로 빈을 생성해줍니다.

2. WebMvcConfigurer는 스프링 MVC 프로젝트에서 네이티브 코드 베이스로 설정을 입력할 수 있게 해주는 여러 가지의 콜백 함수들이 정의된 인터페이스입니다.

3. WebMvcConfigurer의 addInterceptors()는 인터셉터들을 추가할 수 있는 Interceptor Registry 객체를 파라미터로 전달합니다. 이 객체의 addInterceptor() 함수를 이용해 앞서 만든 TokenValidationInterceptor를 추가하고 체인 함수로 제공되는 addPathPatterns() 함수로 /api/ 이하의 URI에서 인터셉터가 동작하도록 설정해주었습니다.

토큰 재발급 API

이어서 토큰 만료에 대비해 함께 생성해주었던 refreshToken으로 API 토큰을 재발급 받는 API를 작성하겠습니다. 이 기능은 SigininApiController 쪽에 넣어주도록 하겠습니다.

코드 – com/example/parayo/controller/SigninApiController.kt의 refreshToken()

```kotlin
@PostMapping("/refresh_token")
fun refreshToken(
    @RequestParam("grant_type") grantType: String
): ApiResponse {
    if (grantType != TokenValidationInterceptor.GRANT_TYPE_REFRESH) {
        throw IllegalArgumentException("grant_type 없음")
    }

    return userContextHolder.email?.let {
        ApiResponse.ok(JWTUtil.createToken(it))
    } ?: throw IllegalArgumentException("시용자 정보 없음")
}
```

토큰 재발급 로직은 단순합니다. URL의 쿼리파라미터로 들어오는 grant_type의 값이 refresh_token이 아닌 경우에는 예외를 던지고 있습니다. 그리고 userContextHolder로부터 이메일을 가져와 토큰을 재발급해줍니다. 이메일 값이 없는 경우는 다시 예외를 던지고 있습니다.

이미지 등록

다음으로는 이미지를 등록하는 API 로직을 작성하겠습니다. 먼저 이미지를 저장할 디렉토리를 다음과 같이 application.yml 파일에 설정 변수로 추가해줍니다.

코드 – application.yml

```yml
spring:
  # 기존 설정 코드 생략...
  servlet:
    multipart:
      max-file-size: 20MB


parayo:
  file-upload:
    default-dir: /parayo
```

맥이나 기타 유닉스/리눅스 기반 운영체제의 경우에는 디렉토리에 쓰기 권한이 필요합니다. 때문에 다음과 같이 터미널 등에서 미리 디렉토리를 생성하고 권한 설정을 해주어야 합니다.

```
sudo mkdir -p /parayo/images
sudo chmod -R 777 /parayo
```

그리고 이 디렉토리를 스프링에서 리소스 디렉토리로 사용할 수 있도록 등록해주어야 합니다. 앞서 만든 WebConfig 클래스에 addResourceHandlers() 콜백을 통해 이를 위한 리소스 핸들러를 추가해주겠습니다.

코드 – com/example/parayo/config/WebConfig.kt의 addResourceHandlers()

```kotlin
override fun addResourceHandlers(
    registry: ResourceHandlerRegistry // 1
) {
    registry.addResourceHandler("/images/**")
        .addResourceLocations("file:///parayo/images/")
}
```

1. addResourceHandlers() 콜백에 파라미터로 전달되는 ResourceHandlerRegistry의 addResourceHandler() 함수를 이용해 /images 하위의 모든 URI에 대해 로컬 파일 시스템의 /parayo/images 디렉토리를 참조하도록 설정했습니다.

이어서 이미지를 등록하는 로직을 작성하겠습니다. 이미지를 등록할 때에는 리스트 화면에서 사용할 섬네일을 함께 생성해주어야 합니다. 섬네일을 만들어주는 편리한 라이브러리를 추가하기 위해 build.gradle 파일의 dependencies { ... } 블록 안에 다음 라이브러리 의존성을 추가해줍니다.

```
implementation 'net.coobird:thumbnailator:0.4.8'
```

Gradle Sync를 통해 라이브러리를 다운받고 com.example.parayo.domain.product.registration 패키지 아래에 이미지를 저장하기 위한 코드를 작성합니다.

코드 – com/example/parayo/domain/product/registration/ProductImageUploadResponse.kt

```kotlin
package com.example.parayo.domain.product.registration

data class ProductImageUploadResponse(
    val productImageId: Long,
    val filePath: String
)
```

코드 – com/example/parayo/domain/product/registration/ProductImageService.kt

```kotlin
package com.example.parayo.domain.product.registration

import com.example.parayo.common.ParayoException
import com.example.parayo.domain.product.ProductImage
import com.example.parayo.domain.product.ProductImageRepository
import net.coobird.thumbnailator.Thumbnails
import net.coobird.thumbnailator.geometry.Positions
import org.springframework.beans.factory.annotation.Autowired
import org.springframework.beans.factory.annotation.Value
import org.springframework.stereotype.Service
import org.springframework.web.multipart.MultipartFile
import java.io.File
import java.text.SimpleDateFormat
import java.util.*

@Service
class ProductImageService @Autowired constructor(
    private val productImageRepository: ProductImageRepository
) {
```

```kotlin
    @Value("\${parayo.file-upload.default-dir}") // 1
    var uploadPath: String? = ""

    fun uploadImage(image: MultipartFile) // 2
            : ProductImageUploadResponse {
        val filePath = saveImageFile(image)
        val productImage = saveImageData(filePath)

        return productImage.id?.let {
            ProductImageUploadResponse(it, filePath)
        } ?: throw ParayoException("이미지 저장 실패. 다시 시도해주세요.")
    }

    private fun saveImageFile(image: MultipartFile): String {
        val extension = image.originalFilename
            ?.takeLastWhile { it != '.' } // 3
            ?: throw ParayoException("다른 이미지로 다시 시도해주세요.")

        val uuid = UUID.randomUUID().toString() // 4
        val date = SimpleDateFormat("yyyyMMdd").format(Date())

        val filePath = "/images/$date/$uuid.$extension"
        val targetFile = File("$uploadPath/$filePath")
        val thumbnail = targetFile.absolutePath
            .replace(uuid, "$uuid-thumb")
            .let(::File)

        targetFile.parentFile.mkdirs() // 5
        image.transferTo(targetFile) // 6

        // 7
        Thumbnails.of(targetFile)
            .crop(Positions.CENTER)
            .size(300, 300)
            .outputFormat("jpg")
            .outputQuality(0.8f)
            .toFile(thumbnail)

        return filePath
    }

    private fun saveImageData(filePath: String): ProductImage {
```

```
        val productImage = ProductImage(filePath)
        return productImageRepository.save(productImage)
    }

}
```

1. @Value("\\${parayo.file-upload.default-dir}")는 application.yml에 기입한 파일 업로드 디렉토리 설정을 읽어 애노테이션이 붙은 변수에 대입해주는 역할을 합니다.

2. MultipartFile은 파일 업로드를 할 때 컨트롤러로 인입되는 업로드 파일 데이터 객체입니다. 여기에는 파일의 정보들과 파일을 저장할 때 사용되는 함수 등이 준비되어 있습니다.

3. String의 takeLastWhile() 함수는 (Char) -> Boolean 타입의 함수를 인자로 받으며, 함수의 반환값이 true가 되기 전까지의 마지막 문자열을 반환합니다. 예제 코드에서는 "."을 기준으로 사용해 파일의 확장자를 구하는 용도로 사용했습니다.

4. 파일명을 그대로 저장한다면 서로 다른 사용자가 같은 이름을 가진 파일을 업로드했을 때 그대로 덮어쓸 위험이 있기 때문에 날짜로 된 디렉토리 안에 UUID.randomUUID()로 생성한 랜덤한 문자열을 파일명으로 사용해 저장했습니다.

5. targetFile.parentFile.mkdirs()는 파일이 저장될 디렉토리를 생성하는 함수입니다. 이 부분에서 오류가 발생한다면 디렉토리에 쓰기 권한이 있는지를 먼저 확인하고 쓰기 권한이 없다면 앞서 언급한 방법대로 셸의 chmod 커맨드를 이용해 권한을 추가해주어야 합니다.

6. image.transferTo(..) 함수는 MultipartFile 클래스에 선언된 함수로 업로드 파일을 파라미터로 지정된 파일 경로에 저장해주는 함수입니다. 예제 코드에서 사용된 targetFile 변수는 /parayo/images/{년월일}/uuid.ext 형태의 경로를 가진 파일이므로 이 위치에 이미지가 저장되게 됩니다.

7. Thumbnails.of(...) 체인은 앞서 추가한 thumbnailator 라이브러리에서 제공하는 이미지 리사이징 함수를 사용한 것입니다. 가로, 세로 300픽셀의 정사각형 이미지로 크롭 및 리사이징해 uuid 앞에 thumb-를 추가해 섬네일 파일로 저장했습니다.

최종적으로 ProductImage 엔티티를 데이터베이스에 저장하고 생성되는 id 값을 반환했습니다. 이 id는 상품을 등록할 때 상품 정보에 맵핑되어야 할 이미지를 검색하는 용도로 사용됩니다.

이어서 ProductApiController를 만들어 이 로직을 연결해줍니다.

```kotlin
package com.example.parayo.controller

import com.example.parayo.common.ApiResponse
import com.example.parayo.domain.product.registration.ProductImageService
import org.springframework.beans.factory.annotation.Autowired
import org.springframework.web.bind.annotation.PostMapping
import org.springframework.web.bind.annotation.RequestMapping
import org.springframework.web.bind.annotation.RestController
import org.springframework.web.multipart.MultipartFile

@RestController
@RequestMapping("/api/v1")
class ProductApiController @Autowired constructor(
    private val productImageService: ProductImageService
) {

    @PostMapping("/product_images")
    fun uploadImage(image: MultipartFile) = ApiResponse.ok(
        productImageService.uploadImage(image)
    )

}
```

상품 등록

이제 상품 등록 API에 사용될 로직을 작성하겠습니다. 상품 등록은 요청 정보 검증, 등록 요청된 이미지의 id들이 이미 다른 상품에 맵핑되었는지 검증 그리고 상품 정보 저장의 순서로 이루어집니다. 먼저 상품 등록 요청 클래스를 정의해줍니다.

```kotlin
package com.example.parayo.domain.product.registration

data class ProductRegistrationRequest(
    val name: String,
```

```
    val description: String,
    val price: Int,
    val categoryId: Int,
    val imageIds: List<Long?> // 1
)
```

1. 상품의 기본 정보 외에 미리 등록된 이미지들의 id들을 리스트로 받기 위해 Long 타입의 리스트를 프로퍼티로 추가했습니다. 이를 통해 데이터베이스로부터 이미지 정보를 읽어 오기 위해 ProductImageRepository에 다음 함수를 추가해줍니다.

코드 – com/example/parayo/domain/product/ProductImageRepository.kt의 findByIdIn()

```
fun findByIdIn(imageIds: List<Long>): MutableList<ProductImage>
```

그리고 상품 등록 로직을 작성합니다.

코드 – com/example/parayo/domain/product/registration/ProductRegistrationService.kt

```
package com.example.parayo.domain.product.registration

import com.example.parayo.common.ParayoException
import com.example.parayo.domain.auth.UserContextHolder
import com.example.parayo.domain.product.*
import org.springframework.beans.factory.annotation.Autowired
import org.springframework.stereotype.Service

@Service
class ProductRegistrationService @Autowired constructor(
    private val productRepository: ProductRepository,
    private val productImageRepository: ProductImageRepository,
    private val userContextHolder: UserContextHolder
) {

    // 1
    fun register(request: ProductRegistrationRequest) =
        userContextHolder.id?.let { userId ->
            val images by lazy { findAndValidateImages(request.imageIds) }
            request.validateRequest()
            request.toProduct(images, userId)
```

```
                    .run(::save)
            } ?: throw ParayoException(
                "상품 등록에 필요한 사용자 정보가 존재하지 않습니다."
            )


    private fun findAndValidateImages(imageIds: List<Long?>) =
        productImageRepository.findByIdIn(imageIds.filterNotNull())
            .also { images ->
                images.forEach { image ->
                    if (image.productId != null)
                        throw ParayoException("이미 등록된 상품입니다.")
                }
            }


    private fun save(product: Product) = productRepository.save(product)


}


// 2
private fun ProductRegistrationRequest.validateRequest() = when {
    name.length !in 1..40 ||
    imageIds.size !in 1..4 ||
    imageIds.filterNotNull().isEmpty() ||
    description.length !in 1..500 ||
    price <= 0 ->
        throw ParayoException("올바르지 않은 상품 정보입니다.")
    else -> {
    }
}


private fun ProductRegistrationRequest.toProduct(
    images: MutableList<ProductImage>,
    userId: Long
) = Product(
    name,
    description,
    price,
    categoryId,
    ProductStatus.SELLABLE,
    images,
    userId
)
```

1. ProductRegistrationRequest를 파라미터로 받는 register() 함수를 정의했습니다. 이 함수는 먼저 사용자의 아이디가 존재하는지 검사한 후 존재하면 상품 등록 로직을 수행하고 그렇지 않다면 예외를 던집니다. 함수 안에서 images 변수를 lazy 델리게이트로 선언한 이유는 가독성을 위해 val 키워드를 상단에 위치시켰을 때 불필요한 데이터베이스 접근을 막고자 함입니다.

2. 이 서비스에는 요청 객체의 유효성을 검증하는 validateRequest()와 이를 엔티티로 변환하는 toProduct()에 확장 함수를 이용했습니다. 코틀린에서는 전역적으로 사용될만한 확장 함수는 해당 클래스가 선언된 파일에 확장 함수를 함께 정의하고, 특별한 클래스에서만 사용되는 확장 함수는 이 함수를 사용할 클래스 정의 아래에 정의하는 것을 권장하고 있습니다.

Product 객체에 images를 세팅하고 레파지토리를 통해 저장하면 Product에 있는 @OneToMany 맵핑에 의해서 이미지들의 productId가 함께 업데이트되게 됩니다.

이제 이 서비스를 컨트롤러에 연결해줍니다.

코드 – com/example/parayo/controller/ProductApiController.kt의 register()

```kotlin
@PostMapping("/products")
fun register(
    @RequestBody request: ProductRegistrationRequest
) = ApiResponse.ok(
    productRegistration.register(request)
)
```

API가 준비되었으니 Postman 등으로 API를 테스트해볼 수 있습니다. 다만 이제부터는 API 토큰이 필요하므로 로그인 API를 호출해 토큰을 발급받은 후 이 토큰을 이용해 테스트해야 합니다. 다음은 미리 등록한 이미지들을 가지고 IntelliJ의 Rest Client 툴로 테스트한 결과입니다.

```
# request

POST http://localhost:8080/api/v1/products
Accept: */*
Cache-Control: no-cache
Content-Type: application/json
```

```
Authorization: Bearer eyJ0eXAiOiJKV1QiLCJhbGciOiJIUzI1NiJ9.eyJzd...

{
  "name": "테스트상품",
  "description": "테스트 상품 설명",
  "price": 100,
  "categoryId": 1,
  "imageIds": [1, 2, 3]
}

# response

Transfer-Encoding: chunked

{
  "success": true,
  "data": {
    "id": 2,
    "createdAt": "2019-06-24T07:32:10.840+0000",
    "updatedAt": "2019-06-24T07:32:10.840+0000",
    "name": "테스트상품",
    "description": "테스트 상품 설명",
    "price": 100,
    "categoryId": 1,
    "status": "SELLABLE",
    "images": [ ...
```

5.2.2 상품 등록 UI

상품 등록 버튼 추가

이제 안드로이드 스튜디오로 돌아가 상품 등록 UI를 작성해보겠습니다. 상품 등록은 상품 메인 레이아웃 우측 하단의 플로팅 버튼을 클릭했을 때 진입할 수 있는 화면입니다. 이를 위해 메인 레이아웃에 플로팅 버튼과 ProductMainViewModel에 버튼을 클릭했을 때 호출할 함수를 추가해줍니다.

코드 – com/example/parayo/product/ProductMainViewModel.kt의 openRegistrationActivity()

```kotlin
fun openRegistrationActivity() {
    // todo. 상품 등록 UI가 준비되면 해당 액티비티를 열도록 수정
    toast("openRegistrationActivity")
}
```

코드 – com/example/parayo/product/ProductMainUI.kt의 frameLayout { … } 블록

```kotlin
frameLayout {
    verticalLayout {
        // 생략...
    }

    floatingActionButton { // 1
        imageResource = R.drawable.ic_add
        onClick { viewModel.openRegistrationActivity() }
    }.lparams {
        bottomMargin = dip(20)
        marginEnd = dip(20)
        gravity = Gravity.END or Gravity.BOTTOM
    }
}
```

1. floatingActionButton은 기본적으로 UI 최상단에 떠있는 원형의 버튼입니다. gravity 속성을 이용해 FrameLayout에서의 위치를 우측 하단으로 지정해주고 마진을 설정해 세밀한 위치를 잡아주었습니다. 아이콘으로 사용된 R.drawable.ic_add는 materialdesignicons.com에서 plus 아이콘을 xml로 다운받아 연 후 fillColor 속성만 #FFF로 변경해주었습니다. 이렇게 추가한 버튼은 다음과 같이 보이게 됩니다.

그림 5-11. FloatingActionButton

상품 등록 액티비티의 MVVM 클래스 구성

다음으로 ProductRegistrationActivity와 ProductRegistrationViewModel, ProductRegistrationUI 클래스를 정의해줍니다.

코드 – com/example/parayo/product/registration/ProductRegistrationViewModel.kt

```
package com.example.parayo.product.registration

import android.app.Application
import net.codephobia.ankomvvm.lifecycle.BaseViewModel

class ProductRegistrationViewModel(app: Application) :
    BaseViewModel(app) {
}
```

이 뷰모델은 아직은 빈 껍데기로 두고 UI를 작성하면서 차근차근 채워 나가겠습니다.

코드 – com/example/parayo/product/registration/ProductRegistrationActivity.kt

```kotlin
package com.example.parayo.product.registration

import android.os.Bundle
import android.view.MenuItem
import net.codephobia.ankomvvm.components.BaseActivity

class ProductRegistrationActivity
    : BaseActivity<ProductRegistrationViewModel>() {

    override val viewModelType = ProductRegistrationViewModel::class

    override fun onCreate(savedInstanceState: Bundle?) {
        super.onCreate(savedInstanceState)

        supportActionBar?.setDisplayHomeAsUpEnabled(true)
        supportActionBar?.title = "상품 등록" // 1
    }

    // 2
    override fun onOptionsItemSelected(item: MenuItem?): Boolean {
        item?.let {
            when(item.itemId) {
                android.R.id.home -> onBackPressed()
                else -> {}
            }
        }
        return true
    }

}
```

1. supportActionBar?.title 프로퍼티는 상단 액션바에 표시될 제목 텍스트입니다.

2. ProductRegistrationActivity에는 UI에서 따로 툴바를 만들지 않을 예정이기 때문에 onOptionsItemSelected() 콜백을 이용해 기본 액션바의 좌측 버튼이 눌렸을 때 액션을 정의해주었습니다. 여기에서 android.R.id.home은 기본 액션바를 사용할 때 액션바 좌

측의 버튼 아이디를 지칭합니다. 이 버튼이 눌렸을 때 시스템의 백버튼을 눌렀을 때와 같은 효과를 내기 위해 onBackPressed() 함수를 호출해주었습니다.

앞서 설명했듯이 ProductRegistrationActivity는 메인 레이아웃과는 달리 툴바를 만들지 않고 기본으로 제공되는 액션바를 사용합니다. 앱의 기본 테마에서 액션바를 제거했기 때문에 기본 액션바를 사용하기 위해서는 AndroidManifest.xml에 액티비티를 추가할 때 액션바가 있는 테마를 설정해주어야 합니다.

코드 – AndroidManifest.xml

```xml
<manifest ...>

    <uses-permission ...>

    <application ...>
        <!-- 코드 생략 -->
        <activity
            android:name=".product.registration.ProductRegistrationActivity"
            android:theme="@style/Theme.AppCompat.Light"
        />
    </application>

</manifest>
```

이어서 ProductRegistrationUI의 기본 뼈대를 작성해줍니다.

코드 – com/example/parayo/product/registration/ProductRegistrationUI.kt

```kotlin
package com.example.parayo.product.registration

import org.jetbrains.anko.AnkoComponent
import org.jetbrains.anko.AnkoContext
import org.jetbrains.anko.scrollView

class ProductRegistrationUI(
    private val viewModel: ProductRegistrationViewModel
) : AnkoComponent<ProductRegistrationActivity> {

    override fun createView(
```

```
        ui: AnkoContext<ProductRegistrationActivity>
    ) = ui.scrollView { // 1
        verticalLayout {
        }
    }

}
```

1. 상품 등록 화면은 세로로 길기 때문에 스크롤이 필요해 scrollView를 최상위 레이아웃으로 두고 그 안에 verticalLayout을 넣었습니다.

이제 ProductRegistrationActivity의 onCreate()에서 ProductRegistrationUI를 뷰로 사용하도록 코드를 고쳐줍니다.

코드 – com/example/parayo/product/registration/ProductRegistrationActivity.kt의 onCreate()

```
override fun onCreate(savedInstanceState: Bundle?) {
    super.onCreate(savedInstanceState)
    ProductRegistrationUI(getViewModel())
        .setContentView(this)

    supportActionBar?.setDisplayHomeAsUpEnabled(true)
    supportActionBar?.title = "상품 등록"
}
```

뷰모델 데이터와 바인딩 액션

이제 기본적인 준비는 끝났으니 뷰모델에 UI에서 사용될 데이터들을 정의해보도록 하겠습니다. 상품 등록 UI를 보면 입력 값으로 다음과 같은 데이터가 필요합니다.

❏ 4개의 이미지

❏ 상품명

❏ 상품 설명

❏ 카테고리

❏ 가격

그리고 부가적으로 다음의 데이터들도 필요합니다.

- ❏ 현재 상품명의 글자 수
- ❏ 현재 상품 설명의 글자 수

이 중 이미지와 카테고리는 문자열 데이터와는 달리 조금 더 특별한 케이스에 속합니다.

서버측 API에서는 이미지를 따로 업로드받고 이후에는 이미지의 ID 리스트를 받기로 했기 때문에 이미지의 ID가 필요합니다. 그리고 선택된 이미지를 UI에 표시해주기 위해서는 이미지 데이터가 필요합니다. 이 이미지 데이터는 서버로 업로드 된 후 반환받는 이미지의 경로를 사용할 것입니다.

카테고리는 화면에 표시해줄 카테고리명과 이미지와 마찬가지로 서버로 전달할 카테고리 ID가 필요합니다. 카테고리 리스트는 서버측 검증과 확장성을 위해 백엔드에서 관리하는 것이 올바른 방향이지만 여기에서는 책의 분량 상 다음과 같이 클라이언트측에 아주 단순한 구조의 카테고리를 정의해 사용할 것입니다.

코드 – com/example/parayo/product/category/Category.kt

```kotlin
package com.example.parayo.product.category

data class Category(
    val id: Int,
    val name: String
)

val categoryList = listOf(
    Category(0, "여성의류"),
    Category(1, "남성의류"),
    Category(2, "가전제품"),
    Category(3, "생활용품"),
    Category(4, "도서"),
    Category(5, "반려동물용품"),
    Category(6, "식품")
)
```

id와 name 프로퍼티를 가진 카테고리를 정의해주고 최상위 전역 프로퍼티로 categoryList를 선언해 세 개의 카테고리를 만들어주었습니다.

이어서 뷰모델에 앞서 언급한 프로퍼티들을 선언합니다.

코드 – com/example/parayo/product/registration/ProductRegistrationViewModel.kt

```kotlin
package com.example.parayo.product.registration

import android.app.Application
import androidx.lifecycle.MutableLiveData
import com.example.parayo.product.category.categoryList
import net.codephobia.ankomvvm.lifecycle.BaseViewModel

class ProductRegistrationViewModel(app: Application) :
    BaseViewModel(app) {

    // 1
    val imageUrls: List<MutableLiveData<String?>> = listOf(
        MutableLiveData(null as String?),
        MutableLiveData(null as String?),
        MutableLiveData(null as String?),
        MutableLiveData(null as String?)
    )
    // 2
    val imageIds: MutableList<Long?> =
        mutableListOf(null, null, null, null)

    val productName = MutableLiveData("")
    val description = MutableLiveData("")
    val price = MutableLiveData("")
    val categories = MutableLiveData(categoryList.map { it.name }) // 3
    var categoryIdSelected: Int? = categoryList[0].id // 4

    val descriptionLimit = 500
    val productNameLimit = 40
    // 5
    val productNameLength = MutableLiveData("0/$productNameLimit")
    val descriptionLength = MutableLiveData("0/$descriptionLimit")

}
```

1. imageUrls는 이미지 업로드 후에 반환받은 이미지 주소를 저장할 변수입니다. 주

소가 입력되면 자동으로 이미지를 표시해주도록 데이터바인딩을 이용하기 위해서 List⟨MutableLiveData⟨String?⟩⟩으로 선언했습니다.

2. imageIds는 업로드 후 반환받은 이미지의 id들을 저장할 리스트입니다.

3. categories는 뷰에서 스피너로 보여줄 카테고리명 리스트를 담는 변수입니다. 데이터바인딩을 이용하기 위해 MutableLiveData를 사용하고 기본값으로 카테고리명 리스트를 넣어주었습니다.

4. categoryIdSelected는 뷰의 스피너를 통해 선택된 카테고리의 아이디를 저장할 변수입니다. 기본 값으로는 첫 번째 카테고리의 아이디 값을 사용했습니다.

5. productNameLength와 descriptionLength는 뷰에 표시될 현재 각 텍스트의 길이(0/00 형태)입니다. 역시 데이터바인딩을 이용하기 위해 MutableLiveData를 사용했습니다.

다음으로는 뷰모델의 로직을 작성하도록 하겠습니다. ProductRegistrationViewModel에는 상품명, 카테고리 등의 입력 값이 변경되었을 때 동작해야 하는 다음과 같은 기능들이 있습니다.

❑ 상품명이 변경되면 입력된 상품명의 길이를 체크하고 제한을 넘었을 경우 제한에 맞게 잘라준다. 그리고 현재 상품명의 길이를 productNameLength에 반영해준다.

❑ 상품 설명이 변경되면 입력된 상품 설명의 길이를 체크하고 제한을 넘었을 경우 제한에 맞게 잘라준다. 그리고 현재 상품 설명의 길이를 descriptionLength에 반영해준다.

❑ 스피너에서 카테고리가 선택되었을 때 현재 선택된 카테고리의 아이디를 categoryIdSelected에 반영해준다.

이 함수들은 다음과 같이 구현될 수 있습니다.

코드 – com/example/parayo/product/registration/ProductRegistrationViewModel.kt의 입력값 관련 이벤트 함수들

```
// 1
fun checkProductNameLength() {
    productName.value?.let {
        if (it.length > productNameLimit) {
            productName.value = it.take(productNameLimit)
        }
        productNameLength.value =
```

```
                "${productName.value?.length}/$productNameLimit"
        }
    }

    fun checkDescriptionLength() {
        description.value?.let {
            if (it.length > descriptionLimit) {
                description.value = it.take(descriptionLimit)
            }
            descriptionLength.value =
                "${description.value?.length}/$descriptionLimit"
        }
    }

    // 2
    fun onCategorySelect(position: Int) {
        categoryIdSelected = categoryList[position].id
    }
```

1. checkProductNameLength()와 checkDescriptionLength()는 각각 바인딩된 문자열의 길이를 체크하고 길이 제한을 넘었을 경우 길이 제한까지 잘라줍니다. 그리고 각각의 문자열 길이를 0/00 형태로 productNameLength와 descriptionLength에 반영해줍니다.

2. onCategorySelect() 함수는 스피너에서 카테고리가 선택되었을 스피너의 OnItemSelectedListener에서 항목의 인덱스를 받아 동작할 함수입니다. 해당하는 인덱스에 있는 카테고리 정보 중 id 값을 가져다가 categoryIdSelected에 대입시켜줍니다.

상품 등록 비즈니스 로직

이어서 비즈니스 로직 관련 부분을 구현합니다. 여기에서 수행되어야 할 로직은 크게 다음의 두 가지입니다.

❏ 이미지를 선택해 업로드한다.

❏ 상품 정보를 등록한다.

이 로직들의 코드가 전부 들어간다면 뷰모델의 코드가 다소 복잡해질 수 있기 때문에 각각의 핵심 기능은 별도의 파일로 분리해 구현하도록 하겠습니다. 먼저 이미지 업로드 API와 이미지를 업로드해주는 ProductImageUploader를 만들어봅시다.

코드 – com/example/parayo/api/response/ProductImageUploadResponse.kt

```
package com.example.parayo.api.response

data class ProductImageUploadResponse(
    val productImageId: Long,
    val filePath: String
)
```

코드 – com/example/parayo/api/ParayoApi.kt의 uploadProductImage()

```
@Multipart // 1
@POST("/api/v1/product_images")
suspend fun uploadProductImages(
    @Part images: MultipartBody.Part
): ApiResponse<ProductImageUploadResponse>
```

1. 파일 업로드가 필요한 API에는 일반적으로 @Multipart 애노테이션을 붙여 이 요청의 바디가 multi-part임을 알려야 합니다. 그리고 @Multipart로 설정된 API 요청의 파라미터들은 @Part 애노테이션을 붙여 이 파라미터가 multi-part 요청의 일부임을 알려야 합니다.

코드 – com/example/parayo/product/registration/ProductImageUploader.kt

```
package com.example.parayo.product.registration

import com.example.parayo.api.ParayoApi
import com.example.parayo.api.response.ApiResponse
import com.example.parayo.api.response.ProductImageUploadResponse
import kotlinx.coroutines.Dispatchers
import kotlinx.coroutines.withContext
import okhttp3.MediaType
import okhttp3.MultipartBody
import okhttp3.RequestBody
import org.jetbrains.anko.AnkoLogger
import org.jetbrains.anko.error
import java.io.File
```

```
class ProductImageUploader : AnkoLogger {

    // 1
    suspend fun upload(imageFile: File) = try {
        val part = makeImagePart(imageFile)
        withContext(Dispatchers.IO) {
            ParayoApi.instance.uploadProductImage(part)
        }
    } catch (e: Exception) {
        error("상품 이미지 등록 오류", e)
        ApiResponse.error<ProductImageUploadResponse>(
            "알 수 없는 오류가 발생했습니다."
        )
    }

    private fun makeImagePart(imageFile: File): MultipartBody.Part {
        val mediaType = MediaType.parse("multipart/form-data") // 2
        val body = RequestBody.create(mediaType, imageFile) // 3

        // 4
        return MultipartBody.Part
            .createFormData("image", imageFile.name, body)
    }

}
```

1. upload() 함수는 파일 객체를 받아 API 요청에 맞는 파라미터를 생성하고 업로드 API를 호출하는 함수로 API를 호출하기 위해서 suspend 함수로 선언했습니다. 네트워크 요청이 일어나는 곳이기 때문에 withContext(Dispatchers.IO)로 IO 스레드에서 수행되도록 해야 합니다.

2. MediaType.parse()는 HTTP 요청이나 바디에 사용될 컨텐츠의 타입을 지정하는 MediaType 객체를 만들어줍니다. 파일 업로드를 위해서는 일반적으로 multipart/form-data 타입이 사용되므로 이 MediaType을 설정했습니다.

3. RequestBody.create()는 HTTP 요청의 바디를 생성해줍니다. 여기에서 사용된 바디는 MediaType과 파일로 이루어져 있습니다.

4. MultipartBody.Part.createFormData()는 파라미터들을 이용해 멀티파트 요청의 바디 파트를 생성해줍니다.

이제 뷰모델로 돌아가 이미지를 선택하고 ProductImageUploader를 이용해 이미지를 등록하는 로직을 구현합니다.

코드 – com/example/parayo/product/registration/ProductRegistrationViewModel.kt의 이미지 업로드 로직

```kotlin
fun pickImage(imageNum: Int) {
    val intent = Intent(Intent.ACTION_GET_CONTENT).apply { // 1
        type = "image/*"
    }

    intent.resolveActivity(app.packageManager)?.let { // 2
        startActivityForResult(intent, REQUEST_PICK_IMAGES) // 3
    }
    currentImageNum = imageNum // 4
}

// 5
override fun onActivityResult(
    requestCode: Int,
    resultCode: Int,
    data: Intent?
) {
    if (resultCode != RESULT_OK)
        return

    when (requestCode) {
        REQUEST_PICK_IMAGES -> data?.let { uploadImage(it) }
    }
}

private fun uploadImage(intent: Intent) =
    getContent(intent.data)?.let { imageFile -> // 6
        viewModelScope.launch { // 7
            val response = ProductImageUploader().upload(imageFile)
            onImageUploadResponse(response)
        }
    }
```

```
// 8
private fun onImageUploadResponse(
    response: ApiResponse<ProductImageUploadResponse>
) {
    if (response.success && response.data != null) {
        imageUrls[currentImageNum].value = response.data.filePath
        imageIds[currentImageNum] = response.data.productImageId
    } else {
        toast(response.message ?: "알 수 없는 오류가 발생했습니다.")
    }
}

companion object {
    const val REQUEST_PICK_IMAGES = 0
}
```

1. Intent(Intent.ACTION_GET_CONTENT)는 로컬 파일 시스템에서 특정 타입의 파일을 선택하는 액티비티 인텐트를 생성해줍니다. 여기에서는 apply { … } 블록 안에 type을 "image/*"로 설정해 이미지 파일을 선택할 수 있도록 설정해주었습니다.

2. intent.resolveActivity() 함수는 인텐트 데이터에 기반해 이 인텐트를 실질적으로 핸들 링하는 액티비티 컴포넌트를 반환합니다. 이 함수를 이용하면 디바이스에 파일을 선택할 수 있는 액티비티가 존재하는지를 체크할 수 있습니다. 만일 존재하지 않는다면 null 을 반환하므로 null이 아닌 경우 다음 로직을 수행할 수 있게 됩니다. 파라미터로 쓰이는 PackageManager 객체는 컨텍스트를 통해서만 접근할 수 있지만 BaseViewModel은 이미 Application 클래스를 참조하고 있으므로 이를 통해 PackageManager 객체를 가져 올 수 있습니다.

3. startActivityForResult() 함수는 액티비티를 실행하고 그 액티비티가 종료되면서 반환 하는 결과값을 받아오는 onActivityResult() 콜백을 실행하도록 만들어줍니다. 여기에서 ACTION_GET_CONTENT로 실행된 액티비티에서 반환하는 값은 선택된 파일의 URI가 됩니다.

4. 이미지를 업로드한 후 응답으로 받은 이미지의 경로와 id 값을 설정해주기 위해 pickImages() 함수에서 받은 이미지의 인덱스를 임시로 저장합니다. 사용자가 연속적으

로 이미지 선택 버튼을 누를 수 있기 때문에 정확한 동작을 위해서는 업로드 중이면 프로그레스 다이얼로그 등을 띄워주고 추가적인 동작을 방지하는 것이 바람직하지만 여기에서는 구현하지 않았습니다.

5. onActivityResult() 함수는 startActivityForResult() 함수에 의해 실행된 액티비티가 종료되었을 때 수행되는 콜백입니다. 원래는 startActivityForResult()도 onActivityResult()도 액티비티의 함수이지만 BaseActivity와 BaseViewModel이 뷰모델에서 startActivityForResult()를 사용할 수 있도록 구현해주고 있고 뷰모델의 onActivityResult()도 호출해주고 있습니다.

6. getContent()는 URI로부터 파일을 읽어오는 역할을 합니다. 실제 구현은 BaseViewModel에서 애플리케이션 컨텍스트의 ContentResolver를 통해 URI의 파일을 열고 임시 파일을 생성해 복사한 후 그 파일을 반환하도록 되어 있습니다. BaseViewModel의 코드는 다음과 같습니다.

```
app.contentResolver.openInputStream(uri)?.use { input ->
    val ext = // 확장자 가져오는 코드 생략...
    val file = File.createTempFile(
        "FILE_${System.currentTimeMillis()}", ".$ext", app.cacheDir)
    file.outputStream().use { output ->
        input.copyTo(output)
        return file
    }
}
```

7. viewModelScope는 뷰모델이 가지고 있는 코루틴 스코프입니다. 이를 통해 실행 중인 코루틴은 뷰모델이 클리어될 때 모두 중단됩니다.

8. 이미지가 업로드된 후 받은 응답으로 imageUrls와 imageIds의 currentImageNum 번째 값들을 변경해주고 있습니다.

이어서 상품을 등록하는 역할을 하는 ProductRegistrar와 이를 이용하는 뷰모델의 상품 등록 로직을 구현하겠습니다.

코드 – com/example/parayo/product/registration/ProductRegistrar.kt

```kotlin
package com.example.parayo.product.registration

import com.example.parayo.api.ParayoApi
import com.example.parayo.api.request.ProductRegistrationRequest
import com.example.parayo.api.response.ApiResponse
import kotlinx.coroutines.Dispatchers
import kotlinx.coroutines.withContext
import org.jetbrains.anko.AnkoLogger
import org.jetbrains.anko.error
import retrofit2.Response

class ProductRegistrar : AnkoLogger {

    suspend fun register(request: ProductRegistrationRequest) = when {
        request.isNotValidName ->
            ApiResponse.error("상품명을 조건에 맞게 입력해주세요.")
        request.isNotValidDescription ->
            ApiResponse.error("상품 설명을 조건에 맞게 입력해주세요.")
        request.isNotValidPrice ->
            ApiResponse.error("가격을 조건에 맞게 입력해주세요.")
        request.isNotValidCategoryId ->
            ApiResponse.error("카테고리 아이디를 선택해주세요.")
        request.isNotValidImageIds ->
            ApiResponse.error("이미지를 한 개 이상 등록해주세요.")
        else -> withContext(Dispatchers.IO) {
            try {
                ParayoApi.instance.registerProduct(request)
            } catch (e: Exception) {
                error("상품 등록 오류.", e)
                ApiResponse.error<Response<Void>>(
                    "알 수 없는 오류가 발생했습니다."
                )
            }
        }
    }

}
```

ProductRegistrar는 요청 데이터를 검증하고 상품 등록 API를 호출하는 역할을 합니다. 이미지 업로드와 마찬가지로 네트워크 요청이 일어나는 부분은 IO 스레드로 변경해주었습니다.

이제 뷰모델에 상품 등록 로직을 작성해줍니다.

코드 – com/example/parayo/product/registration/ProductRegistrationViewModel.kt의 상품 등록 로직

```
// 1
suspend fun register() {
    val request = extractRequest()
    val response = ProductRegistrar().register(request)
    onRegistrationResponse(response)
}

private fun extractRequest(): ProductRegistrationRequest =
    ProductRegistrationRequest(
        productName.value,
        description.value,
        price.value?.toIntOrNull(),
        categoryIdSelected,
        imageIds
    )

private fun onRegistrationResponse(
    response: ApiResponse<Response<Void>>
) {
    if (response.success) {
        confirm("상품이 등록되었습니다.") { // 2
            finishActivity()
        }
    } else {
        toast(response.message ?: "알 수 없는 오류가 발생했습니다.")
    }
}
```

1. register() 함수는 뷰에서 버튼을 클릭했을 때 실행될 함수입니다. 이 함수는 API 요청 객체를 만들고 API를 호출한 후 응답 결과를 처리하는 순서로 되어 있습니다. suspending 함수인 상품 등록 API 호출이 필요하기 때문에 suspend로 선언해주었습니

다. suspending 함수는 또다른 suspending 함수 내에서 호출되거나 코루틴 내에서 실행되어야 하지만, anko를 이용해 onClick 이벤트를 사용하는 경우 이벤트 콜백이 코루틴 스코프 내에서 실행되기 때문에 suspend로 선언해도 문제가 없습니다.

2. confirm() 함수는 BaseViewModel에 정의된 얼럿 다이얼로그를 띄워주는 함수로, 두 번째 인자로 콜백을 받아 버튼을 눌렀을 때에 실행시켜줍니다. 실질적으로는 뷰모델을 사용하는 BaseActivity에 이벤트가 전파되어 액티비티 내에서 anko의 alert() 함수를 호출해주도록 되어 있습니다. 액티비티의 대략적인 코드 구현은 다음과 같습니다.

```
alert(message) {
    yesButton { callback() }
}.show()
```

이로써 상품 등록에 필요한 비즈니스 로직은 모두 준비가 끝났습니다.

UI

기능들은 준비가 되었으니 이제는 스토리보드에 기반해 UI를 작성하도록 합니다.

코드 – com/example/parayo/product/registration/ProductRegistrationUI.kt의 createView()

```
override fun createView(
    ui: AnkoContext<ProductRegistrationActivity>
) = ui.scrollView {
    verticalLayout {
        padding = dip(20)
        clipToPadding = false // 1

        linearLayout {
            orientation = LinearLayout.HORIZONTAL
            gravity = Gravity.CENTER

            pickImageView(ui, 0) // 2
            space().lparams(dip(8)) // 3
            pickImageView(ui, 1)
            space().lparams(dip(8))
            pickImageView(ui, 2)
```

```
            space().lparams(dip(8))
            pickImageView(ui, 3)
        }
    }
}

// 4
private fun _LinearLayout.pickImageView(
    ui: AnkoContext<ProductRegistrationActivity>,
    imageNum: Int
) = imageView(R.drawable.ic_image) { // 5
    scaleType = ImageView.ScaleType.CENTER
    backgroundColor = 0xFFEEEEEE.toInt() // 6

    onClick { viewModel.pickImage(imageNum) }
}.lparams(dip(60), dip(60))
```

1. clipToPadding은 컨테이너의 패딩 영역을 넘어서 위치한 자식 뷰가 시각적으로 보여지도록 할지를 결정합니다. 예를 들어 영역을 가득 채운 버튼의 그림자 효과는 clipToPadding = true일 경우 잘려 보일 수 있습니다.

2. pickImageView() 함수는 지저분하게 중복되는 코드를 제거하기 위해 이미지뷰를 그리는 코드를 별도 함수로 분리한 것입니다.

3. space 요소를 이용하면 LinearLayout 내의 요소들 사이에 공간을 추가할 수 있습니다. 여기에서는 4개의 이미지뷰 사이에 각각 8dp의 공간을 주었습니다.

4. pickImageView() 함수는 imageView() 함수를 사용하기 위한 AnkoContext 객체와 이미지의 번호를 파라미터로 받고 있습니다. 이 이미지 번호는 onClick 이벤트에서 ProductRegistrationViewModel의 pickImage() 함수를 호출하는 파라미터로 쓰입니다.

5. ic_image는 materialdesignicons.com에서 받은 카메라 모양 아이콘입니다.

6. View에서 색상은 Int 값으로 표현됩니다. 하지만 대부분의 경우 색상을 16진수 값으로 표현하는 것이 가독성이 좋습니다. 16진수로 표현하는 경우 Alpha, Red, Green, Blue 값의 순서로 0xAARRGGBB와 같이 나타낼 수 있으며 결국은 Int 값이 필요하므로 toInt() 함수를 호출해서 Int 형으로 변환해주어야 합니다.

여기까지 진행한 뒤 보여지는 화면은 다음과 같습니다.

그림 5-12. 이미지 등록 UI

카메라 아이콘을 클릭하면 다음과 같이 이미지를 선택할 수 있는 액티비티가 나타나게 됩니다. 이미지가 없다면 에뮬레이의 카메라 앱을 실행해 사진을 몇 장 찍어도 좋습니다.

그림 5-13. 이미지 선택 화면

이제 이미지 업로드 후 돌려받은 URL이 이미지뷰에 보여지도록 만들어야 합니다. 이 부분은 직접 구현하면 코드도 장황해지고 메모리 관리도 어려워지므로 라이브러리를 이용하도록 합니다. 이미지뷰에 온라인 상의 이미지를 표시해주는 용도로 많이 쓰이는 라이브러리 중 하나로 Glide가 있습니다. 이를 이용하기 위해 애플리케이션 레벨 build.gradle 파일의 dependencies {} 블록에 다음 의존성을 추가합니다.

```
implementation 'com.github.bumptech.glide:glide:4.9.0'
```

Sync Now를 눌러 라이브러리를 다운로드 받고 pickImageView() 함수에 데이터바인딩과 함께 Glide 코드를 추가합니다.

코드 – com/example/parayo/product/registration/ProductRegistrationUI.kt의 pickImageView()

```
private fun _LinearLayout.pickImageView(
    ui: AnkoContext<ProductRegistrationActivity>,
    imageNum: Int
) = imageView(R.drawable.ic_image) {
    scaleType = ImageView.ScaleType.CENTER
    backgroundColor = 0xFFEEEEEE.toInt()


    onClick { viewModel.pickImage(imageNum) }
    bindUrl(ui.owner, viewModel.imageUrls[imageNum]) { // 1
        it?.let {
            scaleType = ImageView.ScaleType.CENTER_CROP
            Glide.with(this)
                .load("${ApiGenerator.HOST}$it")
                .centerCrop()
                .into(this)
        }
    }
}.lparams(dip(60), dip(60))
```

1. bindUrl() 함수는 AnkoMVVM의 데이터바인딩 함수로 이미지의 MutableLiveData<String> 타입의 주소와 onUrlChange 콜백을 파라미터로 받습니다. onUrlChange 콜백은 주소가 변경되었을 때 호출되며 변경된 주소를 파라미터로 전달하므로 이 때 Glide로 이미지를 변경해줄 수 있습니다. 이미지 업로드 후 반환되는 경로는 도메인을 제외한 경로이므로 ApiGenerator의 HOST를 프리픽스로 붙여주어야 합니다.

이어서 이미지 영역 하단의 UI를 작성해줍니다.

코드 – com/example/parayo/product/registration/ProductRegistrationUI.kt 의 createView()

```
override fun createView(
    ui: AnkoContext<ProductRegistrationActivity>
) = ui.scrollView {
    verticalLayout {
        // … 이미지 코드 생략
```

```
textView("상품명 및 설명") {
    topPadding = dip(40)
    textSize = 16f
    textColorResource = R.color.colorPrimary
}


textInputLayout {                 topPadding = dip(20)
    textInputEditText {
        hint = "상품명"
        setSingleLine()
        bindString(ui.owner, viewModel.productName)
        // 1
        textChangedListener {
            onTextChanged { _, _, _, _ ->
                viewModel.checkProductNameLength()
            }
        }
    }


    textView("0/40") {
        leftPadding = dip(4)
        textSize = 12f
        textColorResource = R.color.colorPrimary
        bindString(ui.owner, viewModel.productNameLength)
    }
}


textInputLayout {
    topPadding = dip(20)
    textInputEditText {
        hint = "상품 설명"
        maxLines = 6 // 2
        bindString(ui.owner, viewModel.description)
        textChangedListener {
            onTextChanged { _, _, _, _ ->
                viewModel.checkDescriptionLength()
            }
        }
    }
```

```kotlin
        textView("0/500") {
            leftPadding = dip(4)
            textSize = 12f
            textColorResource = R.color.colorPrimary
            bindString(ui.owner, viewModel.descriptionLength)
        }
    }

    textView("카테고리") {
        topPadding = dip(40)
        textSize = 16f
        textColorResource = R.color.colorPrimary
    }

    verticalLayout {
        topPadding = dip(12)
        bottomPadding = dip(12)
        backgroundColor = 0xEEEEEEEE.toInt()
        // 3
        spinner {
            bindStringEntries(ui.owner, viewModel.categories) // 4
            // 5
            onItemSelectedListener {
                onItemSelected { _, _, position, _ ->
                    viewModel.onCategorySelect(position)
                }
            }
        }
    }.lparams(matchParent) {
        topMargin = dip(20)
    }

    textView("판매 가격") {
        topPadding = dip(40)
        textSize = 16f
        textColorResource = R.color.colorPrimary
    }

    textInputLayout {
        topPadding = dip(20)
        textInputEditText {
```

```
            hint = "Ex) 1000"
            setSingleLine()
            inputType = InputType.TYPE_CLASS_NUMBER // 6
            bindString(ui.owner, viewModel.price)
        }
    }


    button("상품 등록") {
        backgroundColorResource = R.color.colorPrimary
        textColor = Color.WHITE
        onClick { viewModel.register() }
    }.lparams(matchParent, wrapContent) {
        topMargin = dip(40)
    }
  }
}
```

1. textChangedListener { }는 anko coroutines에서 제공하는 함수로 텍스트뷰의 텍스트가 변경되었을 때 동작하는 이벤트 리스너이며 내부적으로는 텍스트뷰의 addTextChangedListener()를 호출해주고 있습니다. addTextChangedListener()의 파라미터인 TextWatcher 인터페이스는 beforeTextChanged()와 onTextChanged() 그리고 afterTextChanged() 세 개의 콜백을 모두 구현해주어야 하지만 anko coroutines에서 제공하는 textChangedListener { }는 이들 중 일부만 구현할 수 있는 편의성을 제공합니다. 여기에서는 onTextChanged 콜백을 정의해 뷰모델의 checkProductNameLength() 등을 호출해주게 만들었습니다. onTextChanged { }의 언더스코어(_)는 람다의 파라미터 변수를 사용하지 않을 때 간편하게 대체할 수 있는 기호입니다.

2. maxLines는 텍스트 인풋의 줄바꿈을 허용하는 경우 UI가 늘어날 수 있는 최대 길이를 지정합니다. 실제 데이터의 줄 수에는 영향이 없습니다.

3. 스피너는 드롭다운 UI를 통해 값 집합에서 하나의 값을 선택할 수 있는 방법을 제공합니다. 스피너의 배경을 설정하는 방법에는 여러 가지가 있지만 여기에서는 간단하게 배경색이 들어간 verticalLayout으로 스피너를 감싸주었습니다.

4. 스피너에 데이터 리스트를 표시해주려면 BaseAdapter 클래스를 상속받은 어댑터를 구현해주어야 하지만 간단하게는 ArrayAdapter를 사용해 문자열 리스트

를 보여줄 수도 있습니다. bindStringEntries() 함수는 ArrayAdapter를 이용해 MutableLiveData〈List〈String〉〉 타입의 데이터를 스피너에 바인딩해줍니다.

5. onItemSelectListener { }는 스피너에서 아이템이 선택되었을 때 동작하는 콜백을 정의합니다. 내부적으로는 setOnItemSelectedListener()를 사용하고 있습니다. setOnItemSelectedListener() 함수의 파라미터인 OnItemSelectedListener 인터페이스는 onItemSelected()와 onNothingSelected()를 구현해주게 되어 있지만 anko coroutines에서 제공하는 onItemSelectedListener { }는 이들 중 일부만 구현할 수 있는 편의성을 제공합니다. 여기에서는 onItemSelected 콜백만 지정해 뷰모델의 onCategorySelect() 함수를 호출하도록 구현했습니다.

6. inputType은 입력값의 타입을 설정합니다. 이 값을 InputType.TYPE_CLASS_NUMBER로 설정하는 경우 소프트키보드가 숫자패드로 변경되며 입력 값은 숫자만 들어갈 수 있습니다.

이제 상품 등록 화면으로 진입하기 위해 ProductMainViewModel의 openRegistrationActivity() 함수를 다음과 같이 수정해줍니다.

코드 – com/example/parayo/product/ProductMainViewModel.kt의 openRegistrationActivity()

```kotlin
fun openRegistrationActivity() {
    startActivity<ProductRegistrationActivity> {
        flags = Intent.FLAG_ACTIVITY_SINGLE_TOP
    }
}
```

인텐트의 flags는 이 인텐트가 어떻게 핸들링될지를 지정합니다. FLAG_ACTIVITY_SINGLE_TOP을 지정하는 경우 이미 액티비티가 실행 중인 경우 새로운 액티비티를 실행하지 않습니다. 여기에서는 상품 등록 버튼을 두 번 누를 경우 액티비티가 두 번 뜨는 것을 방지하기 위한 플래그로 사용되었습니다. 이에 대한 자세한 정보는 다음 웹페이지에서 확인할 수 있습니다.

❏ https://developer.android.com/guide/components/tasks-and-back-stack.html?hl=ko

이제 앱을 실행하면 다음과 같은 화면을 볼 수 있습니다.

그림 5-14. 완성된 상품 등록 UI

API 요청 헤더에 토큰 정보 추가 및 토큰 갱신

로직과 UI는 완성되었지만 한 가지 더 필요한 것이 남아 있습니다. API 호출 시 토큰을 함께 전송하는 것입니다. 이 기능은 우리가 사용하고 있는 OkHttp의 Interceptor와 Authenticator 인터페이스들을 이용해 구현할 수 있습니다. OkHttp의 Interceptor는 일반적으로 클라이언트 단에서 API 요청의 전이나 후에 헤더를 조작하는 용도로 사용할 수 있으며 Authenticator는 요청이 실패했을 경우 헤더를 조작해 API 요청을 재시도하게 해줍니다. 이에 다음의 요소들을 구현하겠습니다.

❏ ApiTokenInterceptor - 헤더에 API 토큰을 추가하는 역할

❏ TokenRefreshInterceptor - 토큰 갱신 요청 전에 refreshToken을 추가하고 토큰 갱신 요청의 응답 코드가 401인 경우 로그인 화면으로 이동시켜주는 역할

❑ TokenAuthenticator – API의 응답 코드가 401인 경우 토큰 갱신 후 API 요청을 재시도하게 만들어주는 역할

먼저 API 요청의 Authorization 헤더에 토큰을 추가해주는 ApiTokenInterceptor를 만들어줍니다.

코드 – com/example/parayo/api/ApiTokenInterceptor.kt

```kotlin
package com.example.parayo.api

import com.example.parayo.common.Prefs
import okhttp3.Interceptor
import okhttp3.Response
import org.jetbrains.anko.AnkoLogger
import org.jetbrains.anko.debug

// 1
class ApiTokenInterceptor : Interceptor, AnkoLogger {
    override fun intercept(chain: Interceptor.Chain): Response {
        debug("API 요청")
        val original = chain.request() // 2
        val request = original.newBuilder().apply { // 3
            Prefs.token?.let { header("Authorization", it) } // 4
            method(original.method(), original.body()) // 5
        }.build()

        return chain.proceed(request) // 6
    }
}
```

1. OkHttp의 Interceptor를 상속받고 intercept() 함수를 구현해줍니다.

2. chain.request()로 원래의 요청 객체를 가져옵니다.

3. original.newBuilder() 함수는 새 요청 빌더 객체를 만들어줍니다.

4. SharedPreferences에 토큰 값이 있는 경우 Authorization 헤더에 토큰을 추가합니다.

5. 새 요청에 원 요청의 HTTP 메서드와 바디를 넣어줍니다.

6. 새 요청을 기반으로 HTTP 요청에 대한 응답을 생성해 반환합니다.

다음은 요청 헤더에 refreshToken을 추가하고 응답 코드가 401인 경우 로그인 화면을 띄워주는 TokenRefreshInterceptor를 작성합니다.

코드 – com/example/parayo/api/TokenRefreshInterceptor.kt

```kotlin
package com.example.parayo.api

import android.content.Intent
import com.example.parayo.App
import com.example.parayo.common.Prefs
import com.example.parayo.signin.SigninActivity
import okhttp3.Interceptor
import okhttp3.Response
import org.jetbrains.anko.AnkoLogger
import org.jetbrains.anko.debug
import org.jetbrains.anko.intentFor

class TokenRefreshInterceptor : Interceptor, AnkoLogger {
    override fun intercept(chain: Interceptor.Chain): Response {
        debug("토큰 갱신 요청")
        val original = chain.request()
        val request = original.newBuilder().apply {
            Prefs.refreshToken?.let { header("Authorization", it) } // 1
            method(original.method(), original.body())
        }.build()

        val response = chain.proceed(request)

        // 2
        if(response.code() == 401) {
            App.instance.run {
                val intent = intentFor<SigninActivity>().apply {
                    addFlags(Intent.FLAG_ACTIVITY_CLEAR_TASK)
                    addFlags(Intent.FLAG_ACTIVITY_NEW_TASK)
                }
                startActivity(intent)
            }
        }

        return response
    }
}
```

1. API 토큰과 마찬가지로 SharedPreferences에 refreshToken이 존재하는 경우 Authorization 헤더에 추가해줍니다.

2. 응답 객체를 받아 응답 코드가 401인 경우 로그인 화면으로 이동시켜줍니다.

이어서 토큰 갱신 요청 API를 추가해줍니다. 서로 다른 인터셉터를 사용하도록 했기 때문에 HttpClient를 별개로 만들어줍니다.

코드 – com/example/parayo/api/ApiGenerator.kt

```kotlin
package com.example.parayo.api

import okhttp3.OkHttpClient
import okhttp3.logging.HttpLoggingInterceptor
import retrofit2.Retrofit
import retrofit2.converter.gson.GsonConverterFactory

class ApiGenerator {

    fun <T> generate(api: Class<T>): T = Retrofit.Builder()
        .baseUrl(HOST)
        .addConverterFactory(GsonConverterFactory.create())
        .client(httpClient())
        .build()
        .create(api)

    // 1
    fun <T> generateRefreshClient(api: Class<T>): T = Retrofit.Builder()
        .baseUrl(HOST)
        .addConverterFactory(GsonConverterFactory.create())
        .client(refreshClient())
        .build()
        .create(api)

    private fun httpClient() =
        OkHttpClient.Builder().apply {
            addInterceptor(httpLoggingInterceptor())
        }.build()

    // 2
    private fun refreshClient() =
        OkHttpClient.Builder().apply {
```

```
        addInterceptor(httpLoggingInterceptor())
        addInterceptor(TokenRefreshInterceptor())
    }.build()

    private fun httpLoggingInterceptor() =
        HttpLoggingInterceptor().apply {
            level = HttpLoggingInterceptor.Level.BODY
        }

    companion object {
        const val HOST = "http://10.0.2.2:8080"
    }

}
```

1. 토큰 갱신용 API 객체를 만들기 위한 제너레이트 함수가 추가되었습니다. 클라이언트는 refreshClient()를 통해 생성해줍니다.

2. 새 HTTP 클라이언트를 생성하는 함수입니다. 앞서 만든 TokenRefreshInterceptor 객체를 인터셉터로 추가합니다.

이제 토큰 갱신 API를 정의한 인터페이스를 작성해줍니다.

코드 – com/example/parayo/api/ParayoRefreshApi.kt

```
package com.example.parayo.api

import com.example.parayo.api.response.ApiResponse
import retrofit2.http.POST
import retrofit2.http.Query

interface ParayoRefreshApi {

    @POST("/api/v1/refresh_token")
    suspend fun refreshToken(
        @Query("grant_type") grantType: String = "refresh_token"
    ): ApiResponse<String>

    companion object {
        val instance = ApiGenerator()
```

```
                .generateRefreshClient(ParayoRefreshApi::class.java)
    }


}
```

토큰 갱신 API가 요구하는 스펙에 맞추어 쿼리 파라미터로 grant_type=refresh_token을 추가했습니다. 마지막으로 Authenticator를 작성하고 이를 API의 HTTP 클라이언트에 추가해줍니다.

코드 – com/example/parayo/api/TokenAuthenticator.kt

```
package com.example.parayo.api

import com.example.parayo.api.response.ApiResponse
import com.example.parayo.common.Prefs
import kotlinx.coroutines.Dispatchers
import kotlinx.coroutines.runBlocking
import kotlinx.coroutines.withContext
import okhttp3.Authenticator
import okhttp3.Request
import okhttp3.Response
import okhttp3.Route
import org.jetbrains.anko.AnkoLogger
import org.jetbrains.anko.debug
import org.jetbrains.anko.error

// 1
class TokenAuthenticator : Authenticator, AnkoLogger {
    override fun authenticate(
        route: Route?,
        response: Response
    ): Request? {
        if (response.code() == 401) { // 2
            debug("토큰 갱신 필요")
            return runBlocking { // 3
                val tokenResponse = refreshToken() // 4

                if (tokenResponse.success) {
                    debug("토큰 갱신 성공")
                    Prefs.token = tokenResponse.data // 5
                } else { // 6
```

```
                    error("토큰 갱신 실패")
                    Prefs.token = null
                    Prefs.refreshToken = null
                }

                // 7
                Prefs.token?.let { token ->
                    debug("토큰 = $token")
                    response.request()
                        .newBuilder()
                        .header("Authorization", token)
                        .build()
                }
            }
        }

        return null
    }

    private suspend fun refreshToken() =
        withContext(Dispatchers.IO) {
            try {
                ParayoRefreshApi.instance.refreshToken()
            } catch (e: Exception) {
                ApiResponse.error<String>("인증 실패")
            }
        }
    }
}
```

1. Authenticator를 상속받아 authenticate() 함수를 구현해줍니다.

2. 응답 코드가 401인 경우 토큰 갱신 로직으로 진입하도록 하고 있습니다.

3. API가 suspend 함수인 관계로 runBlocking { }을 이용해 코루틴을 실행시켜줍니다. runBlocking 함수는 블록의 마지막 줄을 반환값으로 사용합니다.

4. 토큰 갱신 API를 호출합니다.

5. 토큰이 갱신된 경우 SharedPreferences에 새 토큰을 덮어써줍니다.

6. 토큰 갱신이 실패한 경우 로그아웃 처리를 위해 기존 토큰들을 제거합니다.

7. 토큰이 성공적으로 갱신된 경우 새 토큰으로 새 요청을 만들어 반환합니다.

이 TokenAuthenticator와 앞서 작성한 ApiTokenInterceptor를 다음과 같이 API용 HTTP 클라이언트에 추가해줍니다.

코드 – com/example/parayo/api/ApiGenerator.kt의 httpClient()

```
private fun httpClient() =
    OkHttpClient.Builder().apply {
        addInterceptor(httpLoggingInterceptor())
        addInterceptor(ApiTokenInterceptor())
        authenticator(TokenAuthenticator())
    }.build()
```

클라이언트 빌더의 authenticator() 함수로 TokenAuthenticator를 추가하면 준비가 끝나고 다음과 같이 이미지 업로드와 상품 등록을 테스트해볼 수 있습니다.

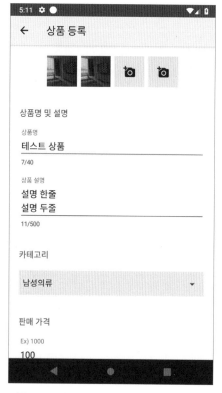

그림 5-15. 상품 등록

5.3 상품 리스트 \\\

상품 데이터를 등록할 기반이 마련되었으니 이제 상품 리스트를 표시해줄 수 있게 되었습니다. 상품 리스트에는 상품의 섬네일 이미지와 상품명 그리고 상품 가격이 표시됩니다. 이제 상품 리스트를 노출해주는 로직을 작성해보겠습니다.

5.3.1 상품 리스트 API

일반적으로 아이템의 리스트는 페이징 방식으로 구현하게 됩니다. 별도의 페이지네이션을 두고 페이지 버튼을 눌렀을 때 원하는 페이지의 데이터를 읽을 수도 있고 스크롤하는 도중 연속적으로 데이터를 로드할 수도 있습니다. 이 중 안드로이드 애플리케이션에서는 후자의 방법을 지원하는 훌륭한 방법이 존재합니다. 이를 염두에 두고 서버사이드 API를 작성해보도록 하겠습니다.

먼저 상품 리스트에 표시될 데이터 클래스를 정의해줍니다. 화면에 표시되는 정보가 아니지만 현재까지 정의된 상품 정보는 복잡하지 않으므로 상품 정보와 유사하게 만들도록 하겠습니다.

코드 – com/example/parayo/domain/product/ProductListItemResponse.kt

```
package com.example.parayo.domain.product

data class ProductListItemResponse(
    val id: Long,
    val name: String,
    val description: String,
    val price: Int,
    val status: String,
    val sellerId: Long,
    val imagePaths: List<String>
)

// 1
fun Product.toProductListItemResponse() = id?.let { // 2
    ProductListItemResponse(
        it,
        name,
        description,
```

```
                price,
                status.name,
                userId,
                images.map { it.toThumbs() } // 3
        )
    }


    // 4
    fun ProductImage.toThumbs(): String {
        val ext = path.takeLastWhile { it != '.' }
        val fileName = path.takeWhile { it != '.' }
        val thumbnailPath = "$fileName-thumb.$ext"

        return if (ext == "jpg") thumbnailPath else "$thumbnailPath.jpg"
    }
```

1. 확장함수를 이용해 Product 객체를 ProductListItemResponse로 변환하는 함수를 만들었습니다.

2. 레파지토리로부터 정상적으로 데이터를 읽어왔다면 Product의 id가 null인 경우는 발생하지 않겠지만 방어를 위해 id가 null인 경우 정상적이지 않은 데이터이므로 null을 반환해주도록 했습니다.

3. 아래에 ProductImage에 toThumbs()라는 확장 함수를 정의해 ProductImage를 섬네일 주소로 변경해줍니다. 구현은 4번 항목에서 설명하고 있습니다.

4. ProductImage의 확장 함수인 toThumbs()입니다. 기본적으로는 파일명 뒤에 -thumb 를 붙여주는 로직이지만 상품 이미지 등록 시 썸네일을 생성할 때 원본 파일의 확장자가 jpg가 아닌 경우 uuid-thumb.png.jpg 등의 형태로 원본 확장자 뒤에 .jpg가 붙도록 구현되어 있으므로 원본 확장자 뒤에 .jpg를 붙여주는 부가적인 로직도 포함되어 있습니다.

다음으로는 상품 정보를 읽어올 레파지토리 인터페이스를 정의합니다. 상품을 카테고리별로 보여주어야 하고 스크롤에 따라 상품의 id 값을 기준으로 전/후를 읽어야 하므로 다음과 같은 두 개의 함수를 선언해줍니다.

코드 – com/example/parayo/domain/product/ProductRepository.kt

```kotlin
package com.example.parayo.domain.product

import org.springframework.data.domain.Pageable
import org.springframework.data.jpa.repository.JpaRepository

interface ProductRepository : JpaRepository<Product, Long> {

    // 1
    fun findByCategoryIdAndIdGreaterThanOrderByIdDesc(
        categoryId: Int?, id: Long, pageable: Pageable
    ): List<Product>

    // 2
    fun findByCategoryIdAndIdLessThanOrderByIdDesc(
        categoryId: Int?, id: Long, pageable: Pageable
    ): List<Product>

}
```

1. 상품 리스트가 위쪽으로 스크롤될 때 호출되는 함수입니다. 위쪽으로 올라가면서는 최신 데이터를 보여주어야 하기 때문에 id 값이 보다 큰(GreaterThan) 상품들을 내림차순 (Desc)으로 읽어오도록 했습니다. 마지막 파라미터인 Pageable은 검색 조건을 기준으로 페이지당 몇 개의 값을 읽을 것인지 설정하고 몇 번째 페이지의 값들을 읽어올지를 설정 해줄 수 있는 객체입니다. 즉 SQL에서의 "limit offset, rowCount"의 값인데 여기에서는 페이지당 상품 개수를 설정히는 용도로만 사용할 것입니다.

2. 상품 리스트가 아래쪽으로 스크롤될 때 호출되는 함수입니다. 이 경우에는 현재 로드된 것보다 예전 데이터를 읽어야 하므로 id 값이 보다 작은(LessThan) 상품들을 내림차순 (Desc)으로 읽어오도록 했습니다.

이어서 앞에 정의한 쿼리를 기반으로 상품 리스트를 읽어오는 로직을 작성해줍니다. 검색 조건 으로 받을 값들은 카테고리의 id, 상품의 id, 검색 방향(전/후), 읽어올 개수입니다.

```kotlin
package com.example.parayo.domain.product

import org.springframework.beans.factory.annotation.Autowired
import org.springframework.data.domain.PageRequest
import org.springframework.stereotype.Service
import java.lang.IllegalArgumentException

@Service
class ProductService @Autowired constructor(
    private val productRepository: ProductRepository
) {

    fun search(
        categoryId: Int?,
        productId: Long,
        direction: String,
        limit: Int
    ): List<Product> {
        val pageable = PageRequest.of(0, limit) // 1
        val condition = ProductSearchCondition( // 2
            categoryId != null,
            direction
        )

        // 3
        return when(condition) {
            NEXT_IN_CATEGORY -> productRepository
                .findByCategoryIdAndIdLessThanOrderByIdDesc(
                    categoryId, productId, pageable)
            PREV_IN_CATEGORY -> productRepository
                .findByCategoryIdAndIdGreaterThanOrderByIdDesc(
                    categoryId, productId, pageable)
            else -> throw IllegalArgumentException("상품 검색 조건 오류")
        }
    }

    // 4
    data class ProductSearchCondition(
        val categoryIdIsNotNull: Boolean,
        val direction: String
```

```
    )

    // 5
    companion object {
        val NEXT_IN_CATEGORY = ProductSearchCondition(true, "next")
        val PREV_IN_CATEGORY  = ProductSearchCondition(true, "prev")
    }

}
```

1. 각 조건에 맞는 0페이지를 limit 수만큼 가져오기 위한 Pageable을 상속받은 객체입니다.

2. 상품의 검색 조건을 표현하기 위한 객체입니다. 상품 검색에서는 특정 카테고리에 제한해서만 상품을 검색하지 않을 것이고, 이 search 함수는 상품 검색 부분에서도 쓰일 함수이기 때문에 카테고리의 id가 null인지 여부를 조건에 추가했습니다.

3. 코틀린의 when 절에서는 객체의 비교도 허용하기 때문에 이와 같이 사용할 수가 있습니다. 이는 코틀린 when 절의 강력한 기능 중 하나로 더욱 간결한 코드를 작성할 수 있도록 도와줍니다. when 절에 쓰인 객체는 4번 항목의 객체로 5번의 companion object { } 블록 안에 정의해주었습니다.

4. 1번과 3번 항목에서 쓰인 검색 조건을 표현하기 위한 클래스 정의입니다.

5. ProductSearchCondition 클래스를 이용해 검색 조건들을 미리 정의해두었습니다.

이제 이 서비스를 컨트롤러에 연결해 API를 완성해줍니다.

코드 – com/example/parayo/controller/ProductApiController.kt의 search()

```
@GetMapping("/products")
fun search(
    @RequestParam productId: Long,
    @RequestParam(required = false) categoryId: Int?,
    @RequestParam direction: String,
    @RequestParam(required = false) limit: Int?
) = productService
    .search(categoryId, productId, direction, limit ?: 10)
    .mapNotNull(Product::toProductListItemResponse)
    .let { ApiResponse.ok(it) }
```

1. mapNotNull() 함수는 toProductListItemResponse()의 결과값이 null일 경우 결과 리스트에서 걸러줍니다. toProductListItemResponse()에서 Product의 id 값이 null일 경우 null을 반환했기때문에 이 null 값을 건너뛰기 위해 사용했습니다.

5.3.2 상품 리스트 UI

상품 리스트 화면은 각 카테고리가 탭으로 이루어져 있고 좌/우 스와이프를 통해 카테고리를 이동할 수 있도록 되어 있습니다. 이처럼 스와이프를 통해 뷰를 전환하는 데에는 ViewPager를 사용할 수 있습니다. 그리고 상품 리스트와 같이 스크롤이 가능하며 남아있는 상품이 존재하는 동안 무한으로 읽어들여 보여주어야 하는 뷰에는 RecyclerView가 주로 사용됩니다. 여기에서는 ViewPager와 RecyclerView 그리고 이들을 사용할 때 필요한 요소들에 대해 알아보고 이를 이용해 상품 리스트 화면을 구현해보겠습니다.

ViewPager와 RecyclerView 모두 어댑터 패턴을 사용하는 뷰그룹이며, 각각의 어댑터 정의를 가지고 있습니다. 이 외에도 안드로이드에서는 스크롤이 가능하며 동적으로 목록이 표시되어야 하는 뷰그룹들(대표적으로 ListView, GridView 등)에 어댑터 패턴을 적용하고 있습니다. ViewPage와 RecyclerView를 사용하기 위해서는 각각 PagerAdapter, RecyclerView. Adapter 클래스를 상속받은 어댑터들을 우리에게 맞게 구현해주어야 합니다. 이들 뷰그룹에 대한 어댑터는 데이터의 원형을 받아 각 뷰그룹이 출력할 수 있는 뷰의 형태로 뷰를 실체화해 전달하는 중간자 역할을 하며 이 과정에 필요한 몇몇 부가적인 데이터들도 제공합니다. 대략적인 그림은 다음과 같습니다.

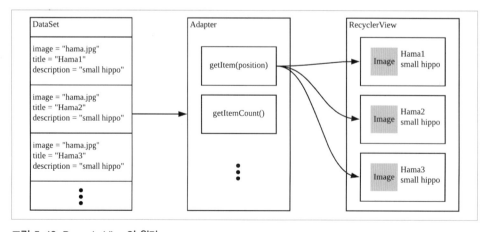

그림 5-16. RecyclerView의 원리

탭 만들기

먼저 카테고리로 사용될 탭과 카테고리 안의 상품 리스트를 표시해주기 위한 뷰페이저를 만들 어보겠습니다. 탭과 뷰페이저를 위한 약간의 코드가 필요하므로 탭과 뷰페이저는 별도의 프로 퍼티로 빼내 액티비티에서 작업하도록 합니다.

코드 – com/example/parayo/product/ProductMainUI.kt

```kotlin
class ProductMainUI(
    private val viewModel: ProductMainViewModel
) : AnkoComponent<ProductMainActivity>,
    NavigationView.OnNavigationItemSelectedListener {

    lateinit var drawerLayout: DrawerLayout
    lateinit var navigationView: NavigationView
    lateinit var tablayout: TabLayout // 1
    lateinit var viewpager: ViewPager // 2
    lateinit var toolBar: Toolbar

    override fun createView(ui: AnkoContext<ProductMainActivity>) =
        ui.drawerLayout {
            drawerLayout = this

            frameLayout {
                verticalLayout {
                    toolBar = toolbar { // 툴바 코드 생략

                    // 3
                    tablayout = themedTabLayout(
                        R.style.Widget_MaterialComponents_TabLayout
                    ) {
                        bottomPadding = dip(1)
                        tabMode = MODE_SCROLLABLE // 4
                        tabGravity = GRAVITY_FILL // 5
                        background = borderBottom(width = dip(1))
                        lparams(matchParent, wrapContent)
                    }

                    // 6
                    viewpager = viewPager {
                        id = generateViewId() // 7
```

```
                    }.lparams(matchParent, matchParent)
              }

              floatingActionButton {
// 이하 코드 생략...
```

1. TabLayout을 ProductMainActivity에서 사용하기 위해 별도의 프로퍼티로 선언했습니다.

2. ViewPager를 ProductMainActivity에서 사용하기 위해 별도의 프로퍼티로 선언했습니다.

3. TabLayout을 생성하는 함수와 빌더 블록입니다. tabLayout { … }을 사용할 수도 있지만 테마를 지정해주면 디자인을 변경할 수 있기 때문에 기본 매터리얼 디자인을 가져다 사용하기 위해 테마의 리소스 아이디를 파라미터로 받는 themedTabLayout() 함수를 사용했습니다.

4. tabMode는 탭이 화면 범위를 넘어가게 될 경우 스크롤하게 만들지 탭 크기를 줄여 컨텐츠를 화면 사이즈에 맞출지를 결정합니다. MODE_SCROLLABLE은 탭 크기를 유지하면서 스크롤할 수 있게 하며 MODE_FIXED는 탭 크기를 줄여 스크롤 없이 화면 사이즈에 탭을 맞춥니다.

5. tabGravity는 탭 영역이 상위 컨테이너를 채울지 컨텐츠 크기에 맞출지를 결정합니다. GRAVITY_FILL은 상위 컨테이너를 가득 채우고 GRAVITY_CENTER는 컨텐츠 사이즈에 맞춰 가운데 정렬을 합니다. 4번 항목의 tabMode가 MODE_SCROLLABLE일 경우에는 tabGravity 값이 GRAVITY_CENTER일지라도 좌측 정렬이 됩니다.

6. ViewPager를 생성하는 함수와 빌더 블록입니다.

7. ViewPager를 TabLayout과 연동하는 경우 id 값이 필수이기 때문에 View.generateViewId() 함수로 아이디를 생성해주었습니다.

다음으로는 ViewPager에 들어갈 한 카테고리 내의 상품 리스트를 출력해주는 Fragment를 만들어보겠습니다.

Fragment는 FragmentActivity 내에서 UI의 일부를 표현할 수 있습니다. 여러 개의 Fragment를 하나의 Activity에 결합하여 창이 여러 개인 UI를 만들거나 하나의 Fragment를 여러 Activity에서 재사용할 수도 있습니다. Fragment는 곧 Activity의 모듈식 섹션이라고 생각할 수 있습니다. 이를 구현하는 방법 중 하나는 Activity 레이아웃에 ViewPager를 위치시키고 ViewPager에 여러 Fragment를 사용하는 FragmentStatePagerAdapter를 구현해주는 것입니다.

코드 – com/example/parayo/product/list/ProductListViewModel.kt

```
package com.example.parayo.product.list

import android.app.Application
import net.codephobia.ankomvvm.lifecycle.BaseViewMode

class ProductListViewModel(app: Application) : BaseViewModel(app) {

    // 1
    fun onClickItem(id: Long?) {
        toast("click $id")
    }

}
```

1. 상품 리스트의 아이템이 클릭되었을 때 호출될 함수입니다. 임시로 토스트 메시지를 띄우는 것으로 구현해둡니다.

코드 – com/example/parayo/product/list/ProductListFragment.kt

```
package com.example.parayo.product.list

import android.os.Bundle
import android.view.LayoutInflater
import android.view.View
import android.view.ViewGroup
import net.codephobia.ankomvvm.components.BaseFragment
import org.jetbrains.anko.AnkoContext
import org.jetbrains.anko.support.v4.ctx
import org.jetbrains.anko.textView
import org.jetbrains.anko.verticalLayout

class ProductListFragment : BaseFragment<ProductListViewModel>() {

    override val viewModelType = ProductListViewModel::class
```

```
// 1
val categoryId get() = arguments?.getInt("categoryId")
    ?: throw IllegalStateException("categoryId 없음")
val title get() = arguments?.getString("title")
    ?: throw IllegalStateException("title 없음")

override fun onCreateView(
    inflater: LayoutInflater,
    container: ViewGroup?,
    savedInstanceState: Bundle?
): View? {
    // 2
    return AnkoContext.create(ctx, this).verticalLayout {
        textView(categoryId.toString())
        textView(title)
    }
}

companion object {
    // 3
    fun newInstance(categoryId: Int, title: String) =
        ProductListFragment().apply {
            arguments = Bundle().also {
                it.putInt("categoryId", categoryId)
                it.putString("title", title)
            }
        }
}

}
```

1. ProductListFragment에서 가지고 있어야 할 프로퍼티인 categoryId와 title입니다. 생성 시 Fragment의 arguments 값으로 넣고 이로부터 읽어오도록 했습니다. 이유는 3번 항목에서 설명합니다.

2. 당분간 임시로 사용될 UI를 그리는 코드입니다.

3. 안드로이드 프레임워크에서는 Fragment를 복원할 때 기본 생성자를 사용하기 때문에 우리가 정의한 부가적인 생성자에서 해주는 일들은 대부분 적용되지 않습니다. 그렇

기 때문에 권장되는 방법은 기본 생성자를 이용해 객체를 생성한 후 Bundle을 이용해 arguments에 값을 전달하는 것입니다.

코드 – com/example/parayo/product/list/ProductListPageradapter.kt

```kotlin
package com.example.parayo.product.list

import androidx.fragment.app.FragmentManager
import androidx.fragment.app.FragmentStatePagerAdapter
import com.example.parayo.product.category.categoryList

// 1
class ProductListPagerAdapter(
    fragmentManager: FragmentManager
) : FragmentStatePagerAdapter(
    fragmentManager, BEHAVIOR_RESUME_ONLY_CURRENT_FRAGMENT // 2
) {

    // 3
    private val fragments = categoryList.map {
        ProductListFragment.newInstance(it.id, it.name)
    }

    // 4
    override fun getItem(position: Int) = fragments[position]

    // 5
    override fun getCount() = fragments.size

    // 6
    override fun getPageTitle(position: Int) =
        getItem(position).title

}
```

1. ViewPager에서 Fragment를 보여줄 수 있도록 FragmentStatePagerAdapter를 상속 받는 클래스를 구현해줍니다. FragmentStatePagerAdapter는 생성자의 파라미터로 FragmentManager가 필요합니다. 이 FragmentManager는 FragmentActivity로부터 가져올 수 있습니다.

2. BEHAVIOR_RESUME_ONLY_CURRENT_FRAGMENT는 현재 Fragment만 라이프 사이클의 RESUMED 상태에 있을 수 있다는 것을 의미합니다. 나머지 Fragment들은 STARTED 상태만 가질 수 있습니다.

3. ViewPager에서 보여줄 Fragment의 리스트입니다. 카테고리 리스트와 1:1이 되도록 카테고리만큼 생성해 id와 title을 부여해줍니다.

4. 지정된 위치의 Fragment를 반환하는 함수입니다. FragmentStatePagerAdapter에 정의된 추상 함수로 꼭 구현해줘야 하는 부분입니다.

5. Fragment의 수를 반환하는 함수입니다. 4번과 마찬가지로 꼭 구현해주어야 하는 함수입니다.

6. Fragment의 title을 반환하는 함수입니다. 상위 클래스에서 null을 반환하도록 디폴트 구현이 존재하고 일반적으로 null을 반환해도 괜찮지만 TabLayout과 함께 사용하면 탭의 이름으로 사용되기 때문에 title을 반환해주도록 구현했습니다.

이어서 ProductMainActivity에 TabLayout과 ViewPager를 연결해주는 코드를 작성해줍니다.

코드 – com/example/parayo/product/ProductMainActivity.kt의 onCreate()

```kotlin
override fun onCreate(savedInstanceState: Bundle?) {
    super.onCreate(savedInstanceState)
    ui.setContentView(this)
    ui.viewpager.adapter =
        ProductListPagerAdapter(supportFragmentManager) // 1
    ui.tablayout.setupWithViewPager(ui.viewpager) // 2
    setupDrawerListener()
}
```

1. ViewPager의 Adapter로 앞서 만든 ProductListPagerAdapter를 생성해 넣어줍니다.

2. ProductMainUI에 정의된 TabLayout의 setupWithViewPager() 함수를 이용해 ViewPager와 연결해줍니다.

여기까지 하면 다음과 같은 화면을 볼 수 있습니다.

그림 5-17. 카테고리와 뷰페이저 연동

리스트 UI

실제로 리스트를 표현해주는 부분은 RecyclerView를 이용할 것입니다. ViewPager와 동일하게 어댑터 패턴을 사용하고 있지만 새로운 아이템이 로드될 때마다 매번 뷰를 생성해주는 데에서 오는 성능과 메모리 문제의 해결을 위해 ViewHolder라는 요소가 추가되었습니다.

RecyclerView에 사용될 Adapter는 RecyclerView.Adapter를 상속받아 구현할 수도 있지만 여기에서는 안드로이드 페이징 라이브러리에 포함된 RecyclerView.Adapter의 특별한 구현체인 PagedListAdapter를 사용할 것입니다. PagedListAdapter는 아이템 리스트를 내부적으로 관리하고 사용자는 콜백을 통해 데이터를 추가만 할 수 있는 특성을 가지고 있습니다. 그리고 PagedListAdapter에 쓰이는 PageKeyedDataSource는 초기 데이터, 다음 데이터 그리고 이전 데이터를 가져오도록 세 가지 콜백을 정의해두었고 이들만 구현해주면 되기 때문에 소스코드를 더욱 효율적으로 관리할 수 있습니다.

먼저 다음과 같이 API를 추가하고 PageKeyedDataSource를 상속받는 ProductListItem
DataSource와 PagedListAdapter를 상속받는 ProductListPagedAdapter를 작성해줍니다.
RecyclerView와 페이징 라이브러리를 사용하려면 의존성도 추가해야 합니다.

build.gradle 의 dependencies { } 블록에 다음 의존성들을 추가해줍니다.

```
implementation "org.jetbrains.anko:anko-recyclerview-v7:$anko_version"
implementation "org.jetbrains.anko:anko-recyclerview-v7-coroutines:$anko_version"
implementation "androidx.paging:paging-runtime-ktx:2.1.0"
```

코드 – com/example/parayo/api/response/ProductListItemResponse.kt

```kotlin
package com.example.parayo.api.response

data class ProductListItemResponse(
    val id: Long,
    val name: String,
    val description: String,
    val price: Int,
    val status: String,
    val sellerId: Long,
    val imagePaths: List<String>
)
```

코드 – com/example/parayo/api/ParayoApi.kt의 getProducts()

```kotlin
@GET("/api/v1/products")
suspend fun getProducts(
    @Query("productId") productId: Long,
    @Query("categoryId") categoryId: Int?,
    @Query("direction") direction: String // prev,next
): ApiResponse<List<ProductListItemResponse>>
```

코드 – com/example/parayo/product/list/ProductListItemDataSource.kt

```kotlin
package com.example.parayo.product.list

import androidx.paging.PageKeyedDataSource
```

```kotlin
import com.example.parayo.App
import com.example.parayo.api.ParayoApi
import com.example.parayo.api.response.ApiResponse
import com.example.parayo.api.response.ProductListItemResponse
import kotlinx.coroutines.Dispatchers
import kotlinx.coroutines.GlobalScope
import kotlinx.coroutines.launch
import kotlinx.coroutines.runBlocking
import org.jetbrains.anko.AnkoLogger
import org.jetbrains.anko.toast


// 1
class ProductListItemDataSource(
    private val categoryId: Int?
) : PageKeyedDataSource<Long, ProductListItemResponse>() {

    // 2
    override fun loadInitial(
        params: LoadInitialParams<Long>,
        callback: LoadInitialCallback<Long, ProductListItemResponse>
    ) {
        val response = getProducts(Long.MAX_VALUE, NEXT)
        if (response.success) {
            response.data?.let {
                if (it.isNotEmpty())
                    callback.onResult(it, it.first().id, it.last().id) // 3
            }
        } else {
            GlobalScope.launch(Dispatchers.Main) { // 4
                showErrorMessage(response)
            }
        }
    }

    // 5
    override fun loadAfter(
        params: LoadParams<Long>,
        callback: LoadCallback<Long, ProductListItemResponse>
    ) {
        val response = getProducts(params.key, NEXT)
        if (response.success) {
```

```kotlin
                response.data?.let {
                    if (it.isNotEmpty())
                        callback.onResult(it, it.last().id) // 6
                }
            } else {
                GlobalScope.launch(Dispatchers.Main) {
                    showErrorMessage(response)
                }
            }
        }


        // 7
        override fun loadBefore(
            params: LoadParams<Long>,
            callback: LoadCallback<Long, ProductListItemResponse>
        ) {
            val response = getProducts(params.key, PREV)
            if (response.success) {
                response.data?.let {
                    if (it.isNotEmpty())
                        callback.onResult(it, it.first().id) // 8
                }
            } else {
                GlobalScope.launch(Dispatchers.Main) {
                    showErrorMessage(response)
                }
            }
        }


        private fun getProducts(id: Long, direction: String) = runBlocking {
            try {
                ParayoApi.instance.getProducts(id, categoryId, direction)
            } catch (e: Exception) {
                ApiResponse.error<List<ProductListItemResponse>>(
                    "알 수 없는 오류가 발생했습니다."
                )
            }
        }


        private fun showErrorMessage(
            response: ApiResponse<List<ProductListItemResponse>>
```

```
    ) {
        App.instance.toast(
            response.message ?: "알 수 없는 오류가 발생했습니다."
        )
    }


    companion object {
        private const val NEXT = "next"
        private const val PREV = "prev"
    }

}
```

1. PageKeyedDataSource를 상속받는 클래스를 작성해주었습니다. 이 클래스는 초기 데이터를 로드하고 보다 이전/이후의 데이터를 로드하기 위한 콜백으로 구성되어 있습니다.

2. loadInitial() 콜백은 초기 데이터를 로드하는 콜백입니다. 상품을 최신 순으로 읽어와야 하기 때문에 id로는 Long.MAX_VALUE를 사용했습니다.

3. API로부터 데이터를 받았다면 callback.onResult()를 호출해 데이터가 추가되었음을 알려야 합니다. loadInitial()의 파라미터인 LoadInitialCallback의 onResult()는 두 번째와 세 번째 파라미터로 API로부터 받은 첫 번째 데이터의 id와 마지막 데이터의 id를 넣어주게 되어 있습니다. 두 번째 파라미터 id는 loadBefore() 콜백에서 더 최신 데이터를 읽어오기 위해 사용됩니다. 세 번째 파라미터 id는 loadAfter()에서 보다 과거 데이터를 가져오기 위해 사용됩니다.

4. 콜백이 UI 스레드에서 실행되지 않기 때문에 토스트 메시지를 보여주기 위해서는 메인 스레드로 변경 후 호출해야 합니다.

5. loadAfter() 콜백은 다음(과거) 데이터를 불러오기 위해서 사용됩니다.

6. loadAfter()의 callback.onResult()에서는 다음(더 이전에 등록된)의 목록을 불러오기 위해 두 번째 파라미터로 API로부터 받은 마지막 데이터의 id를 넘겨줍니다.

7. loadBefore()는 이전(더 나중에 등록된) 데이터를 불러오기 위해 사용됩니다.

8. loadBefore()의 callback.onResult()에서는 더 이전의 목록을 불러오기 위해 두 번째 파라미터로 API로부터 받은 첫 번째 데이터의 id를 넘겨줍니다.

```kotlin
package com.example.parayo.common.paging

import androidx.paging.DataSource
import androidx.paging.LivePagedListBuilder
import androidx.paging.PagedList

// 1
interface LiveDataPagedListBuilder<K, T> {

    // 2
    fun createDataSource(): DataSource<K, T>

    // 3
    private fun factory() = object :
        DataSource.Factory<K, T>() {
        override fun create(): DataSource<K, T> = createDataSource()
    }

    // 4
    private fun config() = PagedList.Config.Builder()
        .setPageSize(10)
        .setEnablePlaceholders(false)
        .build()

    // 5
    fun buildPagedList() = LivePagedListBuilder(factory(), config()).build()

}
```

1. LiveDataPagedListBuilder는 PageKeyedDataSource를 이용해 LiveData⟨PagedList⟩ 를 쉽게 만들 수 있도록 정의한 인터페이스입니다.

2. 이 인터페이스를 구현하는 클래스에서 실제 구현해주어야 할 함수로, 구현체에서 필요한 DataSource 클래스를 반환하는 함수입니다.

3. DataSource를 생성해줄 DataSource.Factory 객체를 만드는 함수입니다.

4. 한 페이지를 어떻게 가져올 것인가에 대한 설정 객체를 만들어주는 함수입니다. 한 페이 지를 10개로 처리하도록 설정했습니다.

5. 우리의 최종 목적인 LiveData〈PagedList〉를 생성해주는 함수입니다.

코드 – com/example/parayo/product/list/ProductListItemUI.kt

```kotlin
package com.example.parayo.product.list

import android.graphics.Typeface
import android.view.View
import android.view.ViewGroup
import android.widget.ImageView
import android.widget.TextView
import androidx.constraintlayout.widget.ConstraintSet.PARENT_ID
import com.example.parayo.R
import com.example.parayo.view.borderBottom
import org.jetbrains.anko.*
import org.jetbrains.anko.constraint.layout.ConstraintSetBuilder.Side.*
import org.jetbrains.anko.constraint.layout.applyConstraintSet
import org.jetbrains.anko.constraint.layout.constraintLayout

class ProductListItemUI : AnkoComponent<ViewGroup> {

    // 1
    lateinit var imageView: ImageView
    lateinit var productName: TextView
    lateinit var price: TextView

    override fun createView(ui: AnkoContext<ViewGroup>) =
        ui.constraintLayout { // 2
            topPadding = dip(20)
            bottomPadding = dip(20)
            clipToOutline = false
            background = borderBottom(width = 1)
            lparams(matchParent, wrapContent)

            imageView = imageView {
                id = View.generateViewId() // 3
                scaleType = ImageView.ScaleType.CENTER_CROP
            }.lparams(dip(80), dip(80))

            productName = textView("-") {
                id = View.generateViewId()
```

```
                textSize = 16f
                typeface = Typeface.DEFAULT_BOLD
                textAlignment = TextView.TEXT_ALIGNMENT_VIEW_START
            }.lparams(0, wrapContent)

            price = textView("-") {
                id = View.generateViewId()
                textColorResource = R.color.colorAccent
                textSize = 14f
            }


            // 4
            applyConstraintSet {
                imageView.id {
                    connect(
                        TOP to TOP of PARENT_ID,
                        START to START of PARENT_ID margin dip(20),
                        BOTTOM to BOTTOM of PARENT_ID
                    )
                }

                productName.id {
                    connect(
                        TOP to TOP of imageView.id margin dip(4),
                        END to END of PARENT_ID margin dip(20),
                        START to END of imageView.id margin dip(10)
                    )
                }

                price.id {
                    connect(
                        TOP to BOTTOM of productName.id margin dip(4),
                        START to END of imageView.id margin dip(10)
                    )
                }
            }
        }
    }
```

1. ProductListItemUI를 사용할 ViewHolder 클래스에서 이미지 및 상품명, 가격을 변경할 수 있도록 별개의 프로퍼티로 선언했습니다.

2. ConstraintLayout은 컨테이너 내의 상대적인 위치를 지정하기 쉽도록 만든 레이아웃입니다. 레이아웃 안의 각 요소에 상대적인 위치를 선언하는 방법도 있지만 여기에서처럼 applyConstraintSet { } 블록으로 따로 빼내어 조금 더 구조적으로 작성할 수도 있습니다.

3. ConstraintLayout 안에서 상대적인 위치를 지정하기 위해서는 각 요소가 id를 가지고 있어야 합니다.

4. applyConstraintSet { } 블록 안에서는 id를 가진 뷰들의 상대적인 위치를 지정할 수 있습니다. 예를 들어 imageView에 TOP to TOP of PARENT_ID를 선언하면 이미지의 윗쪽이 부모 컨테이너의 윗쪽에 붙어야 한다는 것을 나타냅니다. 마찬가지로 productName에 TOP to TOP of imageView.id margin dip(4)를 선언한 것은 productName의 상단이 imageView의 상단을 기준으로 4dp 떨어져서 위치해야 한다는 것을 나타냅니다.

코드 – com/example/parayo/product/ProductStatus.kt

```
package com.example.parayo.product

object ProductStatus {
    val SELLABLE = "SELLABLE"
    val SOLD_OUT = "SOLD_OUT"
}
```

품절 여부를 표시해주기 위해 ProductStatus 클래스를 API 서버에서 정의한 ProductStatus enum과 동일하게 정의해주었습니다.

코드 – com/example/parayo/product/list/ProductListPagedAdapter.kt

```
package com.example.parayo.product.list

import android.view.ViewGroup
import androidx.paging.PagedListAdapter
import androidx.recyclerview.widget.DiffUtil
import androidx.recyclerview.widget.RecyclerView
```

```kotlin
import com.bumptech.glide.Glide
import com.example.parayo.api.ApiGenerator
import com.example.parayo.api.response.ProductListItemResponse
import com.example.parayo.common.paging.LiveDataBuilder
import com.example.parayo.product.ProductStatus
import org.jetbrains.anko.AnkoContext
import org.jetbrains.anko.sdk27.coroutines.onClick
import java.text.NumberFormat

// 1
class ProductListPagedAdapter(
    private val listener: OnItemClickListener
) : PagedListAdapter<ProductListItemResponse,
    ProductListPagedAdapter.ProductItemViewHolder>(
    DIFF_CALLBACK // 2
) {

    // 3
    override fun onCreateViewHolder(
        parent: ViewGroup,
        viewType: Int
    ) = ProductItemViewHolder(parent, listener)

    // 4
    override fun onBindViewHolder(
        holder: ProductItemViewHolder,
        position: Int
    ) {
        holder.bind(getItem(position))
    }

    // 5
    class ProductItemViewHolder(
        parent: ViewGroup,
        private val listener: OnItemClickListener,
        private val ui: ProductListItemUI = ProductListItemUI()
    ) : RecyclerView.ViewHolder(
        ui.createView(AnkoContext.create(parent.context, parent))
    ) {

        var productId: Long? = null
```

```
        init {
            itemView.onClick { listener.onClickProduct(productId) } // 6
        }


        // 7
        fun bind(item: ProductListItemResponse?) = item?.let {
            this.productId = item.id
            val soldOutString =
                if(ProductStatus.SOLD_OUT == item.status) "(품절)" else ""
            val commaSeparatedPrice =
                NumberFormat.getNumberInstance().format(item.price)

            ui.productName.text = item.name
            ui.price.text = "₩$commaSeparatedPrice $soldOutString"

            Glide.with(ui.imageView)
                .load("${ApiGenerator.HOST}${item.imagePaths.firstOrNull()}")
                .centerCrop()
                .into(ui.imageView)
        }

    }

    companion object {
        // 8
        val DIFF_CALLBACK =
            object : DiffUtil.ItemCallback<ProductListItemResponse>() {
                override fun areItemsTheSame(
                    oldItem: ProductListItemResponse,
                    newItem: ProductListItemResponse
                ) = oldItem.id == newItem.id

                override fun areContentsTheSame(
                    oldItem: ProductListItemResponse,
                    newItem: ProductListItemResponse
                ) = oldItem.toString() == newItem.toString()
            }
    }

    // 9
```

```
    interface OnItemClickListener {
        fun onClickProduct(productId: Long?)
    }

    // 10
    interface ProductLiveDataBuilder
        : LiveDataPagedListBuilder<Long, ProductListItemResponse>

}
```

1. PagedListAdapter를 상속받아 ProductListPagedAdapter 클래스를 만들어주었습니다.

2. PagedListAdapter는 동일한 데이터의 경우 뷰를 다시 그려주는 낭비를 피하기 위해 생성자에서 객체의 동일성을 검사하기 위한 콜백을 받습니다. 이 콜백은 5번 항목의 companion object에 정의되어 있습니다.

3. onCreateViewHolder() 콜백은 RecyclerView가 새 ViewHolder를 요구했을 때 호출되는 콜백으로 6번 항목에 정의한 ProductItemViewHolder 클래스의 인스턴스를 생성해 반환해줍니다.

4. onBindViewHolder() 콜백은 RecyclerView가 특정 위치의 데이터를 출력해주려 할 때 호출되는 콜백으로, ProductItemViewHolder에서 가지고 있는 itemView에 데이터를 표시해주기 위해 미리 작성한 8번 항목의 ProductItemViewHolder.bind() 함수를 호출하도록 했습니다.

5. ProductListItemUI를 가지고 있어야 하는 ViewHolder 클래스입니다. RecyclerView. ViewHolder를 상속받으며 ViewHolder의 생성자에 ProductListItemUI의 인스턴스를 넘겨주도록 했습니다. 이렇게 넘겨준 뷰는 이후 내부에서 itemView라는 프로퍼티로 사용할 수도 있습니다.

6. ViewHolder를 생성하면 클릭 리스너를 통해 OnItemClickListener의 onClickProduct() 함수를 호출하도록 해줍니다. 이 때 productId를 함께 넘겨줍니다.

7. RecyclerView가 화면에 아이템을 표시해줄 때 어댑터의 onBindViewHolder() 콜백에서 호출되도록 만든 함수입니다. ProductListItemUI의 이미지와 상품명 그리고 가격을 데이터의 값으로 변경해주고 있습니다.

8. PagedListAdapter에서 사용될 DiffUtil.ItemCallback 정의입니다. 아이템이 동일한지, 컨텐츠가 동일한지를 검사하는 콜백으로 이루어져 있습니다. 아이템이 동일한지 여부는 id를 통해서 검사하고 컨텐츠가 동일한지 여부는 data class에 자동 생성되는 toString() 함수로 검사했습니다.

9. 상품이 클릭되었을 때 동작할 리스너 인터페이스입니다. ViewModel이나 Activity에서 이를 구현해 사용할 수 있습니다.

10. 앞서 만든 LiveDataPagedListBuilder를 구현해 상품 목록에 필요한 LiveData〈Paged List〈ProductListItemResponse〉〉를 생성해줄 인터페이스입니다.

이제 RecyclerView에 ProductListPagedAdapter를 바인딩해주기 위해 ProductListViewModel에 몇가지 프로퍼티를 추가해줍니다.

코드 – com/example/parayo/product/list/ProductListViewModel.kt

```
package com.example.parayo.product.list

import android.app.Application
import android.content.Intent
import androidx.paging.DataSource
import com.example.parayo.api.response.ProductListItemResponse
import com.example.parayo.product.detail.ProductDetailActivity
import net.codephobia.ankomvvm.lifecycle.BaseViewModel
import org.jetbrains.anko.error

class ProductListViewModel(
    app: Application
) : BaseViewModel(app),
    ProductListPagedAdapter.ProductLiveDataBuilder,
    ProductListPagedAdapter.OnItemClickListener {

    var categoryId: Int = -1  // 1
    val products = buildPagedList() // 2

    // 3
    override fun createDataSource(): DataSource<Long, ProductListItemResponse> {
        if (categoryId == -1)
            error(
```

```
                        "categoryId가 설정되지 않았습니다.",
                        IllegalStateException("categoryId is -1")
                )
            return ProductListItemDataSource(categoryId)
        }


        // 4
        override fun onClickProduct(productId: Long?) {
            startActivity<ProductDetailActivity> {
                flags = Intent.FLAG_ACTIVITY_SINGLE_TOP
                putExtra(ProductDetailActivity.PRODUCT_ID, productId)
            }
        }

}
```

1. 각 Fragment에서 표시되어야 할 아이템들의 카테고리 id입니다. −1인 경우 dataSourceFactory에서 오류 로그를 기록합니다.

2. 데이터소스로부터 아이템 리스트를 어떻게 가져올 것인지에 대한 설정입니다. 페이지 사이즈는 10으로 설정했습니다.

3. ProductListPagedAdapter.ProductLiveDataBuilder를 구현했을 때 작성해주어야 하는 함수로 상품 목록에 필요한 ProductListItemDataSource를 반환하고 있습니다.

4. ProductListPagedAdapter.OnItemClickListener를 구현해 상품 목록에서 상품을 클릭했을 때 동작할 리스너를 구현했습니다.

이어서 실질적인 ProductListUI를 작성해줍니다. 이 UI에는 RecyclerView 하나만 존재합니다.

코드 – com/example/parayo/product/list/ProductListUI.kt

```
package com.example.parayo.product.list

import android.view.Gravity
import androidx.recyclerview.widget.LinearLayoutManager
import net.codephobia.ankomvvm.databinding.bindPagedList
import net.codephobia.ankomvvm.databinding.bindVisibility
import org.jetbrains.anko.*
import org.jetbrains.anko.recyclerview.v7.recyclerView
```

```
class ProductListUI(
    private val viewModel: ProductListViewModel
) : AnkoComponent<ProductListFragment> {

    override fun createView(ui: AnkoContext<ProductListFragment>) =
        ui.verticalLayout {
            // 1
            recyclerView {
                layoutManager = LinearLayoutManager(ui.ctx) // 2
                adapter = ProductListPagedAdapter(viewModel) // 3
                lparams(matchParent, matchParent)
                bindVisibility(ui.owner, viewModel.products) { // 4
                    it.isNotEmpty()
                }
                bindPagedList( // 5
                    ui.owner,
                    ProductListPagedAdapter(viewModel),
                    viewModel.products
                )
            }
            textView("상품이 없습니다.") { // 6
                gravity = Gravity.CENTER
                bindVisibility(ui.owner, viewModel.products) {
                    it.isEmpty()
                }
            }.lparams(wrapContent, matchParent) {
                gravity = Gravity.CENTER
            }
        }

}
```

1. 아이템 리스트를 표시해주기 위한 RecyclerView 블록입니다.

2. RecyclerView에는 아이템들을 어떻게 배열할 것인지에 대한 LayoutManager 를 설정해주어야 합니다. LinearLayoutManager는 아이템들을 일렬로 배열하고 GridLayoutManager는 그리드 형태로 배열합니다.

3. 어댑터로는 앞서 만든 ProductListPageAdapter의 객체를 사용합니다.

4. 상품이 없을 경우 RecyclerView를 숨기고 상품이 없다는 메시지를 보여주기 위해 bindVisibility() 함수의 콜백으로 products가 비어있지 않은지 여부를 반환합니다.

5. LiveData⟨PagedList⟨T⟩⟩ 타입의 객체를 바인딩하는 함수입니다. 라이브러리에 구현되어있는 실제 로직은 다음과 같습니다.

```kotlin
fun <T> RecyclerView.bindPagedList(
    owner: LifecycleOwner,
    adapter: PagedListAdapter<T, out RecyclerView.ViewHolder>,
    data: LiveData<PagedList<T>>
) {
    this.adapter = adapter
    data.observe(owner, Observer {
        try {
            adapter.submitList(it)
        } catch (e: Exception) {
            Log.e("AnkoMVVM", "bindPagedList() error", e)
        }
    })
}
```

6. 상품이 없는 경우 보여질 메시지입니다. RecyclerView와 베타적으로 bindVisibility() 함수에서 products가 비어있는지 여부를 반환합니다.

이제 ProductListFragment에 임시로 만들어두었던 뷰를 ProductListUI로 대체합니다.

코드 – com/example/parayo/product/list/ProductListFragment.kt의 onCreateView()

```kotlin
override fun onCreateView(
    inflater: LayoutInflater,
    container: ViewGroup?,
    savedInstanceState: Bundle?
): View? {
    val viewModel = getViewModel()
    viewModel.categoryId = categoryId // 1

    return ProductListUI(viewModel)
        .createView(AnkoContext.create(ctx, this))
}
```

1. ProductListViewModel에 categoryId를 설정해주는 것을 잊지 말아야 합니다.

이제 앱을 실행하면 다음과 같은 상품 목록을 볼 수 있습니다. 아직 상품 등록하지 않았다면 몇 개 등록한 후 카테고리를 이동해 확인합니다.

그림 5-18. 상품 등록 후 상품 목록 확인

5.4 상품 상세

이어서 상품 리스트 화면에서 아이템을 클릭했을 때 상품의 자세한 정보를 보여줄 상품 상세 페이지를 작성하도록 하겠습니다. 상품 상세 페이지에 상품의 이미지들, 상품명, 가격 그리고 상품 설명이 노출되며, 상품 문의 버튼을 통해 이후에 구현할 상품 문의 페이지로 이동할 수 있습니다.

5.4.1 상품 정보 API

상품에 대한 스키마는 이미 마련되어 있으므로 상품 정보를 내려주는 API는 아주 간단하게 구현할 수 있습니다. 먼저 상품 상세 정보로 사용될 ProductResponse 클래스를 작성하고 레파지토리에서 읽어 ProductResponse로 변환해 제공하는 것이 전부입니다.

코드 – com/example/parayo/domain/product/ProductResponse.kt

```kotlin
package com.example.parayo.domain.product

import com.example.parayo.common.ParayoException

data class ProductResponse(
    val id: Long,
    val name: String,
    val description: String,
    val price: Int,
    val status: String,
    val sellerId: Long,
    val imagePaths: List<String>
)

fun Product.toProductResponse() = id?.let { // 1
    ProductResponse(
        it,
        name,
        description,
        price,
        status.name,
        userId,
        images.map { it.path }
    )
} ?: throw ParayoException("상품 정보를 찾을 수 없습니다.") // 2
```

1. Product의 id는 널이 될 수 있기 때문에 널이 아닌 경우에만 정상적인 응답을 반환합니다.

2. Product의 id가 널인 경우에는 예외를 던지도록 했습니다.

```
fun get(id: Long) = productRepository.findByIdOrNull(id)
```

상품 하나를 조회하는 로직은 레파지토리에서 id로 읽어오는 것뿐입니다. 아이디에 해당하는 상품이 존재하지 않을 가능성이 있기 때문에 findByIdOrNull()을 사용해 널 혹은 존재하는 엔티티를 반환하도록 만들었습니다.

```
@GetMapping("/products/{id}")
fun get(@PathVariable id: Long) = productService.get(id)?.let { // 1
    ApiResponse.ok(it.toProductResponse())
} ?: throw ParayoException("상품 정보를 찾을 수 없습니다.") // 2
```

1. 상품 정보를 조회했을 때 정보가 있는 경우만 정상적인 응답을 반환하도록 만들었습니다.

2. 상품 정보가 존재하지 않는다면 예외를 던집니다.

다음은 로그인 후 토큰과 함께 API 테스트 요청과 그에 따른 결과입니다.

```
# request

GET http://localhost:8080/api/v1/products/12
Accept: */*
Cache-Control: no-cache
Content-Type: application/json
Authorization: Bearer eyJ0eXAiOiJKV1QiLCJhbGciOiJI… // 토큰 생략

# response

HTTP/1.1 200
Content-Type: application/json;charset=UTF-8
Transfer-Encoding: chunked
Date: Sat, 07 Sep 2009 07:31:59 GMT

{
  "success": true,
  "data": {
```

```
      "id": 12,
      "name": "돌고있는 선풍기",
      "description": "돌고있는 선풍기 팝니다.\n아주 쌩쌩 돌고 있어요.",
      "price": 3200,
      "status": "SELLABLE",
      "sellerId": 6,
      "imagePaths": [
        "/images/20190902/987045b6-1f5d-4728-8bed-dc029ce58fc0.jpg"
      ]
    },
    "message": null
}
```

5.4.2 상품 상세 UI

안드로이드 스튜디오로 돌아가 먼저 ProductResponse 클래스를 만들고 ParayoApi에 상품
상세 조회용 API를 추가해주겠습니다.

코드 – com/example/parayo/api/response/ProductResponse.kt

```kotlin
package com.example.parayo.api.response

data class ProductResponse(
    val id: Long,
    val name: String,
    val description: String,
    val price: Int,
    val status: String,
    val sellerId: Long,
    val imagePaths: List<String>
)
```

코드 – com/example/parayo/api/ParayoApi.kt 의 getProduct()

```kotlin
@GET("/api/v1/products/{id}")
suspend fun getProduct(@Path("id") id: Long)
    : ApiResponse<ProductResponse>
```

이어서 상품 상세 화면을 별도의 Activity로 구성하기 위해 MVVM 템플릿에 맞춰 ProductDetailActivity, ProductDetailViewModel을 작성하고 ProductDetailUI를 만들어줍니다.

코드 – com/example/parayo/product/detail/ProductDetailViewModel.kt

```kotlin
package com.example.parayo.product.detail

import android.app.Application
import androidx.lifecycle.MutableLiveData
import androidx.lifecycle.viewModelScope
import com.example.parayo.api.ParayoApi
import com.example.parayo.api.response.ApiResponse
import com.example.parayo.api.response.ProductResponse
import com.example.parayo.product.ProductStatus
import kotlinx.coroutines.Dispatchers
import kotlinx.coroutines.launch
import net.codephobia.ankomvvm.databinding.addAll
import net.codephobia.ankomvvm.lifecycle.BaseViewModel
import org.jetbrains.anko.error
import java.text.NumberFormat

class ProductDetailViewModel(app: Application) : BaseViewModel(app) {

    var productId: Long? = null

    val productName = MutableLiveData("-")
    val description = MutableLiveData("")
    val price = MutableLiveData("-")
    val imageUrls: MutableLiveData<MutableList<String>> =
        MutableLiveData(mutableListOf())

    // 1
    fun loadDetail(id: Long) = viewModelScope.launch(Dispatchers.Main) {
        try {
            val response = getProduct(id)
            if (response.success && response.data != null) {
                updateViewData(response.data)
            } else {
                toast(response.message ?: "알 수 없는 오류가 발생했습니다.")
```

```kotlin
            }
        } catch (e: Exception) {
            toast(e.message ?: "알 수 없는 오류가 발생했습니다.")
        }
    }

    private suspend fun getProduct(id: Long) = try {
        ParayoApi.instance.getProduct(id)
    } catch (e: Exception) {
        error("상품 정보를 가져오는 중 오류 발생.", e)
        ApiResponse.error<ProductResponse>(
            "상품 정보를 가져오는 중 오류가 발생했습니다."
        )
    }

    // 2
    private fun updateViewData(product: ProductResponse) {
        val commaSeparatedPrice =
            NumberFormat.getInstance().format(product.price)
        val soldOutString =
            if(ProductStatus.SOLD_OUT == product.status) "(품절)" else ""

        productName.value = product.name
        description.value = product.description
        price.value =
            "₩${commaSeparatedPrice} $soldOutString"
        imageUrls.addAll(product.imagePaths)
    }

    // 3
    fun openInquiryActivity() {
        toast("상품 문의 - productId = $productId")
    }

}
```

1. 액티비티가 실행된 후 상품 정보를 가져오기 위한 함수입니다. suspend 함수인 API를 호출하는 부분이 포함되어 있기 때문에 코루틴으로 감싸주었습니다.

2. 상품 정보를 가져온 후 그 정보들을 뷰에 보여주기 위해 프로퍼티들을 수정하는 함수입니

다. status 필드로 품절 여부를 판단해 품절인 경우 상품 가격 뒤에 "(품절)"이라는 문자열을 표시해주도록 했습니다.

3. 스토리보드에서 상품 문의 버튼을 눌렀을 때 호출될 함수를 미리 정의해주었습니다.

이어서 Activity와 UI를 작성하고 Activity를 AndroidManifest에 등록합니다. UI에서 이미지 슬라이더는 ViewPager를 사용해 구현할 수 있습니다. 그러기 위해서는 ViewPager를 이미지 슬라이더로 사용하기 위한 PagerAdapter를 먼저 작성해주어야 합니다.

코드 – com/example/parayo/product/detail/ProductDetailActivity.kt

```
package com.example.parayo.product.detail

import net.codephobia.ankomvvm.components.BaseActivity

class ProductDetailActivity : BaseActivity<ProductDetailViewModel>() {

    override val viewModelType = ProductDetailViewModel::class

}
```

코드 – com/example/parayo/product/detail/ImageSliderAdapter.kt

```
package com.example.parayo.product.detail

import android.view.View
import android.view.ViewGroup
import androidx.viewpager.widget.PagerAdapter
import com.bumptech.glide.Glide
import com.example.parayo.api.ApiGenerator
import org.jetbrains.anko.AnkoContext
import org.jetbrains.anko.imageView
import org.jetbrains.anko.linearLayout
import org.jetbrains.anko.matchParent

class ImageSliderAdapter : PagerAdapter() { // 1

    var imageUrls: List<String> = listOf()

    // 2
```

```kotlin
    override fun isViewFromObject(view: View, obj: Any) =
        view == obj

    override fun getCount() = imageUrls.size

    // 3
    override fun instantiateItem(
        container: ViewGroup,
        position: Int
    ): Any {
        val view = AnkoContext.create(container.context, container)
            .imageView().apply {
                Glide.with(this)
                    .load("${ApiGenerator.HOST}${imageUrls[position]}")
                    .into(this)
            }
        container.addView(view)
        return view
    }

    // 4
    fun updateItems(items: MutableList<String>) {
        imageUrls = items
        notifyDataSetChanged()
    }

    // 5
    override fun destroyItem(
        container: ViewGroup,
        position: Int,
        obj: Any
    ) {
        container.invalidate()
    }

}
```

1. PagerAdapter를 상속받아 ImageSliderAdapter를 선언했습니다.

2. ViewPager에서 현재 위치한 페이지가 instantiateItem()으로부터 반환된 뷰인지 비교하

는 함수입니다. PagerAdapter가 정상적으로 동작하기 위해서 꼭 구현해주어야 하는 함수입니다.

3. 실질적으로 우리가 원하는 뷰를 만들어 반환하는 함수입니다. 원하는 뷰가 이미지 한 개 짜리이기 때문에 별도 UI 클래스를 만들지 않고 함수 안에 바로 작성해주었습니다.

4. 빈 리스트를 API로부터 받아온 이미지로 교체해주기 위해 마련한 함수입니다. 아이템이 업데이트된 이후에는 notifyDataSetChanged() 함수를 호출해주어야만 아이템들이 뷰에 정상적으로 반영되게 됩니다.

5. ViewPager는 현재 페이지와 좌우에 이웃한 페이지만 생성하고 이외에는 페이지를 삭제하기 때문에 이 때 뷰를 제거해주는 것은 개발자의 몫입니다. 때문에 destroyItem() 내부에서 container.invalidate() 함수를 호출해 컨테이너에 추가했던 뷰를 제거해줍니다.

코드 – com/example/parayo/product/detail/ProductDetailUI.kt

```kotlin
package com.example.parayo.product.detail


import android.graphics.Color
import android.graphics.Typeface
import android.view.Gravity
import android.view.View
import androidx.constraintlayout.widget.ConstraintSet.PARENT_ID
import com.example.parayo.R
import net.codephobia.ankomvvm.databinding.bindItem
import net.codephobia.ankomvvm.databinding.bindString
import org.jetbrains.anko.*
import org.jetbrains.anko.constraint.layout.ConstraintSetBuilder.Side.BOTTOM
import org.jetbrains.anko.constraint.layout.ConstraintSetBuilder.Side.TOP
import org.jetbrains.anko.constraint.layout.applyConstraintSet
import org.jetbrains.anko.constraint.layout.constraintLayout
import org.jetbrains.anko.sdk27.coroutines.onClick
import org.jetbrains.anko.support.v4.viewPager

class ProductDetailUI(
    private val viewModel: ProductDetailViewModel
) : AnkoComponent<ProductDetailActivity> {

    override fun createView(ui: AnkoContext<ProductDetailActivity>) =
```

```
ui.constraintLayout {
    val content = scrollView { // 1
        id = View.generateViewId()
        lparams(matchParent, 0)

        verticalLayout {
            constraintLayout {
                lparams(matchParent, matchParent)
                viewPager { // 2
                    backgroundColor = Color.GRAY
                    adapter = ImageSliderAdapter().apply { // 3
                        bindItem(ui.owner, viewModel.imageUrls) {
                            updateItems(it)
                        }
                    }
                }.lparams(matchParent, dip(0)) {
                    dimensionRatio = "1:1" // 4
                }
            }

            verticalLayout {
                padding = dip(20)

                textView {
                    textSize = 16f
                    typeface = Typeface.DEFAULT_BOLD
                    textColor = Color.BLACK
                    bindString(ui.owner, viewModel.productName)
                }.lparams(matchParent, wrapContent)

                textView {
                    textSize = 16f
                    typeface = Typeface.DEFAULT_BOLD
                    textColorResource = R.color.colorAccent
                    bindString(ui.owner, viewModel.price)
                }.lparams(matchParent, wrapContent) {
                    topMargin = dip(20)
                }

                textView("상품설명") {
                    textSize = 16f
```

```
                typeface = Typeface.DEFAULT_BOLD
                textColorResource = R.color.colorPrimary
            }.lparams(matchParent, wrapContent) {
                topMargin = dip(20)
            }


            textView {
                textSize = 14f
                textColor = Color.BLACK
                bindString(ui.owner, viewModel.description)
            }.lparams(matchParent) {
                topMargin = dip(20)
            }
        }
    }
}


// 5
val fixedBar = linearLayout {
    id = View.generateViewId()
    padding = dip(10)
    gravity = Gravity.END
    backgroundColor = Color.DKGRAY
    lparams(matchParent, wrapContent)

    button("상품 문의") {
        onClick { viewModel.openInquiryActivity() }
    }
}


// 6
applyConstraintSet {
    fixedBar.id {
        connect(
            BOTTOM to BOTTOM of PARENT_ID
        )
    }

    content.id {
        connect(
            TOP to TOP of PARENT_ID,
```

```
                    BOTTOM to TOP of fixedBar
                )
            }
        }
    }
}
```

1. 상품 이미지와 상세 정보가 노출되는 영역은 화면보다 길어 스크롤이 필요할 수 있으므로 ScrollView를 배치했습니다. ScrollView는 하나의 자식만 가져야 하는 특성을 가졌기 때문에 바로 내부에 LinearLayout 등을 배치해 스크롤이 되어야 하는 모든 뷰는 LinearLayout 안에 위치시켜야 합니다.

2. 이미지 슬라이더로 사용될 ViewPager입니다.

3. 앞서 작성한 ImageSliderAdapter를 ViewPager을 어댑터로 등록해줍니다. 그리고 bindItem()을 통해 아이템 리스트가 변경되었을 때에 호출될 콜백에서 updateItems()를 호출해주었습니다. ViewPager의 bindItem() 함수는 AnkoMVVM 라이브러리에 정의된 함수로 데이터세트가 변경되었을 때 콜백을 호출해주는 역할만 합니다. 구현은 다음과 같습니다.

```
fun <T> ViewPager.bindItem(
    owner: LifecycleOwner,
    data: MutableLiveData<MutableList<T>>,
    callback: (MutableList<T>) -> Unit
) {
    data.observe(owner, Observer { items ->
        if(items.isNullOrEmpty().not()) {
            callback(items)
        }
    })
}
```

4. dimensionRatio는 ConstraintLayout 내부의 뷰에 대한 가로 세로 비율을 의미합니다. 여기에서는 이미지 슬라이더를 정사각형으로 만들기 위해 ConstraintLayout으로 ViewPager를 감싸고 dimensionRatio를 1:1로 지정했습니다.

5. 스크롤과는 별개로 하단에 고정될 상품 문의 버튼이 있는 바를 정의한 부분입니다.

6. applyConstraintSet { } 내에서 ScrollView 영역과 하단 바 영역에 대한 위치를 설정했습니다.

이제 ProductDetailActivity에 ProductDetailUI를 연결해주고 상품 리스트 페이지에서 이동할 수 있도록 ProductListViewModel 클래스를 수정해줍니다.

코드 – AndroidManifest.xml의 ProductDetailActivity 선언부

```xml
<activity
    android:name=".product.detail.ProductDetailActivity"
    android:theme="@style/Theme.AppCompat.Light"
/>
```

ProductDetailActivity에서는 뒤로가기 버튼을 위해서만 앱바를 사용할 것이므로 앱 테마를 설정해 기본 앱바를 사용하도록 해줍니다.

코드 – com/example/parayo/product/detail/ProductDetailActivity.kt

```kotlin
package com.example.parayo.product.detail

import android.os.Bundle
import android.view.MenuItem
import net.codephobia.ankomvvm.components.BaseActivity
import org.jetbrains.anko.setContentView

class ProductDetailActivity : BaseActivity<ProductDetailViewModel>() {

    override val viewModelType = ProductDetailViewModel::class

    override fun onCreate(savedInstanceState: Bundle?) {
        super.onCreate(savedInstanceState)
        supportActionBar?.setDisplayHomeAsUpEnabled(true) // 1
        supportActionBar?.title = ""

        val viewModel = getViewModel()
        val productId = intent.getLongExtra(PRODUCT_ID, -1) // 2

        viewModel.loadDetail(productId) // 3
        ProductDetailUI(getViewModel()).setContentView(this)
    }
```

```
// 4
override fun onOptionsItemSelected(item: MenuItem?): Boolean {
    item?.let {
        when(item.itemId) {
            android.R.id.home -> onBackPressed()
            else -> {}
        }
    }
    return true
}

companion object {
    val PRODUCT_ID = "productId"
}

}
```

1. 앱바 영역의 좌측 버튼 아이콘을 뒤로가기 버튼으로 만들어줍니다. 앱바의 타이틀은 필요하지 않으므로 빈 문자열을 지정했습니다.

2. 액티비티를 열 때에는 Intent를 통해 데이터를 전달할 수 있습니다. ProductDetailActivity에서는 "productId"라는 키로 Long 타입의 id를 받을 생각으로 코드를 작성했으므로 ProductListViewModel에서 ProductDetailActivity를 시작할 때 동일한 키로 데이터를 넘겨주어야 합니다. 넘겨주지 않을 경우에는 디폴트 값으로 −1을 사용하게 되며 이 경우 서버에서 "상품 정보를 찾을 수 없습니다."라는 메시지를 반환하기 때문에 사용자는 해당 오류 메시지를 확인할 수 있게 됩니다.

3. 액티비티가 시작될 때 ProductDetailViewModel의 loadDetail() 함수를 호출해 상품 정보를 로드해줍니다.

4. 앱바에서 뒤로가기 버튼을 눌렀을 때 상품 상세 화면을 닫도록 onOptionsItemSelected() 함수에 android.R.id.home 버튼 이벤트를 추가했습니다.

이제 상품 리스트 화면에서 ProductDetailActivity를 열 수 있도록 ProductListViewModel의 onClickItem() 함수를 수정해줍니다.

코드 – com/example/parayo/product/list/ProductListViewModel.kt의 onClickItem()

```kotlin
fun onClickItem(id: Long?) {
    startActivity<ProductDetailActivity> {
        flags = Intent.FLAG_ACTIVITY_SINGLE_TOP
        putExtra(ProductDetailActivity.PRODUCT_ID, id)
    }
}
```

ProductDetailActivity와 미리 협의한대로 Intent의 putExtra()를 통해 productId를 제공하도록 했습니다.

앱을 실행해 다음과 같이 상품 상세 화면으로 진입하는지 확인해봅니다.

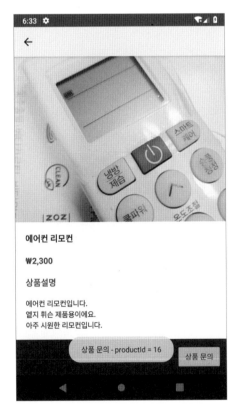

그림 5-19. 상품 상세 화면

5.5 상품 검색 //

상품에 대한 기반 코드는 거의 마련되어 있으므로 기초적인 상품 검색은 큰 공수를 들이지 않고 구현이 가능합니다. 원래 검색 기능은 성능이 아주 중요하고, 많은 데이터 속에서 좋은 검색 성능을 보여주기란 상당히 어려운 일입니다. 대규모 서비스들은 상품 검색과 관련한 별도의 개발팀을 두고 각종 오픈소스들을 적극 활용해 독자적인 검색 시스템을 구축하기도 합니다. 이 때에는 대개 상품 목록을 검색 시스템으로 동기화하고 동기화된 목록을 검색 성능에 유리하도록 재정렬하는 작업이 필요합니다. 이런 작업들에는 시간이 필요하고 오픈마켓에서 상품을 등록했을 때 등록한 상품이 바로 노출되지 않는 이유 중 일부는 이 작업들 때문입니다. 여기에서는 이런 시간과 비용이 많이 드는 작업들은 다루지 않고 MySQL에서 제공하는 LIKE 쿼리를 이용해 상품 수가 적을 때 사용할 수 있는 기본적인 검색에 대해 알아보겠습니다.

5.5.1 상품 검색 API

이미 앞서 많은 코드들을 구현해뒀기 때문에 상품 검색 API는 비교적 짧은 코드 추가로 가능해 질 수 있습니다. 상품 검색도 결국 상품 리스트와 동일한 구조로 제공되어야 하기 때문에 여기에서는 앞에서 구현한 ProductService의 search() 함수에 키워드 파라미터를 추가해 상품 검색을 제공하도록 하겠습니다. 먼저 ProductRepository에 키워드 검색을 위한 함수를 선언합니다.

코드 – com/example/parayo/domain/product/ProductRepository.kt의 키워드 검색 함수들

```
fun findByIdGreaterThanAndNameLikeOrderByIdDesc(
    id: Long, keyword: String, pageable: Pageable
): List<Product>

fun findByIdLessThanAndNameLikeOrderByIdDesc(
    id: Long, keyword: String, pageable: Pageable
): List<Product>
```

LIKE 쿼리를 사용해 상품명에 원하는 키워드가 있는 상품을 검색하는 함수를 만들었습니다. 다음으로는 ProductService를 수정해주어야 합니다.

코드 – com/example/parayo/domain/product/ProductService.kt

```kotlin
package com.example.parayo.domain.product

import org.springframework.beans.factory.annotation.Autowired
import org.springframework.data.domain.PageRequest
import org.springframework.data.repository.findByIdOrNull
import org.springframework.stereotype.Service
import java.lang.IllegalArgumentException

@Service
class ProductService @Autowired constructor(
    private val productRepository: ProductRepository
) {

    fun get(id: Long) = productRepository.findByIdOrNull(id)

    fun search(
        categoryId: Int?,
        productId: Long,
        direction: String,
        keyword: String?,
        limit: Int
    ): List<Product> {
        val pageable = PageRequest.of(0, limit)
        val condition = ProductSearchCondition(
            categoryId != null,
            direction,
            keyword != null
        )

        return when(condition) {
            NEXT_IN_SEARCH -> productRepository
                .findByIdLessThanAndNameLikeOrderByIdDesc(
                    productId, "%$keyword%", pageable
                )
            PREV_IN_SEARCH -> productRepository
                .findByIdGreaterThanAndNameLikeOrderByIdDesc(
                    productId, "%$keyword%", pageable
                )
            NEXT_IN_CATEGORY -> productRepository
```

```
                    .findByCategoryIdAndIdLessThanOrderByIdDesc(
                        categoryId, productId, pageable)
                PREV_IN_CATEGORY -> productRepository
                    .findByCategoryIdAndIdGreaterThanOrderByIdDesc(
                        categoryId, productId, pageable)
                else -> throw IllegalArgumentException("상품 검색 조건 오류")
            }
        }


    data class ProductSearchCondition(
        val categoryIdIsNotNull: Boolean,
        val direction: String,
        val hasKeyword: Boolean = false
    )


    companion object {
        val NEXT_IN_SEARCH = ProductSearchCondition(false, "next", true)
        val PREV_IN_SEARCH = ProductSearchCondition(false, "prev", true)
        val NEXT_IN_CATEGORY = ProductSearchCondition(true, "next")
        val PREV_IN_CATEGORY  = ProductSearchCondition(true, "prev")
    }

}
```

ProductSearchCondition에 hasKeyword라는 이름으로 키워드 필드가 null 값이 아닌지를 판단하는 필드를 추가했고 이를 이용해 NEXT_IN_SEARCH, PREV_IN_SEARCH라는 검색 조건을 추가했습니다. 그리고 search() 함수의 when 절에서 검색 조건에 해당하는 레파지토리 함수를 호출해주도록 했습니다. 이 때 LIKE 쿼리에 들어가는 키워드는 %keyword%의 형태가 되어야 하므로 문자열 템플릿을 이용해 "%$keyword%"와 같이 넣어주었습니다.

search() 함수가 수정되었으므로 API Controller 코드도 수정해줍니다.

코드 – com/example/parayo/controller/ProductApiController.kt

```
@GetMapping("/products")
fun search(
    @RequestParam productId: Long,
    @RequestParam(required = false) categoryId: Int?,
    @RequestParam direction: String,
```

```
        @RequestParam(required = false) keyword: String?,
        @RequestParam(required = false) limit: Int?
) = productService
        .search(categoryId, productId, direction, keyword, limit ?: 10)
        .mapNotNull { ProductListItemResponse.of(it) }
        .let { ApiResponse.ok(it) }
```

키워드를 추가로 받을 수 있도록 RequestParam을 추가했고 이를 search() 함수에 넘겨주었습니다.

다음은 REST Client로 검색 기능이 잘 동작하는지 "충전"이라는 키워드로 테스트한 결과입니다.

```
# request

GET http://localhost:8080/api/v1/products?productId=99999999&direction=next&keyword=
충전
Accept: */*
Cache-Control: no-cache
Content-Type: application/json
Authorization: Bearer eyJ0eXAiOiJKV1QiLCJhbGciOiJIU… // 토큰 생략


# response

HTTP/1.1 200
Content-Type: application/json;charset=UTF-8
Transfer-Encoding: chunked
Date: Mon, 09 Sep 2019 03:39:26 GMT

{
  "success": true,
  "data": [
    {
      "id": 15,
      "name": "아이폰 구형 충전기",
      "description": "구형 충전기입니다.\n충전 잘 돼요.\n오래 걸리지만요.",
      "price": 1500,
      "status": "SELLABLE",
      "sellerId": 6,
```

```
      "imagePaths": [
        "/images/20190903/f690ab78-d960-4d87-b73e-1e5a3044f1f6-thumb.jpg"
      ]
    },
    {
      "id": 14,
      "name": "휴대폰 무선 충전 거치대",
      "description": "무선 충전 거치대 입니다.\n충전 잘 돼요.\n거치 잘 돼요.",
      "price": 5500,
      "status": "SELLABLE",
      "sellerId": 6,
      "imagePaths": [
        "/images/20190903/cf188a6f-86ce-4c0f-a82b-9c0d2828a7b4-thumb.jpg"
      ]
    }
  ],
  "message": null
}

Response code: 200; Time: 525ms; Content length: 456 bytes
```

5.5.2 상품 검색 UI

검색 결과는 상품 리스트와 동일한 형태로 출력되기 때문에 상품 리스트 화면에 쓰인 요소들을
약간만 수정하면 구현이 가능합니다. 먼저 API를 호출할 때 검색 키워드를 함께 전달할 수 있
도록 ParayoApi를 수정하고 이를 호출하는 ProductListItemDataSource에 키워드를 추가해
줍니다.

코드 – com/example/parayo/api/ParayoApi.kt의 getProducts()

```kotlin
@GET("/api/v1/products")
suspend fun getProducts(
    @Query("productId") productId: Long,
    @Query("categoryId") categoryId: Int?,
    @Query("direction") direction: String, // prev,next
    @Query("keyword") keyword: String? = null
): ApiResponse<List<ProductListItemResponse>>
```

서버 API의 파라미터에 맞춰 ParayoApi의 getProducts()에 keyword 파라미터를 추가했습니다.

```kotlin
// … import 생략

class ProductListItemDataSource(
    private val categoryId: Int?,
    private val keyword: String? = null // 1
) : PageKeyedDataSource<Long, ProductListItemResponse>() {

    // … 오버라이드 함수 생략

    private fun getProducts(id: Long, direction: String) = runBlocking {
        try {
            ParayoApi.instance.getProducts(id, categoryId, direction, keyword) // 2
        } catch (e: Exception) {
            ApiResponse.error<List<ProductListItemResponse>>(
                "알 수 없는 오류가 발생했습니다."
            )
        }
    }

    // … 이하 코드 생략

}
```

1. ProductListItemDataSource에서 카테고리 외에도 키워드를 받도록 수정했습니다.

2. API 호출 시 keyword를 함께 넘겨줍니다.

이어서 MVVM 템플릿에 맞춰 ProductSearchViewModel과 ProductSearchActivity 그리고 ProductSearchUI 클래스를 작성해줍니다.

```kotlin
package com.example.parayo.product.search

import android.app.Application
```

```
import android.content.Intent
import com.example.parayo.product.detail.ProductDetailActivity
import com.example.parayo.product.list.ProductListItemDataSource
import com.example.parayo.product.list.ProductListPagedAdapter
import net.codephobia.ankomvvm.lifecycle.BaseViewModel

class ProductSearchViewModel(app: Application) :
    BaseViewModel(app),
    ProductListPagedAdapter.ProductLiveDataBuilder,
    ProductListPagedAdapter.OnItemClickListener {

    var keyword: String? = null // 1
    val products = buildPagedList() // 2

    override fun createDataSource() =
        ProductListItemDataSource(null, keyword)

    override fun onClickProduct(productId: Long?) {
        startActivity<ProductDetailActivity> {
            flags = Intent.FLAG_ACTIVITY_SINGLE_TOP
            putExtra(ProductDetailActivity.PRODUCT_ID, productId)
        }
    }

}
```

1. 검색 결과 페이지에서는 검색 키워드 변경이 불가능하므로 ViewModel 클래스에서 keyword 변수를 String 형태로 가지고 있습니다.

2. LIveData⟨PagedList⟨T⟩⟩는 ProductListViewModel에서 사용한 것을 그대로 재사용합니다.

3. 검색 목록에서는 ProductListItemDataSource를 만들 때 카테고리 값이 null이어야 하므로 null을 넘겨주고 키워드를 함께 넘겨줍니다.

코드 – com/example/parayo/product/search/ProductSearchUI.kt

```
package com.example.parayo.product.search

import android.view.Gravity
```

```
import androidx.recyclerview.widget.LinearLayoutManager
import com.example.parayo.product.list.ProductListPagedAdapter
import com.example.parayo.product.list.ProductListViewModel
import net.codephobia.ankomvvm.databinding.bindPagedList
import net.codephobia.ankomvvm.databinding.bindVisibility import
org.jetbrains.anko.*
import org.jetbrains.anko.recyclerview.v7.recyclerView

class ProductSearchUI(
    private val viewModel: ProductSearchViewModel
) : AnkoComponent<ProductSearchActivity> {

    override fun createView(ui: AnkoContext<ProductSearchActivity>) =
        ui.verticalLayout {
            recyclerView {
                layoutManager = LinearLayoutManager(ui.ctx)
                adapter = ProductListPagedAdapter(listViewModel)
                lparams(matchParent, matchParent)
                bindVisibility(ui.owner, viewModel.products) {
                    it.isNotEmpty()
                }
                bindPagedList(
                    ui.owner,
                    ProductListPagedAdapter(viewModel),
                    viewModel.products
                )
            }
            textView("검색된 상품이 없습니다.") {
                gravity = Gravity.CENTER
                bindVisibility(ui.owner, viewModel.products) {
                    it.isEmpty()
                }
            }.lparams(wrapContent, matchParent) {
                gravity = Gravity.CENTER
            }
        }
}
```

ProductSearchUI는 ProductListUI와 기본적으로 동일합니다.

```kotlin
package com.example.parayo.product.search

import android.os.Bundle
import android.view.MenuItem
import net.codephobia.ankomvvm.components.BaseActivity
import org.jetbrains.anko.setContentView

class ProductSearchActivity : BaseActivity<ProductSearchViewModel>() {

    override val viewModelType = ProductSearchViewModel::class

    override fun onCreate(savedInstanceState: Bundle?) {
        super.onCreate(savedInstanceState)

        val keyword = intent.getStringExtra(KEYWORD) // 1
        val viewModel = getViewModel().apply {
            this.keyword = keyword // 2
        }


        ProductSearchUI(viewModel).setContentView(this)

        supportActionBar?.setDisplayHomeAsUpEnabled(true)
        supportActionBar?.title = keyword // 3
    }

    override fun onOptionsItemSelected(item: MenuItem?): Boolean {
        when(item?.itemId) {
            android.R.id.home -> onBackPressed()
        }
        return true
    }

    companion object {
        const val KEYWORD = "keyword"
    }

}
```

1. Intent를 통해 검색창에 입력한 키워드를 받아옵니다. 키값은 keyword로 정했습니다.

2. Intent로부터 가져온 키워드를 ProductSearchViewModel에 전달합니다.

3. 스토리보드대로 앱바의 타이틀을 키워드로 변경해줍니다.

키워드로 서버에서 데이터를 검색하고 리스트를 출력해줄 준비가 끝났으니 이제 ProductSearchActivity를 열고 키워드를 넘겨주는 일만 남았습니다. 이를 위해 ProductMain ViewModel에 ProductSearchActivity를 시작하면서 Intent로 키워드를 전달해주는 함수를 만들고 ProductMainUI에 만든 검색창을 통해 이 함수를 호출하기만 하면 됩니다.

코드 – *com/example/parayo/product/ProductMainViewModel.kt의 openSearchActivity()*

```
fun openSearchActivity(keyword: String?) {
    keyword?.let {
        startActivity<ProductSearchActivity> {
            putExtra(ProductSearchActivity.KEYWORD, keyword)
        }
    } ?: toast("검색 키워드를 입력해주세요.")
}


class ProductMainUI(
    private val viewModel: ProductMainViewModel
) : AnkoComponent<ProductMainActivity>,
    NavigationView.OnNavigationItemSelectedListener {

    // ...프로퍼티 생략

    override fun createView(ui: AnkoContext<ProductMainActivity>) =
        ui.drawerLayout {
            drawerLayout = this

            frameLayout {
                verticalLayout {
                    toolBar = toolbar {
                        title = "Parayo"
                        bottomPadding = dip(1)
                        background = borderBottom(width = dip(1))
                        menu.add("Search")
```

```
                    .setIcon(R.drawable.ic_search)
              .setActionView(searchView {     // 1
                      onQueryTextListener {       // 2
                        onQueryTextSubmit { key ->
                            viewModel.openSearchActivity(key)
                            true
                        }
                      }
              })
              .setShowAsAction(SHOW_AS_ACTION_ALWAYS)
        }.lparams(matchParent, wrapContent)

        tablayout = themedTabLayout(
        // ...이하 코드 생략
```

1. 메뉴 버튼에 액션뷰를 설정합니다. 이 액션뷰는 메뉴 아이템의 setShowAsAction 플래
그가 설정되었을 때 메뉴아이템의 위치에 노출되게 됩니다. SearchView는 검색창용으로
디자인된 안드로이드 기본 위젯 중 하나입니다.

2. SearchView에서 검색 버튼을 눌렀을 때 이벤트 콜백을 구현하기 위해서는
onQueryTextListener의 onQueryTextSubmit 콜백을 사용합니다. 이 콜백에서
ProductMainViewModel의 openSearchActivity() 함수를 호출하며 SearchView의 키
워드 값을 넘겨줍니다.

이제 검색 UI가 모두 구현되었으니 다음과 같이 검색 결과를 확인할 수 있습니다.

그림 5-20. 상품 검색 화면

5.6 마치며

5.6.1 이미지 업로드와 확장성

이 책에서는 사용자가 업로드한 이미지를 서버의 로컬 스토리지에 저장하는 방법에 대해 설명하고 있습니다. 이러한 방법은 한 대의 서버만 운영할 때에는 문제가 없지만 결국에는 확장성에 제한이 생기게 됩니다. 사용자가 많아져 서버를 확장해야 하는 경우가 생겼다고 가정하자면 크게 스케일업(Scale Up)과 스케일아웃(Scale Out)의 두 가지 방법을 택할 수 있습니다. 스케일업은 서버를 더 고성능 서버로 교체하는 방법이고 스케일아웃은 서버를 여러 대로 늘려 부하를 분산시키는 방법입니다. 스케일업에는 한계가 있기 때문에 우리가 만드는 API 서버와 같은 경우는 일반적으로 스케일아웃을 택하게 됩니다. 이 경우에는 가장 앞단에 로드밸런서(Load Balancer - 부하분산기)를 배치하고 그 뒤에 여러 대의 애플리케이션 서버를 배치하는 것이 기본적인 구성이 됩니다. 다음 이미지를 참고하십시오.

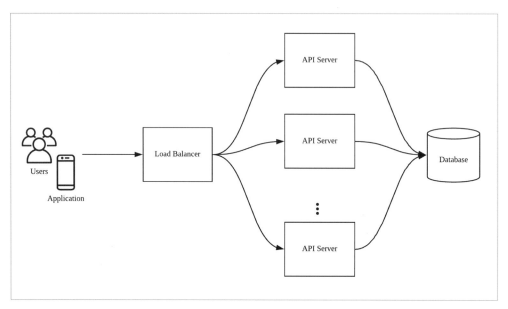

그림 5-21. 확장성을 가진 API 서버 구성

사용자들의 애플리케이션으로부터 인입되는 트래픽은 로드밸런서가 처리하게 됩니다. 그리고 라운드로빈(Round Robin - 우선순위를 두지 않고 한 번씩 돌아가면서 할당하는 기본적인 방법)이나 여러 우선순위를 결정할 수 있는 정책을 가지고 각각의 API 서버로 트래픽을 분산시키게 됩니다. 이런 방법은 스케일업에 비해서는 구축이 번거롭고 관리가 어려운 점이 있지만 보다 서버의 확장이 용이해지고 확장 비용이 저렴해지는 장점을 가지고 있습니다.

이제 스케일아웃으로 서버를 확장할 수 있도록 구성한 상황에서 서버의 로컬 스토리지에 이미지를 저장하고 있다면 어떨지를 상상해봅시다. API 서버의 가장 위부터 차례대로 1번, 2번, … N번 서버라고 했을 때, 1번 서버에 업로드된 이미지는 사용자의 트래픽이 나머지 서버로 분산되었을 경우 없는 이미지처럼 취급될 것입니다. 이를 해결하기 위해서는 앞의 그림에서 데이터베이스처럼 이미지를 위한 특정 저장소를 만들어야 합니다. 이것을 위해 클라우드 인프라를 이용하는 한 가지 방법은 AWS의 S3를 이용하는 것입니다. S3는 AWS에서 제공하는 클라우드 스토리지 서비스의 하나로 이미지를 업로드하고 세부적인 접근 권한을 관리할 수도 있습니다. 여기에 CDN(Content Delivery Network)을 이용하면 성능과 비용까지 한층 더 최적화가 가능해집니다. CDN은 사용자에게 컨텐츠를 더 빠르게 제공할 수 있는 네트워크 기술로 사용자와 가까운 곳에 위치한 캐시 서버에 데이터를 캐싱하고 응답을 줄 수 있도록 구축된 네트워크입니다. 이미지나 비디오 등의 컨텐츠들은 S3만으로는 경우에 따라 속도도 느리며 비용이 많이 발생할 수 있기 때문에 CloudFront와 같은 CDN 서비스를 덧붙이는 것이 일반적입니다.

5.6.2 트랜잭션(Transaction)

트랜잭션은 DBMS에서 제공되는 기능 중 가장 기본적이면서도 중요한 기능입니다. 트랜잭션이란 하나의 작업 단위를 구성하는 연산들의 집합이라고 이해할 수 있습니다. 잘 알려진 예제로는 은행 계좌에서의 송금이 있습니다. 한 계좌에서 다른 계좌로 100원을 이체하려면 먼저 한 계좌에서 100원을 인출한 후 다른 계좌에 100원을 입금하는 두 번의 연산이 필요합니다. 만일 어떤 오류로 인해 다른 계좌에 100원을 입금하는 연산이 실패했다면 100원을 인출한 계좌는 다시 100원을 인출하기 전 상태로 돌아가야 합니다. 다른 예를 들기 위해 우리가 만든 서비스에 리뷰를 입력하면 포인트를 제공하는 기능을 추가하기로 했다고 가정해봅시다. 이 연산은 리뷰 데이터를 저장하고 포인트를 추가하는 두 번의 연산이 필요합니다. 만일 리뷰 데이터를 저장했는데 포인트가 주어지지 않는다면 사용자는 분노하게 될 것입니다. 서비스가 커진다면 리뷰와 포인트의 트랜잭션을 분리하고 카프카(Kafka)나 래빗엠큐(RabbitMQ) 등의 메시지큐 시스템을 이용해 신뢰 가능한 비동기 처리 방식을 택할 수도 있지만 서비스 초반에는 이를 구축하는 것이 낭비일 수 있으므로 보통 두 작업은 트랜잭션으로 묶여 있어야 할 것입니다.

스프링에서는 트랜잭션을 선언적으로 묶어줄 수 있는 @Transactional 애노테이션을 제공합니다. 기본적으로 @Transactional이 붙은 함수에 대해서는 일부 연산에서 오류가 발생했을 때 현재까지 진행된 연산을 자동으로 롤백(Rollback)시켜주게 됩니다. 리뷰를 저장하고 포인트를 지급하는 코드는 다음과 유사할 것입니다.

```
@Transactional
fun saveReviewDepositPoints(review: Review) {
    saveReview(review)
    depositPoints(review.user)
}
```

트랜잭션에 관해서는 다소 복잡한 개념들이 존재하며 스프링에서는 이를 적용하기 위한 다양한 옵션들이 제공됩니다. 이에 관해서는 스프링 공식 홈페이지(spring.io)에 자세히 나와 있으니 꼭 숙지하기를 권장합니다.

5.6.3 검색 성능과 검색엔진

이 책에서는 단순히 상품명에 포함된 단어를 검색하는 MySQL의 LIKE 쿼리를 사용해 상품 검색을 구현했습니다. 하지만 사용자가 늘어나게 되면 쿼리의 성능도 문제가 될 것이고 자세한 검색을 원하는 사용자의 비즈니스 요구사항도 충족시키지 못하게 될 것입니다. MySQL의 FULLTEXT KEY를 이용한다면 일부 성능 개선은 이룰 수 있겠지만 이 역시 제한적입니다. 때문에 어느 정도 서비스 규모가 늘어나면 검색 서비스를 만드는 것이 아주 중요해지게 됩니다.

초반에는 그대로 MySQL만 가지고도 어느 정도 보완을 할 수 있습니다. 주기적으로 상품 정보에서 필요한 텍스트들을 수집하고 단어들을 추출한 뒤 이 단어들을 이용해 역색인(Inverted Index)을 생성하는 것입니다. 이를 이용해 역으로 단어를 검색해 상품정보를 찾아갈 수 있는 길이 마련되고 꽤 성능도 괜찮습니다. 역색인 작업을 할 때 나름대로의 공식을 이용해 점수까지 추가하면 그럴듯한 검색을 구현할 수도 있습니다. 하지만 이 역시 서비스 규모가 계속해서 커지게 되면 지속 가능한 방법은 아닐 수 있습니다. 때문에 별도의 검색 서비스를 구축하는 것이 중요해지게 됩니다.

우리가 만들고 있는 것과 같은 앱의 검색 서비스는 크게 다음과 같은 역할을 하는 부분들로 구성될 수 있습니다.

- ❏ 상품 정보를 수집
- ❏ 인덱싱(Indexing – 색인 및 역색인 작업)
- ❏ 검색 수행 후 결과 반환
- ❏ 반환된 결과를 사용하기 좋은 포맷으로 변환

비교적 쉽게 구축할 수 있는 오픈소스 검색엔진에는 솔라(Solr)나 엘라스틱서치(Elasticsearch) 등이 있습니다. 둘 모두 루씬(Lucene) 기반의 검색엔진으로, 특히 이 중 엘라스틱서치는 최근 엘라스틱 클라우드(Elastic Cloud), 아마존 ES(Amazon Elasticsearch Service) 등 손쉽게 구축할 수 있는 환경이 많이 마련되어 있어서 접근하기가 매우 유용합니다. 이들은 앞서 설명한 검색 서비스의 역할 중 인덱싱과 검색 및 결과 반환에 대한 역할을 충실히 수행할 수 있습니다. 때문에 우리가 검색엔진에 상품 정보를 제공하고 원하는 검색 조건을 통해 검색한 후 반환되는 결과를 API로 제공하면 썩 훌륭하게 검색 서비스를 구현할 수가 있습니다.

chapter 06

푸시 알림

푸시 알림은 마케팅이나 사용자에게 유용한 여러 정보를 제공하는 데에 아주 유용하게 쓰일 수 있는 기능입니다. 여기에서는 상품 문의에 대한 알림을 제공하기 위해 푸시 기능을 구현해보도록 하겠습니다. 안드로이드에서 푸시 기능을 구현하기 위해서는 일반적으로 구글의 *Firebase*에서 제공하는 *Firebase Cloud Messaging*(이하 *FCM*)을 이용합니다.

6.1 토큰 저장을 위한 API ////////////////////////////////

FCM을 이용한다면 디바이스에 유니크한 FCM 토큰이 생성됩니다. 한 유저에게 푸시 알림을 보내기 위해서는 보통 이 토큰을 사용자 정보와 함께 서버에 저장하고 사용하게 됩니다. FCM 토큰을 저장하기 위해 User 엔티티에 토큰 필드를 추가하고 가입 시 토큰을 함께 저장하고 로그인 시에는 토큰을 업데이트할 수 있도록 API를 수정하겠습니다.

먼저 User 엔티티에 토큰 필드를 추가해줍니다.

코드 – com/example/parayo/domain/user/User.kt

```kotlin
package com.example.parayo.domain.user

import com.example.parayo.domain.jpa.BaseEntity
import javax.persistence.Entity

@Entity(name = "user")
class User(
    var email: String,
    var password: String,
    var name: String,
    var fcmToken: String?
) : BaseEntity()
```

이어서 SignupRequest에도 토큰 필드를 추가합니다.

코드 – com/example/parayo/domain/auth/SignupRequest.kt

```kotlin
package com.example.parayo.domain.auth

data class SignupRequest(
    val email: String,
    val name: String,
    val password: String,
    val fcmToken: String?
)
```

그리고 회원 가입 로직을 수정해줍니다.

코드 – com/example/parayo/domain/auth/SignupService.kt 의 registerUser()

```kotlin
private fun registerUser(signupRequest: SignupRequest) =
    with(signupRequest) {
        val hashedPassword = BCrypt.hashpw(password, BCrypt.gensalt())
        val user = User(email, hashedPassword, name, fcmToken)
        userRepository.save(user)
    }
```

SigninRequest에도 토큰 필드를 추가해줍니다.

코드 – com/example/parayo/domain/auth/SigninRequest.kt

```kotlin
package com.example.parayo.domain.auth

data class SigninRequest(
    val email: String,
    val password: String,
    val fcmToken: String?
)
```

이어서 SigninService에도 토큰 값을 업데이트해주는 로직을 추가합니다.

코드 – com/example/parayo/domain/auth/SigninService.kt의 signin()

```kotlin
fun signin(signinRequest: SigninRequest): SigninResponse {
    val user = userRepository.findByEmail(signinRequest.email)
        ?: throw ParayoException("로그인 정보를 확인해주세요.")

    if (isNotValidPassword(signinRequest.password, user.password)) {
        throw ParayoException("로그인 정보를 확인해주세요.")
    }

    user.fcmToken = signinRequest.fcmToken
    userRepository.save(user)

    return responseWithTokens(user)
}
```

마지막으로 토큰이 변경되었을 때 로그인 사용자의 토큰을 업데이트할 API를 추가합니다.

```kotlin
package com.example.parayo.domain.user

import org.springframework.beans.factory.annotation.Autowired
import org.springframework.data.repository.findByIdOrNull
import org.springframework.stereotype.Service

@Service
class UserService @Autowired constructor(
    private val userRepository: UserRepository
) {

    fun updateFcmToken(userId: Long, fcmToken: String) =
        userRepository.findByIdOrNull(userId)?.run {
            this.fcmToken = fcmToken
            userRepository.save(this)
        } ?: throw IllegalStateException("사용자 정보 없음")

}
```

```kotlin
@PutMapping("/users/fcm-token")
fun updateFcmToken(@RequestBody fcmToken: String) =
    userContextHolder.id?.let { userId ->
        ApiResponse.ok(userService.updateFcmToken(userId, fcmToken))
    } ?: ApiResponse.error("토큰 갱신 실패")
```

간단하게 UserRepository로부터 사용자를 검색해 fcmToken을 업데이트해주었습니다.

6.2 푸시 알림 앱

푸시 알림을 구현하기 위해서는 먼저 구글 계정이 필요하고 이 계정을 Firebase에 연결하는 과정이 필요합니다. 여기에서는 구글 계정이 만들어져있다고 가정하고 Firebase 연동을 진행하도록 하겠습니다. 구글 계정이 없는 경우에는 계정 생성 후 진행하면 됩니다.

먼저 Tools 〉 Firebase 메뉴를 클릭합니다.

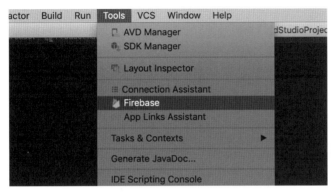

그림 6-1. Tools 〉 Firebase 메뉴 클릭

그리고 우측에 나타나는 Assistant 패널에서 Cloud Messaging 〉 Set up Firebase Cloud Messaging을 클릭합니다.

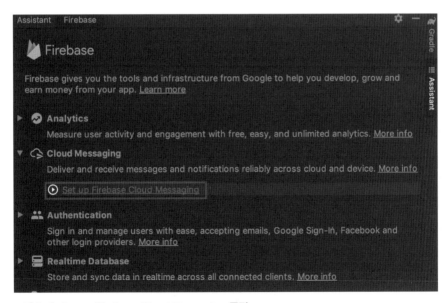

그림 6-2. Set up Firebase Cloud Messaging 클릭

이후 나타나는 단계를 따라 Connect to Firebase 버튼을 클릭합니다.

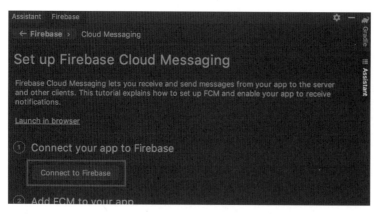

그림 6-3. Connect to Firebase 클릭

구글에 로그인을 하고 안드로이드 스튜디오의 접근을 허용하고 나면 앱 이름과 같은 이름의 Firebase 프로젝트가 생성되고 다음과 같은 창이 나타납니다. 우측 하단의 Connect to Firebase 버튼을 눌러 연결을 마칩니다.

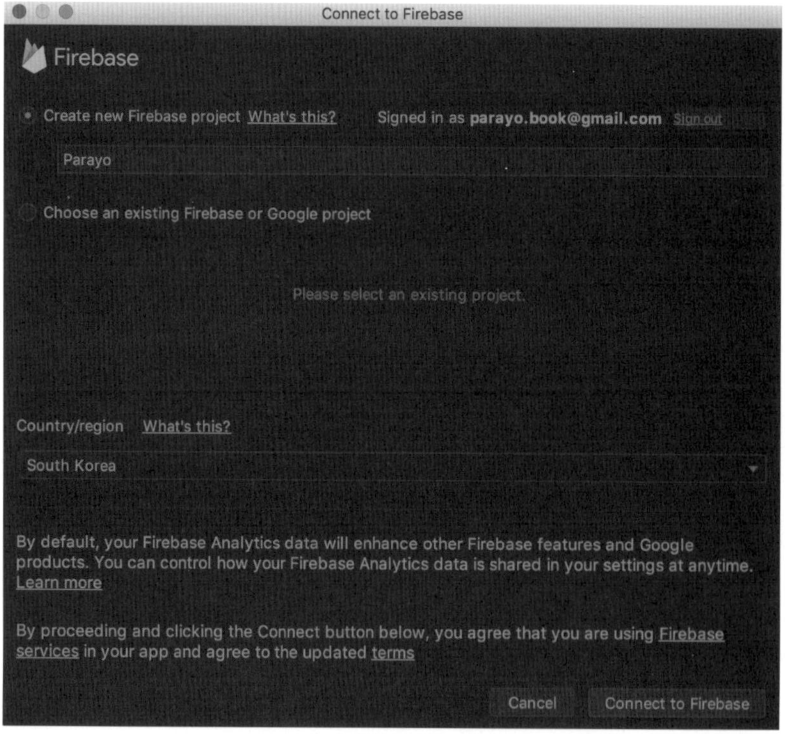

그림 6-4. 우측 하단의 Connect to Firebase 버튼을 클릭해 파이어베이스 설정 완료

그러면 하단에 연결 과정이 표시되면서 프로그레스바가 채워집니다. 성공적으로 연결이 되면 우측 하단에 다음과 같은 메시지가 표시됩니다.

그림 6-5. 파이어베이스가 성공적으로 연결되었다는 알림

이제 Assistant 패널의 Add FCM to your app 버튼을 클릭해 다음 단계를 진행합니다.

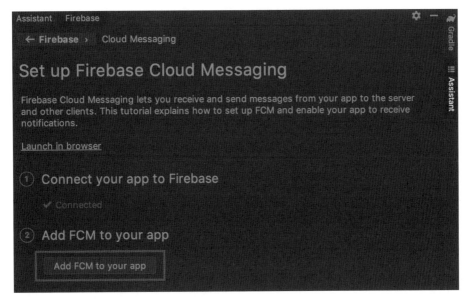

그림 6-6. Add FCM to your app 버튼 클릭

이후 나타나는 Add FCM to your app 창에서 우측 하단의 Accept Changes 버튼을 클릭합니다. 그러면 자동으로 라이브러리와 플러그인이 추가되고 동기화됩니다.

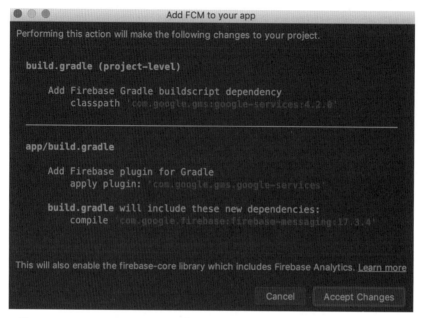

그림 6-7. Accept Changes 버튼을 클릭하면 자동으로 설정이 완료된다

이어서 SharedPreferences와 API 호출부를 수정해줍니다.

코드 – com/example/parayo/common/Prefs.kt

```kotlin
object Prefs {

    // 코드 생략...
    private const val FCM_TOKEN = "fcm_token"

    // 코드 생략...

    var fcmToken
        get() = prefs.getString(FCM_TOKEN, null)
        set(value) = prefs.edit()
            .putString(FCM_TOKEN, value)
            .apply()

}
```

FCM 토큰이 생성되면 이 토큰을 저장하고 있다가 API에서 토큰 값을 사용하기 위해

fcmToken이라는 프로퍼티를 추가했습니다.

이어서 회원 가입과 로그인 API 요청 객체에도 토큰 필드를 추가합니다.

코드 – com/example/parayo/api/request/SignupRequest.kt

```kotlin
package com.example.parayo.api.request

import android.util.Patterns
import com.example.parayo.common.Prefs

class SignupRequest(
    val email: String?,
    val password: String?,
    val name: String?,
    val fcmToken: String? = Prefs.fcmToken
)
    // 코드 생략...
}
```

코드 – com/example/parayo/api/request/SigninRequest.kt

```kotlin
package com.example.parayo.api.request

import android.util.Patterns
import com.example.parayo.common.Prefs

class SigninRequest(
    val email: String?,
    val password: String?,
    val fcmToken: String? = Prefs.fcmToken
) {
    // 코드 생략...
}
```

코드 – com/example/parayo/api/ParayoApi.kt의 updateFcmToken()

```kotlin
@PUT("/api/v1/users/fcm-token")
suspend fun updateFcmToken(fcmToken: String) // 1
    : ApiResponse<Response<Void>>
```

1. 토큰 값은 널 가능성이 있는 값이지만 API의 파라미터는 널값을 가질 수 없도록 정의해 앞단에서 토큰의 널체크를 강제하고 널이 아닐 경우에만 API를 호출하도록 했습니다.

이제 토큰의 생성 및 변화를 감지하기 위해 FirebaseMessagingService를 상속받는 ParayoMessagingService를 생성하고 onNewToken() 함수를 오버라이드합니다.

코드 – com/example/parayo/fcm/ParayoMessagingService.kt

```kotlin
package com.example.parayo.fcm


import com.example.parayo.api.ParayoApi
import com.example.parayo.common.Prefs
import com.google.firebase.messaging.FirebaseMessagingService
import kotlinx.coroutines.runBlocking
import org.jetbrains.anko.*


class ParayoMessagingService : FirebaseMessagingService(), AnkoLogger {


    // 1
    override fun onNewToken(fcmToken: String?) {
        Prefs.fcmToken = fcmToken // 2
        if(!Prefs.token.isNullOrEmpty() && fcmToken != null) { // 3
            runBlocking {
                try {
                    val response = ParayoApi.instance.updateFcmToken(fcmToken)
                    if (!response.success) {
                        warn(response.message ?: "토큰 업데이트 실패")
                    }
                } catch (e: Exception) {
                    error(e.message ?: "토큰 업데이트 실패", e)
                }
            }
        }
    }


}
```

1. FirebaseMessagingService의 onNewToken() 함수는 토큰 값이 업데이트될 때 호출되는 콜백입니다. 이를 통해 토큰 값의 생성 및 변화를 감지할 수 있고, 토큰은 다음과 같은

상황에 변할 수 있습니다.

- ❏ 앱에서 인스턴스 ID 삭제
- ❏ 새 기기에서 앱 복원
- ❏ 사용자가 앱 삭제/재설치
- ❏ 사용자가 앱 데이터 소거

2. 먼저 Prefs에 fcmToken 값을 업데이트해줍니다.

3. 이미 로그인이 되어 있는 경우 서버에 토큰 업데이트를 요청합니다.

이어서 ParayoMessagingService를 AndroidManifest에 등록합니다. service 엘리먼트는 application 엘리먼트의 하위에 위치해야 합니다.

코드 – AndroidManifest.xml의 ParayoMessagingService를 위한 service 엘리먼트

```
<service android:name=".fcm.ParayoMessagingService">
    <intent-filter>
        <action android:name="com.google.firebase.MESSAGING_EVENT" />
    </intent-filter>
</service>
```

이제 앱 실행 후 로그아웃하고 다시 로그인하거나 토큰의 변경이 일어났다면 서버측 데이터베이스의 사용자 정보에 토큰 값이 업데이트되게 됩니다.

6.3 서버측 푸시 알림 서비스 \\

이어서 IntelliJ로 돌아와 서버측에서 푸시 알림을 보낼 수 있도록 로직을 추가해줍니다. 먼저 build.gradle의 dependencies { } 블록에 다음과 같이 firebase-admin-sdk에 대한 의존성을 추가해줍니다.

```
implementation 'com.google.firebase:firebase-admin:6.8.1'
```

Gradle refresh 후 라이브러리가 다운로드되는 동안 서버가 Firebase에 액세스할 수 있도록 승인해주는 비공개 키 파일을 생성해줍니다. 웹브라우저에서 Firebase 콘솔(console.firebase.google.com)에 접속해 안드로이드스튜디오에서 생성한 프로젝트를 선택하고 설정 아이콘 〉 프로젝트 설정 〉 서비스 계정 순으로 들어가 "새 비공개 키 생성" 버튼을 눌러 비공개 키를 생성하고 다운로드 받습니다.

그림 6-8. Filrebase 콘솔에서 새 비공개 키 생성

이렇게 다운로드 받은 키 파일을 현재 작업 중인 API 서버 프로젝트의 resources 디렉토리 안으로 옮겨줍니다.

라이브러리와 비공개 키가 준비되었으면 푸시 알림을 보내는 로직을 작성해줍니다.

코드 – com/example/parayo/domain/fcm/NotificationService.kt

```kotlin
package com.example.parayo.domain.fcm

import com.example.parayo.domain.user.User
import com.google.auth.oauth2.GoogleCredentials
import com.google.firebase.FirebaseApp
import com.google.firebase.FirebaseOptions
import com.google.firebase.messaging.FirebaseMessaging
import com.google.firebase.messaging.Message
import com.google.firebase.messaging.Notification
import org.springframework.core.io.ClassPathResource
import org.springframework.stereotype.Service

@Service
class NotificationService {

    // 1
    private val firebaseApp by lazy {
        val inputStream = ClassPathResource(
            "parayo-fcdad-firebase-adminsdk-7esu4-accd6f8d17.json" // 2
        ).inputStream

        val options = FirebaseOptions.builder()
            .setCredentials(GoogleCredentials.fromStream(inputStream))
            .build()

        FirebaseApp.initializeApp(options) // 3
    }

    fun sendToUser(user: User, title: String, content: String) =
        user.fcmToken?.let { token ->
            // 4
            val message = Message.builder()
                .setToken(token)
                .putData("title", title)
                .putData("content", content)
                .build()

            FirebaseMessaging.getInstance(firebaseApp).send(message) // 5
```

```
        }
    }
```

1. API 서버에서 푸시 알림을 보내기 위해서는 앞서 준비한 비공개 키를 이용해 Firebase SDK를 초기화해줄 필요가 있기 때문에 애플리케이션 객체를 프로퍼티로 선언했습니다. 이 애플리케이션 객체는 추후 Firebase의 다른 기능을 사용할 때 이용하게 될 수도 있으므로 Configuration을 이용해 독립적인 빈으로 선언하는 것이 좋지만 여기에서는 푸시알림에 대해서만 설명하므로 NotificationService의 프로퍼티로 선언했습니다.

2. 앞서 다운로드 받아 resources 디렉토리에 옮겨 넣은 비공개 키 파일입니다.

3. 옵션에 비공개 키를 사용해 Firebase SDK를 초기화해줍니다.

4. 푸시알림을 보낼 때 필요한 메시지 객체를 만들어줍니다. 이 객체에 사용자의 디바이스 등록 토큰을 전달하면 해당하는 사용자 1명에게만 알림을 보낼 수 있습니다. 메시지 객체의 페이로드에는 data와 notification이 있지만 우리는 앱에서 알림을 직접 제어할 것이므로 data 페이로드를 사용했습니다. 각각의 용도 및 매개변수들에 대해서는 Firebase 공식 문서에 자세히 설명되어 있습니다.

5. FirebaseApp을 통해 FirebaseMessaging 인스턴스를 가져와 메시지를 전송합니다.

이제 푸시 알림이 필요한 곳에서 NotificationService의 sendToUser()를 호출하면 해당하는 디바이스로 푸시 알림을 보낼 수 있게 되었습니다.

6.4 앱에서 푸시 알림 수신

이제는 앱에서 푸시 알림을 수신할 준비가 되었습니다. 푸시 알림을 수신하기 위해서는 먼저 ParayoMessagingService에서 onMessageReceived() 함수를 오버라이드해주어야 합니다. 그리고 알림을 표시해주기 위해서는 알림에 대한 유니크한 정수형 ID가 필요합니다. 이 아이디는 앱이 종료되었다가 재시작되어도 순서를 유지할 필요가 있기 때문에 어딘가에 저장되어야 합니다. 이를 위해 NotificationId 클래스를 만들고 Prefs에 키값을 저장합니다.

먼저 Prefs에 notificationId 프로퍼티를 추가합니다.

코드 – com/example/parayo/common/Prefs.kt

```kotlin
object Prefs {

    // 코드 생략...
    private const val NOTIFICATION_ID = "notification_id"

    // 코드 생략...

    var notificationId
        get() = prefs.getInt(NOTIFICATION_ID, 0)
        set(value) = prefs.edit()
            .putInt(NOTIFICATION_ID, value)
            .apply(

}
```

그리고 notificationId를 순차적으로 증가시켜 반환하는 NotificationId 클래스를 작성합니다.

코드 – com/example/parayo/fcm/NotificationId.kt

```kotlin
package com.example.parayo.fcm

import com.example.parayo.common.Prefs
import java.util.concurrent.Semaphore

class NotificationId {
    companion object {
        private val lock = Semaphore(1) // 1
        private var id = Prefs.notificationId // 2

        fun generate(): Int {
            lock.acquire() // 3
            val next = id + 1 // 4
            id = next
            Prefs.notificationId = next // 5
            lock.release() // 6
            return next // 7
        }
    }
}
```

1. id의 중복을 방지하기 위해 id 값을 변경하는 부분을 하나짜리 세마포어로 감쌉니다.

2. 앱이 초기화되면 Prefs로부터 저장되어있던 id를 미리 가져옵니다.

3. id 값을 변경하는 로직 진입 시 다른 스레드가 접근하지 못하도록 합니다.

4. 다음 값을 반환할 때 id 값이 변경될 수 있으므로 임시 변수인 next를 사용합니다.

5. Prefs에 다음 값을 저장해둡니다.

6. id 값 변경에 필요한 로직이 끝났으므로 세마포어 락을 풀어줍니다.

7. id는 변경 위험이 있으므로 next를 반환합니다.

다음으로는 푸시 알림을 처리하기 위해 ParayoMessagingService에서 onMessageReceived를 오버라이드합니다.

코드 – com/example/parayo/fcm/ParayoMessagingService.kt

```kotlin
package com.example.parayo.fcm

import android.app.Notification
import android.app.NotificationChannel
import android.app.NotificationManager
import android.os.Build
import androidx.core.app.NotificationCompat
import androidx.core.app.NotificationManagerCompat
import com.example.parayo.R
import com.example.parayo.api.ParayoApi
import com.example.parayo.common.Prefs
import com.google.firebase.messaging.FirebaseMessagingService
import com.google.firebase.messaging.RemoteMessage
import kotlinx.coroutines.runBlocking
import org.jetbrains.anko.AnkoLogger
import org.jetbrains.anko.debug
import org.jetbrains.anko.notificationManager
import org.jetbrains.anko.warn

class ParayoMessagingService : FirebaseMessagingService(), AnkoLogger {

    override fun onNewToken(fcmToken: String?) {
        Prefs.fcmToken = fcmToken
```

```kotlin
            if (!Prefs.token.isNullOrEmpty() && fcmToken != null) {
                runBlocking {
                    try {
                        val response =
                            ParayoApi.instance.updateFcmToken(fcmToken)
                        if (!response.success) {
                            warn(response.message ?: "토큰 업데이트 실패")
                        }
                    } catch (e: Exception) {
                        error(e.message ?: "토큰 업데이트 실패", e)
                    }
                }
            }
        }


    // 1
    override fun onMessageReceived(message: RemoteMessage?) {
        message?.data?.let { data -> // 2
            debug(data)
            createNotificationChannelIfNeeded() // 3


            // 4
            val builder = NotificationCompat
                .Builder(this, "channel.parayo.default")
                .setContentTitle(data["title"])
                .setContentText(data["content"])
                .setSmallIcon(R.drawable.ic_logo)
                .setDefaults(Notification.DEFAULT_ALL)
                .setPriority(NotificationCompat.PRIORITY_DEFAULT)


            with(NotificationManagerCompat.from(this)) {
                notify(NotificationId.generate(), builder.build())
            }
        }
    }


    private fun createNotificationChannelIfNeeded() {
        if (Build.VERSION.SDK_INT >= Build.VERSION_CODES.O) { // 5
            val channel = NotificationChannel(
                "channel.parayo.default",
                "기본 알림",
```

```kotlin
            NotificationManager.IMPORTANCE_DEFAULT
        )
        channel.description = "기본 알림"
        notificationManager.createNotificationChannel(channel)
    }
  }

}
```

1. onMessageReceived() 함수는 서버로부터 푸시 메시지를 받았을 때 호출되는 콜백입니다.

2. API 서버에서 data 필드를 채워 보냈으므로 앱에서도 data 필드를 사용해야 합니다. notification 필드를 이용하는 경우 FCM이 알아서 알림을 표시해주지만 알림을 어떻게 처리할지에 대한 핸들링은 할 수 없기 때문에 data 필드를 이용합니다.

3. 안드로이드 버전 O부터는 알림에 대한 채널을 설정하도록 강제되고 있기 때문에 별도로 채널을 생성하는 처리를 해주어야 합니다. 그렇지 않으면 버전 O 이상의 단말에서는 알림이 표시되지 않게 됩니다. 생성된 채널은 디바이스의 설정 페이지에서 채널별로 알림 설정이 가능해집니다.

4. 알림 메시지를 빌드합니다. contentTitle은 알림 영역에 표시되는 알림 메시지의 굵은 제목 필드이며 contentText는 제목 아래로 표시되는 텍스트 컨텐츠입니다. setDefaults() 함수는 알림이 소리를 내야 하는지, 진동을 울려야 하는지 등에 대한 디폴트 설정을 지정합니다. DEFAULT_ALL 로 설정하면 소리, 진동, LED 모든 것을 이용해 알림을 표시합니다. setPriority() 함수는 알림의 중요도를 시스템에게 알립니다. 이 설정에 따라 때때로 알림이 표시되지 않을 수도 있습니다.

5. 채널을 생성하는 코드입니다. 안드로이드의 버전 코드가 O 이상인 경우에만 해당 코드를 호출하도록 처리해줍니다. 중복해서 생성하는 경우에는 내부적으로 아무런 일도 하지 않도록 되어 있기 때문에 공식 문서에서는 앱 시작 시 채널을 생성해도 안전하다고 가이드하고 있습니다.

이제 앱에서 로그아웃하고 다시 로그인한 후 서버에서 알림을 보내면 다음과 같은 알림을 확인할 수 있습니다.

그림 6-9. 알림 테스트

6.5 마치며 〰〰〰〰〰〰〰〰〰〰〰〰〰〰〰〰〰〰〰〰〰〰〰〰〰〰〰〰〰〰

여기에서는 푸시 알림을 단순히 텍스트 메시지를 표시해주는 용도로만 사용했습니다. 하지만 근래의 푸시 알림은 메시지를 표시해주는 것 외에도 이미지를 포함하거나 클릭 시 수행해야 할 로직을 만드는 등의 여러 가지 일들을 포함할 수가 있습니다. 이들 구현에 대한 것은 여기에서 다루지 않았으나 지금까지 구현한 것들을 잘 숙지하고 있다면 온라인상의 개발 문서들을 검색하고 참고해 구현하는 것이 어렵지는 않을 것입니다.

chapter 07

상품 문의

상품 문의는 판매자와 구매자간의 커뮤니케이션을 가능하게 해주는 기본적이고 유용한 도구입니다. 이번 챕터에서는 지금까지 설명한 지식들을 기반으로 질문 답변 형식의 상품 문의 페이지를 구현해보도록 하겠습니다. 상품 문의를 위해 구현해야 하는 페이지는 단일 상품에 대한 문의 리스트 페이지, 내가 남긴 상품 문의 리스트 페이지, 나의 상품에 대한 문의를 모아놓은 리스트 페이지 그리고 상품 문의 등록 폼 등 작업해야 할 코드량은 다소 많지만 이미 앞에서 이를 구현하기 위한 많은 것들을 설명했으므로 설명할 부분은 적을 것입니다.

7.1 상품 문의 등록 API //////////////////////////////////////

가장 먼저 상품 문의 등록 API를 개발하도록 하겠습니다. 앞서 만들었던 다른 등록 API들과
마찬가지로 상품 문의 데이터의 스키마를 정의하는 것으로 시작합니다.

코드 – com/example/parayo/domain/inquiry/Inquiry.kt

```kotlin
package com.example.parayo.domain.inquiry

import com.example.parayo.domain.jpa.BaseEntity
import com.example.parayo.domain.product.Product
import com.example.parayo.domain.user.User
import javax.persistence.Entity
import javax.persistence.JoinColumn
import javax.persistence.ManyToOne

@Entity
data class Inquiry(
    val productId: Long,
    val requestUserId: Long,
    val productOwnerId: Long,
    val question: String,
    var answer: String? = null
) : BaseEntity() {

    @ManyToOne
    @JoinColumn(
        name = "requestUserId",
        insertable = false,
        updatable = false
    )
    var requestUser: User? = null

    @ManyToOne
    @JoinColumn(
        name = "productOwnerId",
        insertable = false,
        updatable = false
    )
    var productOwner: User? = null
```

```
    @ManyToOne
    @JoinColumn(
        name = "productId",
        insertable = false,
        updatable = false
    )
    var product: Product? = null

}
```

여기에서 정의한 상품 문의 데이터는 상품의 ID, 문의자의 ID, 상품 등록자의 ID와 질문 그리고 답변 컬럼을 가지고 있습니다. 각 ID는 내 상품 문의나 내가 등록한 상품들에 대한 문의 그리고 단일 상품에 대한 문의의 쿼리를 조인 없이 쉽게 하고자 가지고 있는 데이터입니다. 각각의 ID를 이용해 여러 엔티티를 조인함으로써 상품 문의 페이지에 상품명, 질문자명 등의 데이터를 표현해주기 위한 기반을 마련했습니다. 쿼리 수를 줄이기 위해 조인 없이 상품명 등의 데이터를 직접 가지고 있는 방법도 있지만 이 경우 상품명은 문의가 등록될 당시의 스냅샷이 되어야 하거나 상품명이 변경되면 상품에 해당하는 모든 문의의 상품명을 변경해주어야 합니다. 각각의 장단점이 있으므로 비즈니스적인 요구에 맞게 선택하면 됩니다. 여기에서 다루는 상품 문의는 질문과 답변 한 쌍이 하나의 엔티티로 표현되는 형태로 정의했습니다.

다음으로는 InquiryService에 상품 문의를 등록하는 로직과 이를 위해 필요한 부가 코드들을 작성해줍니다.

코드 – com/example/parayo/domain/user/UserService.kt의 find()

```
fun find(userId: Long) = userRepository.findByIdOrNull(userId)
```

코드 – com/example/parayo/domain/inquiry/InquiryType.kt

```
package com.example.parayo.domain.inquiry

enum class InquiryType {
    QUESTION,
    ANSWER
}
```

코드 – com/example/parayo/domain/inquiry/InquiryRequest.kt

```kotlin
package com.example.parayo.domain.inquiry

data class InquiryRequest(
    val type: InquiryType,
    val inquiryId: Long?,
    val productId: Long,
    val content: String
)
```

코드 – com/example/parayo/domain/inquiry/InquiryService.kt

```kotlin
package com.example.parayo.domain.inquiry

import com.example.parayo.common.ParayoException
import com.example.parayo.domain.fcm.NotificationService
import com.example.parayo.domain.product.Product
import com.example.parayo.domain.product.ProductService
import com.example.parayo.domain.user.UserService
import org.springframework.beans.factory.annotation.Autowired
import org.springframework.data.repository.findByIdOrNull
import org.springframework.stereotype.Service

@Service
class InquiryService @Autowired constructor(
    private val inquiryRepository: InquiryRepository,
    private val productService: ProductService,
    private val userService: UserService,
    private val notificationService: NotificationService
) {

    // 1
    fun register(request: InquiryRequest, userId: Long) {
        val product = productService.get(request.productId)
            ?: throw ParayoException("상품 정보를 찾을 수 없습니다.")

        val inquiry = saveInquiry(request, userId, product)
        sendNotification(request, inquiry)
    }
```

```
// 2
private fun saveInquiry(
    request: InquiryRequest,
    userId: Long,
    product: Product
) = if (request.type == InquiryType.QUESTION) {
    if (userId == product.userId) {
        throw ParayoException("자신의 상품에는 질문할 수 없습니다.")
    }
    val inquiry = Inquiry(
        request.productId,
        userId,
        product.userId,
        request.content
    )
    inquiryRepository.save(inquiry)
} else {
    request.inquiryId
        ?.let(inquiryRepository::findByIdOrNull)
        ?.apply {
            // 3
            require(productId == request.productId) { "답변 데이터 오류." }
            if (productOwnerId != userId) {
                throw ParayoException("자신의 상품에만 답변할 수 있습니다.")
            }
            answer = request.content
            inquiryRepository.save(this)
        } ?: throw ParayoException("질문 데이터를 찾을 수 없습니다.")
}

// 4
private fun sendNotification(
    request: InquiryRequest,
    inquiry: Inquiry
) {
    val targetUser = if (request.type == InquiryType.QUESTION) {
        userService.find(inquiry.productOwnerId)
    } else {
        userService.find(inquiry.requestUserId)
    }
```

```
        targetUser?.run {
            notificationService.sendToUser(this, "상품문의", request.content)
        }
    }

}
```

1. register() 함수는 상품 문의 등록의 진입 지점입니다. 문의 내용을 저장하고 사용자에게 푸시 알림을 보내는 순서로 구성되어 있습니다.

2. saveInquiry() 함수는 상품 문의를 저장하는 함수입니다. InquiryRequest의 InquiryType이 QUESTION이면 문의를 생성 및 저장하고 ANSWER이면 기존 문의를 조회해 answer 필드에 답변을 추가해 업데이트합니다.

3. require() 함수는 인자의 값이 false일 때 IllegalArgumentException을 던져주는 함수입니다. 비슷한 것으로는 IllegalStateException을 던지는 check() 함수와 AssertionError를 던지는 assert() 함수가 있습니다.

4. sendNotification() 함수는 알림을 받아야 할 대상에게 알림을 발송하는 함수입니다. 문의인 경우에는 상품 등록자에게 알림을 발송하고 답변인 경우에는 문의자에게 알림을 발송합니다.

이어서 InquiryRepository에 상품 문의 검색에 사용될 쿼리를 정의합니다. 필요한 쿼리는 단일 상품에 대한 문의 리스트 조회, 사용자가 올린 문의 리스트 조회 그리고 사용자가 등록한 상품들에 대한 문의 세 가지입니다. 상품 리스트와 유사하게 앞/뒤 페이지 형태로 조회할 수 있도록 총 여섯 가지의 쿼리를 정의합니다.

코드 – com/example/parayo/domain/inquiry/InquiryRepository.kt

```
package com.example.parayo.domain.inquiry

import org.springframework.data.domain.Pageable
import org.springframework.data.jpa.repository.JpaRepository

interface InquiryRepository : JpaRepository<Inquiry, Long> {

    fun findByProductIdAndIdLessThanOrderByIdDesc(
```

```
        productId: Long?,
        inquiryId: Long,
        pageagle: Pageable
    ) : List<Inquiry>

    fun findByProductIdAndIdGreaterThanOrderByIdDesc(
        productId: Long?,
        inquiryId: Long,
        pageable: Pageable
    ) : List<Inquiry>

    fun findByRequestUserIdAndIdLessThanOrderByIdDesc(
        requestUserId: Long?,
        inquiryId: Long,
        pageagle: Pageable
    ) : List<Inquiry>

    fun findByRequestUserIdAndIdGreaterThanOrderByIdDesc(
        requestUserId: Long?,
        inquiryId: Long,
        pageable: Pageable
    ) : List<Inquiry>

    fun findByProductOwnerIdAndIdLessThanOrderByIdDesc(
        productOwnerId: Long?,
        inquiryId: Long,
        pageagle: Pageable
    ) : List<Inquiry>

    fun findByProductOwnerIdAndIdGreaterThanOrderByIdDesc(
        productOwnerId: Long?,
        inquiryId: Long,
        pageable: Pageable
    ) : List<Inquiry>

}
```

이제 이 쿼리들을 이용해 상품 문의 검색 로직을 작성합니다. 상품 검색과 유사하게 검색 조건 객체를 만들고 when 절로 조건에 맞는 쿼리를 수행하도록 구현합니다.

```kotlin
package com.example.parayo.domain.inquiry

import org.springframework.beans.factory.annotation.Autowired
import org.springframework.data.domain.PageRequest
import org.springframework.stereotype.Service

@Service
class InquirySearchService @Autowired constructor(
    private val inquiryRepository: InquiryRepository
) {

    fun getProductInquiries(
        inquiryId: Long,
        productId: Long?,
        requestUserId: Long?,
        productOwnerId: Long?,
        direction: String
    ): List<Inquiry> {
        val condition = InquirySearchCondition(
            direction,
            productId != null,
            requestUserId != null,
            productOwnerId != null
        )
        return when (condition) {
            NEXT_FOR_PRODUCT -> inquiryRepository
                .findByProductIdAndIdLessThanOrderByIdDesc(
                    productId,
                    inquiryId,
                    PageRequest.of(0, 10)
                )
            PREV_FOR_PRODUCT -> inquiryRepository
                .findByProductIdAndIdGreaterThanOrderByIdDesc(
                    productId,
                    inquiryId,
                    PageRequest.of(0, 10)
                )
            NEXT_FOR_USER -> inquiryRepository
                .findByRequestUserIdAndIdLessThanOrderByIdDesc(
                    requestUserId,
```

```
                    inquiryId,
                    PageRequest.of(0, 10)
                )
            PREV_FOR_USER -> inquiryRepository
                .findByRequestUserIdAndIdGreaterThanOrderByIdDesc(
                    requestUserId,
                    inquiryId,
                    PageRequest.of(0, 10)
                )
            NEXT_FOR_USER_PRODUCT -> inquiryRepository
                .findByProductOwnerIdAndIdLessThanOrderByIdDesc(
                    productOwnerId,
                    inquiryId,
                    PageRequest.of(0, 10)
                )
            PREV_FOR_USER_PRODUCT -> inquiryRepository
                .findByProductOwnerIdAndIdGreaterThanOrderByIdDesc(
                    productOwnerId,
                    inquiryId,
                    PageRequest.of(0, 10)
                )
            else -> throw IllegalArgumentException("문의 검색 조건 오류.")
        }
    }

data class InquirySearchCondition(
    val direction: String,
    val hasProductId: Boolean = false,
    val hasRequestUserId: Boolean = false,
    val hasProductOwnerId: Boolean = false
)

companion object {
    val NEXT_FOR_PRODUCT = InquirySearchCondition("next", true)
    val PREV_FOR_PRODUCT = InquirySearchCondition("prev", true)
    val NEXT_FOR_USER =
        InquirySearchCondition("next", hasRequestUserId = true)
    val PREV_FOR_USER =
        InquirySearchCondition("prev", hasRequestUserId = true)
    val NEXT_FOR_USER_PRODUCT =
        InquirySearchCondition("next", hasProductOwnerId = true)
```

```kotlin
        val PREV_FOR_USER_PRODUCT =
            InquirySearchCondition("prev", hasProductOwnerId = true)
    }

}
```

문의 등록과 검색 로직이 준비되었으므로 InquiryApiController를 만들어 두 API를 추가합니다.

코드 – com/example/parayo/domain/inquiry/InquiryResponse.kt

```kotlin
package com.example.parayo.domain.inquiry

data class InquiryResponse(
    val id: Long,
    val question: String,
    val answer: String?,
    val requestUserName: String,
    val requestUserId: Long,
    val productOwnerName: String,
    val productOwnerId: Long,
    val productName: String,
    val productId: Long
)

fun Inquiry.toInquiryResponse() = id?.let {
    InquiryResponse(
        it,
        question,
        answer,
        requestUser?.name ?: "이름없음",
        requestUser?.id ?: -1,
        productOwner?.name ?: "이름없음",
        productOwner?.id ?: -1,
        product?.name ?: "상품명없음",
        productId
    )
}
```

코드 – com/example/parayo/controller/InquiryApiController.kt

```kotlin
package com.example.parayo.controller

import com.example.parayo.common.ApiResponse
import com.example.parayo.common.ParayoException
import com.example.parayo.domain.auth.UserContextHolder
import com.example.parayo.domain.inquiry.*
import org.springframework.beans.factory.annotation.Autowired
import org.springframework.web.bind.annotation.*

@RestController
@RequestMapping("/api/v1")
class InquiryApiController @Autowired constructor(
    private val inquiryService: InquiryService,
    private val inquirySearchService: InquirySearchService,
    private val userContextHolder: UserContextHolder
) {

    @PostMapping("/inquiries")
    fun register(@RequestBody request: InquiryRequest) =
        userContextHolder.id?.let { userId ->
            ApiResponse.ok(inquiryService.register(request, userId))
        } ?: throw ParayoException("상품 문의에 필요한 사용자 정보가 없습니다.")

    @GetMapping("/inquiries")
    fun getProductInquiries(
        @RequestParam inquiryId: Long,
        @RequestParam(required = false) productId: Long?,
        @RequestParam(required = false) requestUserId: Long?,
        @RequestParam(required = false) productOwnerId: Long?,
        @RequestParam direction: String
    ) = inquirySearchService.getProductInquiries(
        inquiryId,
        productId,
        if (requestUserId == null) null else userContextHolder.id,
        if (productOwnerId == null) null else userContextHolder.id,
        direction
    ).mapNotNull(Inquiry::toInquiryResponse)
    .let { ApiResponse.ok(it) }

}
```

다음은 로그인 후 토큰을 이용해 상품 문의 등록 API로 상품 문의를 등록하고 검색 API로 상품 문의를 검색한 결과입니다.

```
# request

GET http://localhost:8080/api/v1/inquiries?productId=14&inquiryId=9999999&direction=
next
Accept: */*
Cache-Control: no-cache
Content-Type: application/json
Authorization: Bearer eyJ0eXAiOiJKV1QiLCJhbGci... // 토큰 생략


# response

GET http://localhost:8080/api/v1/inquiries?productId=14&inquiryId=9999999&direction=
next

HTTP/1.1 200
Content-Type: application/json;charset=UTF-8
Transfer-Encoding: chunked
Date: Mon, 2 Sep 2019 00:40:05 GMT

{
  "success": true,
  "data": [
    {
      "id": 6,
     "question": "답변을 주시면 답변이 될 것 같아요.",
      "answer": null,
    "requestUserName": "김파라",
      "requestUserId": 6,
    "productOwnerName": "김사요",
      "productOwnerId": 5,
    "productName": "휴대폰 무선 충전 거치대",
      "productId": 14
    },
    ...
  ],
  "message": null
}
```

7.2 단일 상품 문의 목록 UI

상품 문의 목록은 상품 목록과 유사한 도구들을 이용해 간단히 구현할 수 있습니다. 이번 절에서는 앞서 작성한 상품 문의 목록 API를 이용해 상품 문의의 목록을 표시해주는 UI를 작성하도록 하겠습니다.

먼저 목록을 표시해주기 위한 RecyclerView에 사용할 질문/답변 UI와 InquiryPagedAdapter를 작성합니다. 가장 첫 번째로는 InquiryItemUI를 작성하겠습니다.

코드 – com/example/parayo/inquiry/InquiryItemUI.kt

```kotlin
package com.example.parayo.inquiry

import android.graphics.Color
import android.graphics.Typeface
import android.view.Gravity
import android.view.View
import android.view.ViewGroup
import android.widget.Button
import android.widget.LinearLayout
import android.widget.TextView
import com.example.parayo.common.Prefs
import com.example.parayo.view.borderBottom
import org.jetbrains.anko.*

class InquiryItemUI : AnkoComponent<ViewGroup> {

    var productOwnerId: Long? = null

    lateinit var requestUserName: TextView
    lateinit var productName: TextView
    lateinit var productOwnerName: TextView
    lateinit var question: TextView
    lateinit var answerButton: Button
    lateinit var answer: TextView
    lateinit var answerWrapper: LinearLayout

    override fun createView(ui: AnkoContext<ViewGroup>) =
        ui.verticalLayout {
            lparams(matchParent)
```

```kotlin
        background = borderBottom(width = 1)
        padding = dip(20)

        requestUserName = textView {
            typeface = Typeface.DEFAULT_BOLD
            textSize = 16f
        }
        linearLayout {
            topPadding = dip(5)
            textView("Q.") {
                rightPadding = dip(5)
                typeface = Typeface.DEFAULT_BOLD
                textSize = 16f
            }
            question = textView("") {
                typeface = Typeface.DEFAULT_BOLD
                textSize = 16f
            }
        }
        productName = textView {
            typeface = Typeface.DEFAULT_BOLD
            textSize = 14f
            textColor = Color.LTGRAY
        }

        answerButton = button("답변") {
            visibility = View.GONE
        }.lparams {
            gravity = Gravity.END
        }

        answerWrapper = verticalLayout {
            topPadding = dip(15)
            productOwnerName = textView {
                typeface = Typeface.DEFAULT_BOLD
                textSize = 16f
            }
            linearLayout {
                topPadding = dip(5)
                textView("A.") {
                    rightPadding = dip(5)
```

```
                    textSize = 16f
                }
            answer = textView("") {
                textSize = 16f
                }
            }
        }
    }

    // 1
    fun invalidate() {
        if (productOwnerId == Prefs.userId &&
            answer.text.isNullOrEmpty()) {
            answerButton.visibility = View.VISIBLE
        }
        if (answer.text.isNullOrEmpty()) {
            answerWrapper.visibility = View.GONE
        }
    }

}
```

1. 질문/답변 UI는 기존에 작성했던 UI들과 크게 다를 것은 없습니다. 다만 여기에서는 뷰모
   델 기반의 데이터바인딩을 이용하지 않고 invalidate() 함수에서 직접 UI의 값을 변경해
   주었습니다.

이어서 상품 문의 목록 API를 추가하고 이 API를 통해 데이터의 목록을 페이지 형태로 불러올
InquiryDataSource 클래스를 작성합니다.

코드 – com/example/parayo/api/response/InquiryResponse.kt

```
package com.example.parayo.api.response

data class InquiryResponse(
    val id: Long,
    val question: String,
    val answer: String?,
    val requestUserName: String,
    val requestUserId: Long,
    val productOwnerName: String,
```

```
    val productOwnerId: Long,
    val productName: String,
    val productId: Long
)
```

코드 – com/example/parayo/api/ParayoApi.kt의 getInquiries()

```
@GET("/api/v1/inquiries")
suspend fun getInquiries(
    @Query("inquiryId") inquiryId: Long,
    @Query("productId") productId: Long? = null,
    @Query("requestUserId") requestUserId: Long? = null,
    @Query("productOwnerId") productOwnerId: Long? = null,
    @Query("direction") direction: String // prev,next
): ApiResponse<List<InquiryResponse>>
```

코드 – com/example/parayo/inquiry/InquiryDataSource.kt

```
package com.example.parayo.inquiry

import androidx.paging.PageKeyedDataSource
import com.example.parayo.App
import com.example.parayo.api.ParayoApi
import com.example.parayo.api.response.ApiResponse
import com.example.parayo.api.response.InquiryResponse
import kotlinx.coroutines.Dispatchers
import kotlinx.coroutines.GlobalScope
import kotlinx.coroutines.launch
import kotlinx.coroutines.runBlocking
import org.jetbrains.anko.toast

// 1
class InquiryDataSource(
    private val productId: Long? = null,
    private val requestUserId: Long? = null,
    private val productOwnerId: Long? = null
) : PageKeyedDataSource<Long, InquiryResponse>() {

    override fun loadInitial(
        params: LoadInitialParams<Long>,
```

```
        callback: LoadInitialCallback<Long, InquiryResponse>
    ) {
        val response = getInquiries(Long.MAX_VALUE, NEXT)
        if (response.success) {
            response.data?.let {
                if (it.isNotEmpty())
                    callback.onResult(it, it.first().id, it.last().id)
            }
        } else {
            GlobalScope.launch(Dispatchers.Main) {
                showErrorMessage(response)
            }
        }
    }


    override fun loadAfter(
        params: LoadParams<Long>,
        callback: LoadCallback<Long, InquiryResponse>
    ) {
        val response = getInquiries(params.key, NEXT)
        if (response.success) {
            response.data?.let {
                if (it.isNotEmpty())
                    callback.onResult(it, it.last().id)
            }
        } else {
            GlobalScope.launch(Dispatchers.Main) {
                showErrorMessage(response)
            }
        }
    }


    override fun loadBefore(
        params: LoadParams<Long>,
        callback: LoadCallback<Long, InquiryResponse>
    ) {
        val response = getInquiries(params.key, PREV)
        if (response.success) {
            response.data?.let {
                if (it.isNotEmpty())
                    callback.onResult(it, it.first().id)
```

```
                }
            } else {
                GlobalScope.launch(Dispatchers.Main) {
                    showErrorMessage(response)
                }
            }
        }

        private fun getInquiries(id: Long, direction: String) = runBlocking {
            try {
                ParayoApi.instance.getInquiries(
                    id,
                    productId,
                    requestUserId,
                    productOwnerId,
                    direction
                )
            } catch (e: Exception) {
                ApiResponse.error<List<InquiryResponse>>(
                    "알 수 없는 오류가 발생했습니다."
                )
            }
        }

        private fun showErrorMessage(
            response: ApiResponse<List<InquiryResponse>>
        ) {
            App.instance.toast(
                response.message ?: "알 수 없는 오류가 발생했습니다."
            )
        }

        companion object {
            private const val NEXT = "next"
            private const val PREV = "prev"
        }

    }
```

1. 이 클래스는 상품 목록에서 작성한 ProductListItemDataSource와 크게 다른 부분은 없

습니다. 여기에서 API를 호출하기 위해 필요한 인자 중 상품 문의의 앞/뒤 ID와 다음/이전 목록을 결정하는 변수는 자체적으로 해결할 수 있으므로 생성자에서 필요한 인자로 productId, requestUserId, productOwnerId를 정의하고 이들을 이용해 API를 호출했습니다.

마지막으로 문의 목록을 받아 UI를 생성해주기 위해 InquiryPagedAdapter 클래스를 작성합니다.

코드 – com/example/parayo/inquiry/InquiryPagedAdapter.kt

```kotlin
package com.example.parayo.inquiry

import android.view.ViewGroup
import androidx.paging.PagedListAdapter
import androidx.recyclerview.widget.DiffUtil
import androidx.recyclerview.widget.RecyclerView
import com.example.parayo.api.response.InquiryResponse
import com.example.parayo.inquiry.InquiryPagedAdapter.InquiryItemViewHolder
import org.jetbrains.anko.AnkoContext
import org.jetbrains.anko.sdk27.coroutines.onClick

class InquiryPagedAdapter(
    private val inquiryItemClickListener: InquiryItemClickListener
) : PagedListAdapter<InquiryResponse, InquiryItemViewHolder>(
    DIFF_CALLBACK
) {

    override fun onCreateViewHolder(
        parent: ViewGroup,
        viewType: Int
    ) = InquiryItemViewHolder(parent, inquiryItemClickListener)

    override fun onBindViewHolder(
        holder: InquiryItemViewHolder,
        position: Int
    ) {
        holder.bind(getItem(position))
    }

    companion object {
```

```kotlin
        val DIFF_CALLBACK =
            object : DiffUtil.ItemCallback<InquiryResponse>() {
                override fun areItemsTheSame(
                    oldItem: InquiryResponse,
                    newItem: InquiryResponse
                ) = oldItem.id == newItem.id

                override fun areContentsTheSame(
                    oldItem: InquiryResponse,
                    newItem: InquiryResponse
                ) = oldItem == newItem
            }
    }


    class InquiryItemViewHolder(
        parent: ViewGroup,
        private val listener: InquiryItemClickListener,
        private val ui: InquiryItemUI = InquiryItemUI()
    ) : RecyclerView.ViewHolder(
        ui.createView(AnkoContext.create(parent.context, parent))
    ) {

        var inquiry: InquiryResponse? = null

        init {
            itemView.onClick { listener.onClickInquiry(inquiry) }
        }

        fun bind(item: InquiryResponse?) = item?.let {
            this.inquiry = item
            ui.productOwnerId = item.productOwnerId
            ui.requestUserName.text = item.requestUserName
            ui.productName.text = "상품명: ${item.productName}"
            ui.question.text = item.question
            ui.productOwnerName.text = item.productOwnerName
            ui.answer.text = item.answer
            ui.answerButton.onClick { listener.onClickAnswer(inquiry) }
            ui.invalidate() // 1
        }

    }
```

```
    // 2
    interface InquiryItemClickListener {
        fun onClickInquiry(inquiryResponse: InquiryResponse?)
        fun onClickAnswer(inquiryResponse: InquiryResponse?)
    }


    // 3
    interface InquiryLiveDataBuilder :
        LiveDataPagedListBuilder<Long, InquiryResponse>



}
```

1. 답변 상태와 사용자 정보를 통해 일부 뷰를 보여주거나 가려줄 필요가 있기 때문에 InquiryItemViewHolder에 정의한 bind() 함수 내에서 UI 클래스의 invalidate() 함수를 호출해주었습니다.

2. 이 클래스 또한 ProductListPagedAdapter와 크게 다를 것이 없습니다. 다만 문의 목록을 표시해주는 곳이 여러 곳이고, 각각의 위치에서 문의를 클릭했을 때 동작이 달라질 수 있으므로 InquiryItemClickListener를 정의해 필요한 곳에서 각자의 고유한 동작을 구현할 수 있도록 만들었습니다.

3. LiveDataPagedListBuilder를 상속받아 상품 문의 목록에 필요하나 LiveData⟨PagedList⟨InquiryResponse⟩⟩를 생성해줄 인터페이스 정의입니다.

이제 MVVM 템플릿에 맞추어 ViewModel과 Activity 그리고 Activity의 UI 클래스를 작성합니다.

코드 – com/example/parayo/inquiry/ProductInquiryViewModel.kt

```
package com.example.parayo.inquiry

import android.app.Application
import android.content.Intent
import com.example.parayo.App
import com.example.parayo.api.response.InquiryResponse
import com.example.parayo.inquiry.registration.InquiryRegistrationActivity
```

```kotlin
import com.example.parayo.inquiry.registration.InquiryRegistrationViewModel
import net.codephobia.ankomvvm.lifecycle.BaseViewModel
import org.jetbrains.anko.error

class ProductInquiryViewModel(app: Application) :
    BaseViewModel(app),
    InquiryPagedAdapter.InquiryLiveDataBuilder,
    InquiryPagedAdapter.InquiryItemClickListener {  // 1

    // 2
    var productId: Long = -1
    val inquiries = buildPagedList()

    // 3
    override fun createDataSource(): InquiryDataSource {
        if (productId == -1L)
            error("productId가 설정되지 않았습니다.",
                IllegalStateException("productId is -1"))
        return InquiryDataSource(productId)
    }

    // 4
    override fun onClickInquiry(inquiryResponse: InquiryResponse?) {
        // do nothing
    }

    override fun onClickAnswer(inquiryResponse: InquiryResponse?) {
        inquiryResponse?.run { inquiry("ANSWER", id) }
    }

    // 5
    fun inquiry(type: String, inquiryId: Long? = null) {
        toast("상품 문의 - type: $type, inquiryId: $inquiryId")
    }

}
```

1. 문의 아이템을 클릭했을 때 작동할 액션을 정의하기 위해 ProductInquiryViewModel에서 InquiryItemClickListener를 구현하고 LiveData〈PagedList〈InquiryResponse〉〉를 생성하기 위해 InquiryItemClickListener를 구현합니다.

2. 상품에 대한 문의 목록을 조회하기 위해 필요한 productId 프로퍼티입니다. 단일 상품에 대한 문의 페이지는 상품 상세 페이지에서 진입하는 부분이므로 이 정보는 상품 상세 페이지로부터 넘겨받아야 합니다.

3. 상품 목록에서와 마찬가지로 RecyclerView에 바인드할 상품 문의 목록에 대한 DataSource를 생성하는 부분입니다. 단일 상품에 대한 문의 목록을 조회할 때에는 productId만 필요하므로 productId만 검사해 오류 로그를 출력하고 있습니다.

4. InquiryItemClickListener에 정의된 onClickInquiry()와 onClickAnswer()의 구현부입니다. 이미 상품 상세 페이지를 통해 진입하므로 질문/답변 영역을 클릭했을 때에는 아무 동작도 하지 않고 답변 버튼을 클릭했을 때에는 토스트 메시지를 띄우도록 했습니다.

5. inquiry() 함수는 현재 토스트 메시지만 띄워주고 있지만 문의 폼을 만들고 난 이후에는 문의 폼으로 이동하는 로직이 들어가야 합니다. 문의 폼은 질문과 답변 모두 동일한 폼을 사용하므로 여기에 타입을 전달해 질문/답변 여부를 결정합니다.

이어서 ProductInquiryActivity를 작성해줍니다. 액티비티를 만든 후에는 꼭 AndroidManifest에 등록해줍니다.

코드 – com/example/parayo/inquiry/ProductInquiryActivity.kt

```kotlin
package com.example.parayo.inquiry

import android.os.Bundle
import net.codephobia.ankomvvm.components.BaseActivity
import org.jetbrains.anko.setContentView

class ProductInquiryActivity : BaseActivity<ProductInquiryViewModel>() {

    override val viewModelType = ProductInquiryViewModel::class

    override fun onCreate(savedInstanceState: Bundle?) {
        super.onCreate(savedInstanceState)
        val productId = intent.getLongExtra(PRODUCT_ID, -1) // 1
        val viewModel = getViewModel()
        viewModel.productId = productId

        ProductInquiryUI(viewModel).setContentView(this)
```

```
    }

    companion object {
        const val PRODUCT_ID = "productId"
    }

}
```

1. 상품에 대한 문의를 표시해주기 위해 intent로부터 productId를 전달받아 ViewModel에 넘겨주고 있습니다.

계속해서 ProductInquiryUI를 작성합니다.

코드 – com/example/parayo/inquiry/ProductInquiryUI.kt

```
package com.example.parayo.inquiry

import android.view.Gravity
import android.widget.Button
import androidx.recyclerview.widget.LinearLayoutManager
import net.codephobia.ankomvvm.databinding.bindPagedList
import net.codephobia.ankomvvm.databinding.bindVisibility
import org.jetbrains.anko.*
import org.jetbrains.anko.recyclerview.v7.recyclerView
import org.jetbrains.anko.sdk27.coroutines.onClick

class ProductInquiryUI(
    private val viewModel: ProductInquiryViewModel
) : AnkoComponent<ProductInquiryActivity> {
    override fun createView(ui: AnkoContext<ProductInquiryActivity>) =
        ui.verticalLayout {
            recyclerView {
                layoutManager = LinearLayoutManager(ui.ctx)
                lparams(matchParent, matchParent)
                bindVisibility(ui.owner, viewModel.inquiries) {
                    it.isNotEmpty()
                }
                bindPagedList(
                    ui.owner,
                    InquiryPagedAdapter(viewModel),
```

```
                    viewModel.inquiries
                )
        }.lparams(matchParent, matchParent) {
            weight = 1f // 1
        }
        textView("상품 문의가 없습니다.") {
            gravity = Gravity.CENTER
            bindVisibility(ui.owner, viewModel.inquiries) {
                it.isEmpty()
            }
        }.lparams(wrapContent, matchParent) {
            gravity = Gravity.CENTER
        }

        button("문의하기") {
            textAlignment = Button.TEXT_ALIGNMENT_CENTER
            onClick { viewModel.inquiry("QUESTION") }
        }.lparams(matchParent) {
            weight = 0f // 2
        }
    }
}
```

1, 2. LinearLayout에서 weight는 해당 뷰의 레이아웃 상 비중을 설정하는 속성입니다. 여기에서처럼 weight를 1:0으로 설정하고 weight가 1인 뷰의 height는 matchParent로, 0인 뷰의 height는 wrapContent로 설정하면 레이아웃을 가득 채운 크기에서 weight가 0인 뷰의 height만큼을 제외한 영역을 weight가 1인 뷰가 차지하게 됩니다. 이 트릭은 상품 문의 목록에서처럼 문의 버튼을 하단에 배치하고 나머지 영역에 문의 목록을 배치하고싶을 때 매우 유용합니다.

여기까지 상품에 대한 문의 페이지가 준비되었으므로 상품 상세 페이지에서 문의 버튼을 눌렀을 때 상품 문의 목록 페이지로 이동할 수 있도록 ProductDetailViewModel을 수정해줍니다.

코드 – com/example/parayo/product/detail/ProductDetailViewModel.kt의 openInquiryActivity()

```
fun openInquiryActivity() {
    startActivity<ProductInquiryActivity> {
```

```
        putExtra(ProductInquiryActivity.PRODUCT_ID, productId) // 1
    }
}
```

1. ProductInquiryActivity를 실행시키며 간단하게 이미 ProductDetailViewModel에서 가지고 있던 productId를 넘겨주고 있습니다.

이제 상품 문의 버튼을 통해 단일 상품에 대한 문의 목록으로 진입할 준비는 끝났습니다. 서버와 애플리케이션을 실행해 해당 페이지로 진입할 수 있지만 아직은 문의 데이터가 준비되지 않았으므로 해당 페이지에 진입했을 때 서버와 애플리케이션에 오류 로그가 출력되지 않는 것으로 확인을 마칠 수밖에 없습니다. 때문에 여기에서는 별도 스크린샷을 첨부하지 않고 다음 절에서 상품 문의 등록 폼을 작성한 후 결과를 확인하도록 하겠습니다.

7.3 상품 문의 등록 폼

이번 절에서는 질문/답변을 입력할 수 있는 가장 간단한 형태의 상품 문의 폼을 작성할 것입니다. 앞서 우리가 작성한 상품 문의 스키마는 문의 형태가 워낙 단순하게 되어 있기 때문에 이 폼은 텍스트 입력 창과 버튼 하나로 충분하며, 질문/답변에 같은 폼을 사용할 수 있습니다. 먼저 상품 문의 API를 추가하고 InquiryRegistrationViewModel에 내용 등록 로직을 작성해줍니다.

코드 – com/example/parayo/api/request/InquiryRequest.kt

```
package com.example.parayo.api.request

data class InquiryRequest(
    val type: String, // QUESTION, ANSWER
    val inquiryId: Long?,
    val productId: Long,
    val content: String?
) {
    val isContentEmpty = content.isNullOrEmpty()
}
```

코드 – com/example/parayo/api/ParayoApi.kt의 registerInquiry()

```kotlin
@POST("/api/v1/inquiries")
suspend fun registerInquiry(
    @Body request: InquiryRequest
): ApiResponse<Response<Void>>
```

코드 – com/example/parayo/inquiry/registration/InquiryRegistrationViewModel.kt

```kotlin
package com.example.parayo.inquiry.registration

import android.app.Application
import androidx.lifecycle.MutableLiveData
import com.example.parayo.api.ParayoApi
import com.example.parayo.api.request.InquiryRequest
import com.example.parayo.api.response.ApiResponse
import net.codephobia.ankomvvm.lifecycle.BaseViewModel
import retrofit2.Response

class InquiryRegistrationViewModel(app: Application) : BaseViewModel(app) {

    var productId = -1L
    var inquiryId: Long = -1L
    var inquiryType: String? = null

    val content = MutableLiveData("")

    suspend fun register() {
        val response = registerInquiry()
        if (!response.success) {
            toast(response.message ?: "알 수 없는 오류가 발생했습니다.")
        } else {
            toast("등록되었습니다.")
            finishActivity(RESULT_CODE_REGISTER_INQUIRY) {} // 1
        }
    }

    private suspend fun registerInquiry() = try {
        val request = validateParamsAndMakeRequest()

        if(request.isContentEmpty) ApiResponse.error("내용을 입력해주세요.")
```

```kotlin
                else ParayoApi.instance.registerInquiry(request)
        } catch (e: Exception) {
            ApiResponse.error<Response<Void>>("알 수 없는 오류가 발생했습니다.")
        }

    private fun validateParamsAndMakeRequest(): InquiryRequest {
        val type = inquiryType
            ?: throw IllegalStateException("inquiryType이 null.")

        val pid = productId.let {
            if (it == -1L) throw IllegalStateException("잘못된 productId.")
            else it
        }

        val questionId = if (inquiryId == -1L) null else inquiryId

        return InquiryRequest(type, questionId, pid, content.value)
    }

    companion object {
        const val RESULT_CODE_REGISTER_INQUIRY = 1
    }

}
```

1. 문의 등록 후에는 상황에 따라 현재 창을 닫아준다든지 목록을 업데이트 해준다든지 하는
   유즈케이스가 존재할 수 있기 때문에 결과 코드를 추가해 액티비티를 종료시켜주었습니다.

이어서 액티비티와 UI를 작성해줍니다.

코드 – com/example/parayo/inquiry/registration/InquiryRegistrationActivity.kt

```kotlin
package com.example.parayo.inquiry.registration

import android.os.Bundle
import net.codephobia.ankomvvm.components.BaseActivity
import org.jetbrains.anko.setContentView

class InquiryRegistrationActivity :
    BaseActivity<InquiryRegistrationViewModel>() {
```

```
        override val viewModelType = InquiryRegistrationViewModel::class

        override fun onCreate(savedInstanceState: Bundle?) {
            super.onCreate(savedInstanceState)
            val productId = intent.getLongExtra(PRODUCT_ID, -1)
            val inquiryId = intent.getLongExtra(INQUIRY_ID, -1)
            val inquiryType = intent.getStringExtra(INQUIRY_TYPE)

            val viewModel = getViewModel().apply {
                this.productId = productId
                this.inquiryId = inquiryId
                this.inquiryType = inquiryType
            }

            InquiryRegistrationUI(viewModel).setContentView(this)
        }

        // 1
        companion object {
            const val TYPE_QUESTION = "QUESTION"
            const val TYPE_ANSWER = "ANSWER"

            const val PRODUCT_ID = "productId"
            const val INQUIRY_ID = "inquiryId"
            const val INQUIRY_TYPE = "inquiryType"
        }

    }
```

1. TYPE_QUESTION과 TYPE_ANSWER는 상품 문의 폼에 진입할 때 사용할 타입들입니다. PRODUCT_ID, INQUIRY_ID, INQUIRY_TYPE은 상품 문의 폼에 진입할 때 Intent를 통해 전달해주어야 하는 데이터의 키들입니다.

코드 – com/example/parayo/inquiry/registration/InquiryRegistrationUI.kt

```
package com.example.parayo.inquiry.registration

import android.graphics.Typeface
import android.view.Gravity
```

```kotlin
import net.codephobia.ankomvvm.databinding.bindString
import org.jetbrains.anko.*
import org.jetbrains.anko.sdk27.coroutines.onClick

class InquiryRegistrationUI(
    private val viewModel: InquiryRegistrationViewModel
) : AnkoComponent<InquiryRegistrationActivity> {

    override fun createView(ui: AnkoContext<InquiryRegistrationActivity>) =
        ui.verticalLayout {
            padding = dip(20)

            editText {
                padding = dip(10)
                hint = "내용"
                gravity = Gravity.TOP
                maxLines = 6
                minLines = 6
                backgroundColor = 0xF7F7F7F7.toInt()
                textSize = 16f
                bindString(ui.owner, viewModel.content)
            }.lparams(matchParent, wrapContent) {
                bottomMargin = dip(20)
            }
            button("등록") {
                textSize = 16f
                typeface = Typeface.DEFAULT_BOLD
                onClick {
                    viewModel.register()
                }
            }
        }

}
```

특별한 것은 없고 단순하게 EditText 하나와 Button 하나를 배치한 레이아웃입니다. 버튼을 눌렀을 때에는 ViewModel을 통해 상품 문의 등록을 시도합니다.

등록 폼이 마련되었으니 상품 문의 목록 페이지에서 등록 폼을 띄우는 코드를 추가해줍니다.

코드 – com/example/parayo/inquiry/ProductInquiryViewModel.kt의 inquiry(), onActivityResult(), companion object { }

```kotlin
fun inquiry(type: String, inquiryId: Long? = null) {
    val intent = Intent(
        App.instance,
        InquiryRegistrationActivity::class.java
    ).apply {
        putExtra(InquiryRegistrationActivity.PRODUCT_ID, productId)
        putExtra(InquiryRegistrationActivity.INQUIRY_ID, inquiryId)
        putExtra(InquiryRegistrationActivity.INQUIRY_TYPE, type)
    }
    startActivityForResult(intent, REQUEST_CODE_REGISTER_INQUIRY) // 1
}

override fun onActivityResult(
    requestCode: Int,
    resultCode: Int,
    data: Intent?
) {
    super.onActivityResult(requestCode, resultCode, data)
    when (requestCode) {
        REQUEST_CODE_REGISTER_INQUIRY -> {
            if (resultCode == InquiryRegistrationViewModel
                    .RESULT_CODE_REGISTER_INQUIRY
            ) {
                finishActivity() // 2
            }
        }
    }
}

companion object {
    const val REQUEST_CODE_REGISTER_INQUIRY = 1
}
```

1. 문의가 등록된 후 문의 목록을 닫아주기 위해 startActivityForResult()를 호출했습니다.

2. 문의가 등록되었다면 문의 목록을 닫아줍니다.

다음은 앱을 실행해 상품 문의 화면으로 이동하고 문의를 등록한 화면입니다.

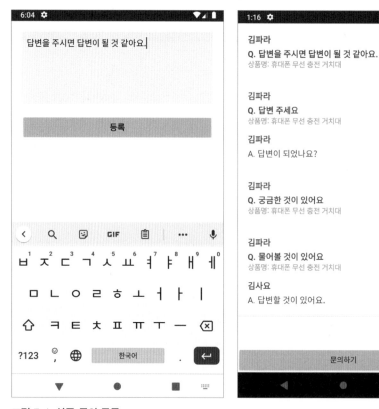

그림 7-1. 상품 문의 등록

7.4 내 문의 메뉴

문의 페이지는 추가되었지만 자신이 올린 문의를 찾아가기 위해서는 항상 해당 상품을 기억하고 있다가 상품 페이지를 통해 진입 및 확인해야 합니다. 마찬가지로 판매자 또한 자신이 올린 상품을 모두 모니터링해야 합니다. 때문에 나와 관련한 상품 문의를 모두 확인할 수 있는 페이지가 있다면 좋을 것입니다. 앞서 상품 문의 목록 API에서는 이 유즈케이스까지 고려해 API를 개발했으므로 나와 관련한 상품 문의 목록을 확인할 수 있는 "내 문의" 화면을 만들어보겠습니다.

내 문의는 내가 등록한 문의와 내가 등록한 상품에 대한 문의 두 가지 유형이 존재하므로 이들을 서로 다른 탭에 보여주면 좋을 것입니다. 앞서 상품 목록 페이지를 구현했을 때와 마찬가지로 이 탭들을 ViewPager와 Fragment로 구현하기로 하고 Fragment와 직접적으로 관련이 있는 클래스들부터 작성하도록 하겠습니다.

가장 먼저 페이지 탭 목록을 표현할 InquiryPage enum을 작성합니다.

```kotlin
package com.example.parayo.inquiry.myinquiry

enum class InquiryPage(val title: String) {
    MY_INQUIRY("내 문의"),
    PRODUCT_INQUIRY("내 상품의 문의")
}
```

MY_INQUIRY는 내가 등록한 문의를, PRODUCT_INQUIRY는 내가 등록한 상품들에 대한 문의를 나타냅니다.

다음으로는 InquiryListViewModel을 작성합니다. 상품 문의 페이지와 목록의 형태가 동일하고 같은 API를 사용하므로 기존에 작성했던 InquiryDataSource를 재사용하겠습니다.

```kotlin
package com.example.parayo.inquiry.myinquiry

import android.app.Application
import androidx.paging.DataSource
import androidx.paging.LivePagedListBuilder
import androidx.paging.PagedList
import com.example.parayo.api.response.InquiryResponse
import com.example.parayo.common.Prefs
import com.example.parayo.inquiry.InquiryDataSource
import com.example.parayo.inquiry.InquiryPagedAdapter
import com.example.parayo.inquiry.registration.InquiryRegistrationActivity
import com.example.parayo.product.detail.ProductDetailActivity
import net.codephobia.ankomvvm.lifecycle.BaseViewModel

class InquiryListViewModel(
    app: Application
) : BaseViewModel(app),
    InquiryPagedAdapter.InquiryItemClickListener {
```

```kotlin
    var page: InquiryPage? = null
    var requestUserId: Long? = null
    var productOwnerId: Long? = null

    val inquiries by lazy {
        val config = PagedList.Config.Builder()
            .setPageSize(10)
            .setEnablePlaceholders(false)
            .build()


        // 1
        val factory =
            object : DataSource.Factory<Long, InquiryResponse>() {
                override fun create()
                    : DataSource<Long, InquiryResponse> {
                    when (page) {
                        InquiryPage.MY_INQUIRY ->
                            requestUserId = Prefs.userId
                        InquiryPage.PRODUCT_INQUIRY ->
                            productOwnerId = Prefs.userId
                    }
                    return InquiryDataSource(
                        requestUserId = requestUserId,
                        productOwnerId = productOwnerId
                    )
                }
            }

        LivePagedListBuilder(factory, config).build()
    }

    // 2
    override fun onClickInquiry(inquiryResponse: InquiryResponse?) {
        inquiryResponse?.run {
            startActivity<ProductDetailActivity> {
                putExtra(
                    ProductDetailActivity.PRODUCT_ID,
                    productId
                )
            }
```

```
                }
            }

        // 3
        override fun onClickAnswer(inquiryResponse: InquiryResponse?) {
            inquiryResponse?.run {
                startActivity<InquiryRegistrationActivity> {
                    putExtra(InquiryRegistrationActivity.PRODUCT_ID, productId)
                    putExtra(InquiryRegistrationActivity.INQUIRY_ID, id)
                    putExtra(
                        InquiryRegistrationActivity.INQUIRY_TYPE,
                        InquiryRegistrationActivity.TYPE_ANSWER
                    )
                }
            }
        }
    }

}
```

1. 상품 문의 목록 LiveData를 빌드하기 위해 사용하는 코드는 거의 유사하지만 InquiryDataSource를 생성할 때 필요한 파라미터들은 탭에 따라 MY_INQUIRY의 경우 requestUserId에 사용자 아이디를, PRODUCT_INQUIRY의 경우 productOwnerId에 사용자 아이디를 대입해 내가 등록한 문의와 내가 등록한 상품들에 대한 문의를 가져올 수 있도록 했습니다.

2. 문의를 클릭했을 때에는 상품 상세 페이지로 이동하도록 구현했습니다.

3. 답변 버튼을 클릭했을 경우에는 답변을 추가할 수 있도록 폼 페이지로 진입하도록 구현했습니다.

이어서 InquiryListFragment와 InquiryListUI를 작성합니다.

코드 – com/example/parayo/inquiry/myinquiry/InquiryListFragment.kt

```
package com.example.parayo.inquiry.myinquiry

import android.os.Bundle
import android.view.LayoutInflater
import android.view.ViewGroup
```

```kotlin
import net.codephobia.ankomvvm.components.BaseFragment
import org.jetbrains.anko.AnkoContext
import org.jetbrains.anko.support.v4.ctx

class InquiryListFragment: BaseFragment<InquiryListViewModel>() {

    override val viewModelType = InquiryListViewModel::class

    // 1
    val inquiryPage get() = arguments?.getString(PAGE)?.let {
        InquiryPage.valueOf(it)
    }

    override fun onCreateView(
        inflater: LayoutInflater,
        container: ViewGroup?,
        savedInstanceState: Bundle?
    ) = InquiryListUI(getViewModel().apply { page = inquiryPage })
        .createView(AnkoContext.create(ctx, this))

    companion object {
        const val PAGE = "page"

        fun newInstance(inquiryPage: InquiryPage) =
            InquiryListFragment().apply {
                arguments = Bundle().also {
                    it.putString(PAGE, inquiryPage.name)
                }
            }
    }

}
```

1. newInstance()를 통해 생성할 때 받는 InquiryPage입니다. 이 페이지 정보
는 InquiryListViewModel에 넘겨주어 앞에서 작성한 InquiryListViewModel이
InquiryDataSource를 생성할 때 파라미터 정보를 결정하는 용도로 사용됩니다.

코드 – com/example/parayo/inquiry/myinquiry/InquiryListUl.kt

```kotlin
package com.example.parayo.inquiry.myinquiry

import android.view.Gravity
import androidx.recyclerview.widget.LinearLayoutManager
import com.example.parayo.inquiry.InquiryPagedAdapter
import net.codephobia.ankomvvm.databinding.bindPagedList
import net.codephobia.ankomvvm.databinding.bindVisibility
import org.jetbrains.anko.*
import org.jetbrains.anko.recyclerview.v7.recyclerView

class InquiryListUI(
    private val viewModel: InquiryListViewModel
) : AnkoComponent<InquiryListFragment> {
    override fun createView(ui: AnkoContext<InquiryListFragment>) =
        ui.verticalLayout {
            recyclerView {
                layoutManager = LinearLayoutManager(ui.ctx)
                lparams(matchParent, matchParent)
                bindVisibility(ui.owner, viewModel.inquiries) {
                    it.isNotEmpty()
                }
                bindPagedList(
                    ui.owner,
                    InquiryPagedAdapter(viewModel),
                    viewModel.inquiries
                )
            }.lparams(matchParent, matchParent)

            textView("상품 문의가 없습니다.") {
                gravity = Gravity.CENTER
                bindVisibility(ui.owner, viewModel.inquiries) {
                    it.isEmpty()
                }
            }.lparams(wrapContent, matchParent) {
                gravity = Gravity.CENTER
            }
        }
}
```

InquiryListUI는 아주 간단하게 RecyclerView와 데이터가 없을 경우 노출될 TextView만 배치했습니다. 기존에 만들어두었던 InquiryPagedAdapter를 그대로 사용했고 상품 목록에 사용된 Fragment의 UI와 크게 다를 것이 없습니다.

이제 뷰페이저를 이용해 InquiryListFragment들을 이동할 수 있도록 MyInquiryPager Adapter와 탭 및 뷰페이저를 표시해줄 MyInquiryActivity를 작성해줍니다.

코드 – com/example/parayo/inquiry/myinquiry/MyInquiryPagerAdapter.kt

```
package com.example.parayo.inquiry.myinquiry

import androidx.fragment.app.FragmentManager
import androidx.fragment.app.FragmentStatePagerAdapter

class MyInquiryPagerAdapter(
    fragmentManager: FragmentManager
) : FragmentStatePagerAdapter(
    fragmentManager, BEHAVIOR_RESUME_ONLY_CURRENT_FRAGMENT

) {

    private val fragments = InquiryPage.values()
        .map { InquiryListFragment.newInstance(it) }

    override fun getItem(position: Int) = fragments[position]

    override fun getCount() = fragments.size

    override fun getPageTitle(position: Int) =
        fragments[position].inquiryPage?.title

}
```

이 역시 ProductListPagerAdapter와 크게 다른 부분은 없고 InquiryPage를 이용해 InquiryListFragment들을 생성해주었습니다.

코드 – com/example/parayo/inquiry/myinquiry/MyInquiryUI.kt

```kotlin
package com.example.parayo.inquiry.myinquiry

import android.view.View
import androidx.viewpager.widget.ViewPager
import com.example.parayo.R
import com.example.parayo.view.borderBottom
import com.google.android.material.tabs.TabLayout
import org.jetbrains.anko.*
import org.jetbrains.anko.design.themedTabLayout
import org.jetbrains.anko.support.v4.viewPager

class MyInquiryUI : AnkoComponent<MyInquiryActivity> {

    lateinit var tablayout: TabLayout
    lateinit var viewpager: ViewPager

    override fun createView(ui: AnkoContext<MyInquiryActivity>) =
        ui.verticalLayout {
            tablayout = themedTabLayout(
                R.style.Widget_MaterialComponents_TabLayout
            ) {
                bottomPadding = dip(1)
                tabGravity = TabLayout.GRAVITY_FILL
                background = borderBottom(width = dip(1))
            }.lparams(matchParent, wrapContent) {
                weight = 0f
            }

            viewpager = viewPager {
                id = View.generateViewId()
            }.lparams(matchParent, matchParent) {
                weight = 1f
            }
        }

}
```

단순하게 TabLayout과 ViewPager를 가진 UI를 작성했습니다. 액티비티에서 접근하기 위해 둘 모두 멤버 프로퍼티로 정의했습니다.

```
package com.example.parayo.inquiry.myinquiry

import android.app.Application
import net.codephobia.ankomvvm.lifecycle.BaseViewModel

class MyInquiryViewModel(app: Application) : BaseViewModel(app)
```

```
package com.example.parayo.inquiry.myinquiry

import android.os.Bundle
import net.codephobia.ankomvvm.components.BaseActivity
import org.jetbrains.anko.setContentView

class MyInquiryActivity : BaseActivity<MyInquiryViewModel>() {

    override val viewModelType = MyInquiryViewModel::class

    private val ui by lazy { MyInquiryUI() }

    override fun onCreate(savedInstanceState: Bundle?) {
        super.onCreate(savedInstanceState)
        ui.setContentView(this)
        ui.viewpager.adapter =
            MyInquiryPagerAdapter(supportFragmentManager)
        ui.tablayout.setupWithViewPager(ui.viewpager)
    }

}
```

뷰페이저에 InquiryListFragment를 보여주기 위해 어댑터로 MyInquiryPagerAdapter를 사용했습니다.

마지막으로 내 문의 페이지에 진입하기 위해 ProductMainUI의 onNavigationItemSelected() 함수를 수정해줍니다.

코드 – com/example/parayo/product/ProductMainUI.kt의 onNavigationItemSelected()

```kotlin
override fun onNavigationItemSelected(item: MenuItem): Boolean {
    when (item.itemId) {
        MENU_ID_INQUIRY -> {
            viewModel.startActivity<MyInquiryActivity>()
        }
        MENU_ID_LOGOUT -> {
            Prefs.token = null
            Prefs.refreshToken = null
            viewModel.startActivityAndFinish<SigninActivity>()
        }
    }

    drawerLayout.closeDrawer(navigationView)

    return true
}
```

이제 앱을 실행시키면 다음과 같이 내 문의 페이지에 진입해 문의 목록을 확인하고 답변도 달 수 있습니다.

그림 7-2. 내 문의 화면

7.5 마치며

우리가 구현한 상품 문의는 문의와 답변이 1:1이기 때문에 구현하기에는 쉬운 구조이지만 확장에는 어려움이 있습니다. 예를 들어 스레드(Thread) 형태의 문의 페이지를 제공하고 싶다면 여기에서 설명한 스키마는 적합하지 않습니다. 이에 관한 기본적인 해답은 구글에서 "계층형 게시판"을 검색한다면 쉽게 얻을 수 있을 것입니다.

## chapter 08

테스트 서버 구축

서비스는 어느 정도 마련되었지만 아직까지는 개인의 컴퓨
터에서 에뮬레이터를 통해서만 사용할 수가 있습니다. 이를
다른 사람들과 함께 테스트해보기 위해서는 외부에서 서버
애플리케이션의 API를 호출할 수 있어야 합니다. 여기에서
는 AWS에서 제공하는 EC2(Elastic Compute Cloud – 클
라우드 상의 서버를 임대해주는 서비스) 인스턴스에 리눅스
(Linux) 운영체제를 설치하고 API 서버를 띄워 외부 사용
자가 사용해볼 수 있도록 배포하는 과정에 대해 알아보겠습
니다.

8.1 AWS EC2 인스턴스 생성 \\

EC2 인스턴스를 생성하기 위해서는 AWS 계정이 필요합니다. 웹브라우저를 통해 https://aws.amazon.com에 접속해 회원 가입을 하고 신용카드 결제 정보를 입력해줍니다. EC2는 t2.micro 타입의 인스턴스에 한해 한 달 기준 750시간을 1년동안 무료로 제공하니 테스트 시 비용에 대해서는 걱정하지 않아도 됩니다. 무료 사용 기간이 지나더라도 인스턴스를 제거하면 비용이 청구되지 않습니다.

AWS 콘솔의 서비스 탭을 열고 ec2를 검색해 EC2 페이지로 진입하고 우측 상단의 지역에서 서울을 선택합니다.

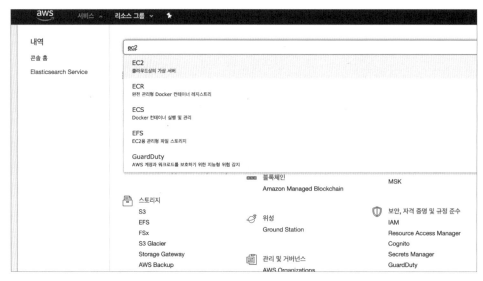

그림 8-1. AWS 웹 콘솔에서 ec2 서비스 검색

EC2 대시보드에서 인스턴스 항목을 클릭해 인스턴스 페이지로 이동합니다.

그림 8-2. EC2 대시보드에서 인스턴스 메뉴 클릭

인스턴스 페이지에서 인스턴스 시작 버튼을 눌러 인스턴스 생성 페이지로 진입합니다.

그림 8-3. 인스턴스 시작 버튼을 클릭해 새 인스턴스 생성

빠른 실행 탭에서 프리 티어 사용 가능한 Ubuntu Server AMI를 선택합니다.

그림 8-4. 인스턴스에 설치될 운영체제 선택

인스턴스 유형 선택 화면에서 t2.micro 유형을 선택하고 하단의 검토 및 시작 버튼을 클릭합니다.

그림 8-5. 인스턴스의 사양 선택

시작 검토 페이지에서 하단의 시작하기 버튼을 클릭하면 키 페어 선택 팝업이 나타납니다.

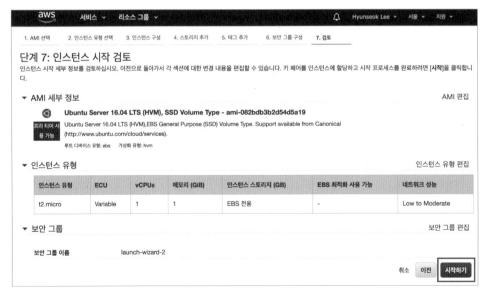

그림 8-6. 최종 확인 후 우측 하단의 시작하기 버튼을 클릭

키 페어 선택 팝업에서 새 키페어 생성 항목을 선택하고 저장될 키 페어 파일 이름을 정해서 입력해주고 키 페어 다운로드 버튼을 클릭해 .pem 파일을 다운로드 받아 본인이 관리할 수 있는 적절한 위치에 저장합니다. 이 파일은 추후 인스턴스에 접속하기 위해 필요한 파일이며 외부로 유출되지 않도록 주의해야 합니다.

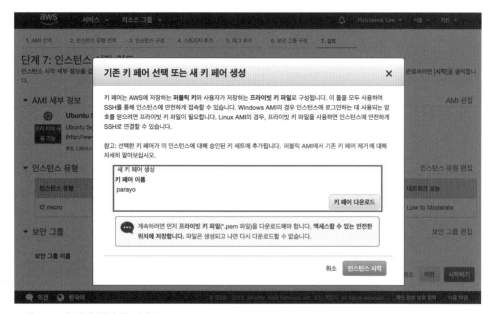

그림 8-7. 키 페어 생성 후 다운로드

.pem 파일을 다운로드 받은 후 팝업 하단의 인스턴스 시작 버튼을 클릭하면 인스턴스가 시작되며 하단의 인스턴스 보기 버튼을 클릭하면 인스턴스 페이지에서 인스턴스 상태를 확인할 수 있습니다.

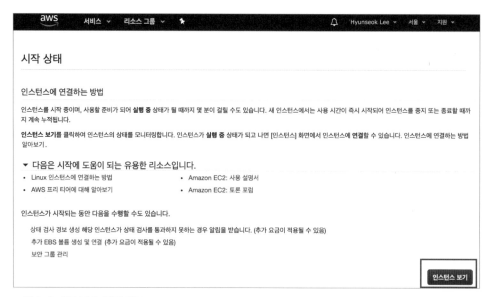

그림 8-8. 인스턴스 생성 완료

인스턴스 페이지에서 방금 생성한 인스턴스를 클릭하면 하단에 보안 그룹 항목이 보입니다. 여기에서 자신의 보안 그룹 이름을(스크린샷에서는 launch-wizard-1) 클릭하면 보안 그룹 페이지로 이동합니다.

그림 8-9. 보안 그룹 이름 클릭

보안 그룹 페이지에서 하단의 인바운드 탭을 선택하고 편집 버튼을 클릭합니다.

그림 8-10. 보안 그룹 편집 버튼 클릭

인바운드 규칙 편집 창이 나타나면 규칙 추가 버튼을 두 번 클릭하고 하나는 추가된 항목의 유형을 HTTP로 선택합니다. 두 번째 추가된 항목의 유형은 사용자 지정 TCP를 선택, 포트 범위는 8080, 소스는 0.0.0.0/0을 입력한 후 우측 하단의 저장 버튼을 클릭합니다.

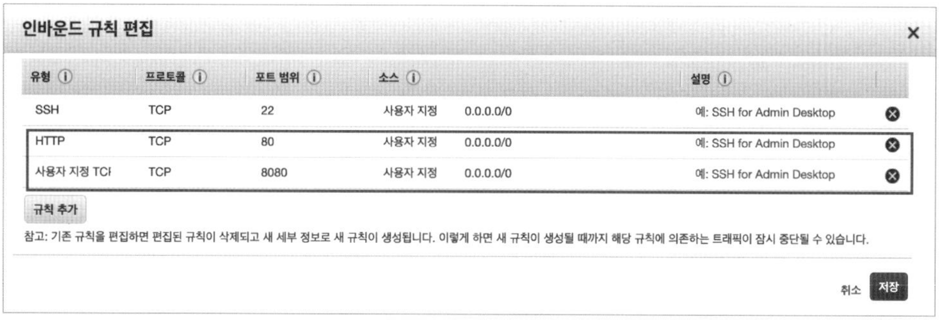

그림 8-11. 보안 그룹에 인바운드 규칙 추가

8.2 API 서버 빌드 {{{{{{{{{{{{{{{{{{{{{{{{{{{{{{{{{{{{{{

API 서버를 배포하기 위해 jar 파일을 빌드해야 합니다. IntelliJ에서 API 서버 프로젝트를 열고 우측의 Gradle 패널에서 Tasks/build/booJar를 찾아 더블클릭하면 빌드가 시작됩니다.

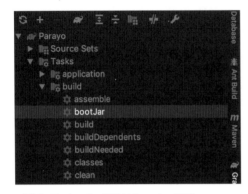

그림 8-12. Gradle 창에서 bootJar 실행

빌드가 완료되면 좌측의 Project 패널의 다음과 같은 경로에서 jar 파일(여기에서는 Parayo-1.0.SNAPSHOT.jar)을 찾을 수 있습니다.

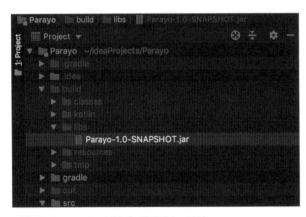

그림 8-13. bootJar 실행 후 생성된 jar 파일

jar 파일에 마우스 오른쪽 버튼을 클릭하고 Copy Path를 클릭하면 이 파일의 절대경로가 복사됩니다. 이 파일의 경로는 다음에 설명한 배포 과정에서 사용됩니다.

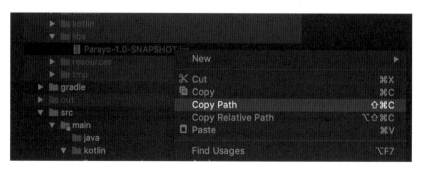

그림 8-14. 마우스 우클릭 후 Copy Path를 클릭해 파일의 경로를 복사

8.3 배포 //

리눅스 서버에 수동으로 jar 파일을 배포하려면 ssh 접속이 가능한 셸이 필요합니다. 맥의 경우 터미널(Terminal)을, 윈도우즈의 경우 크롬 확장 프로그램 중 Secure Shell App을 사용할 수 있습니다.

.pem 파일 권한 설정

맥의 터미널의 경우 앞서 생성한 EC2 서버에 접근하기 위해서는 다운로드 받았던 .pem 파일의 권한을 다음과 같이 읽기 전용으로 변경해주어야 합니다. 터미널을 열어 다음 명령어를 입력하면 권한을 변경할 수 있습니다.

```
chmod 400 <.pem 파일 경로>
```

파일 업로드 및 SSH 접속

이제 SSH를 이용해 서버에 접속합니다. 먼저 EC2 인스턴스의 퍼블릭 DNS를 확인합니다. AWS 콘솔의 EC2 대시보드에서 인스턴스 메뉴로 들어가 인스턴스를 클릭하면 하단에서 퍼블릭 DNS를 확인할 수 있습니다.

그림 8-15. EC2 대시보드에서 인스턴스의 퍼블릭 DNS 확인

맥(Mac)

터미널에서 다음 명령어를 통해 jar 파일을 업로드합니다.

```
scp -i <.pem 파일 경로> <jar 경로> ubuntu@<퍼블릭 DNS>:~/
```

Are you sure you want to continue connecting? 이라는 질문이 나오면 yes를 입력하고 엔터키를 눌러 접속합니다.

이후 터미널에서 다음 명령어를 통해 셸에 접속할 수 있습니다.

```
ssh -i <.pem 파일 경로> ubuntu@<퍼블릭 DNS>
```

윈도우즈 크롬 SSH 확장 프로그램에서 접속

크롬에서 확장 프로그램으로 Secure Shell Extension을 설치하고 실행하면 검은색 접속 창이 나타납니다. username@hostname 항목에 ubuntu@<EC2-IP>를 입력하고 ID 옆의 가져오기 버튼을 눌러 .pem 파일을 열어줍니다. 그리고 우측 하단의 SFTP 버튼을 클릭합니다.

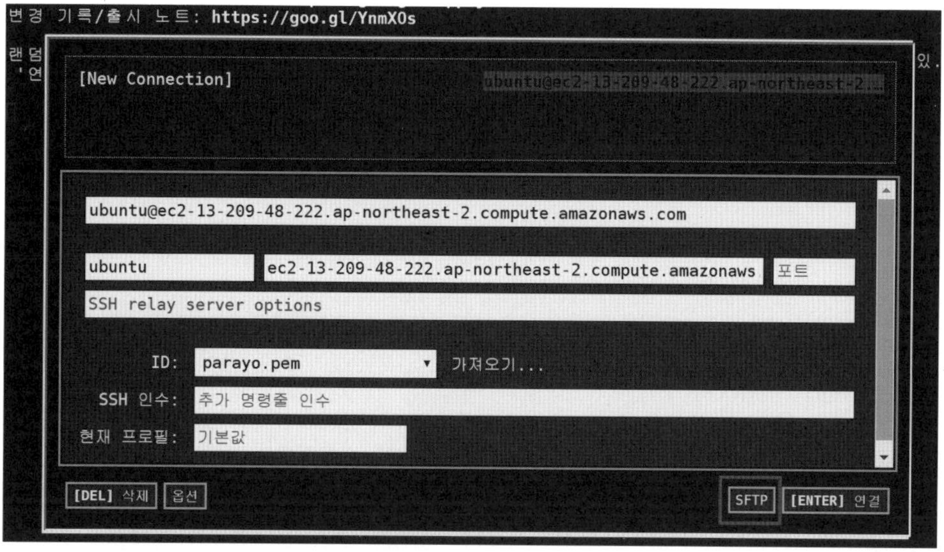

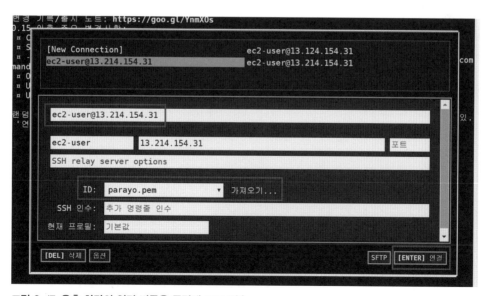

그림 8-16. 크롬의 Secure Shell 확장 프로그램

naftp ./ >와 같은 커맨드라인이 나타난 후 put을 입력하고 엔터를 누르면 파일 선택 창이 나타납니다. **Parayo-1.0-SNAPSHOT.jar** 파일을 열면 업로드가 시작됩니다. 업로드 완료 후 **exit**를 입력해 sftp 셸을 빠져나와 다시 SSH 확장 프로그램을 열고 이번에는 우측 하단의 연결 버튼을 눌러 SSH 셸로 접속합니다.

그림 8-17. 우측 하단의 연결 버튼을 클릭해 SSH 접속

Are you sure you want to continue connecting? 이라는 질문이 나오면 yes를 입력하고 엔터키를 눌러 접속합니다.

JDK 설치 및 API 서버 실행

SSH로 접속이 되면 다음과 같은 프롬프트가 나타납니다.

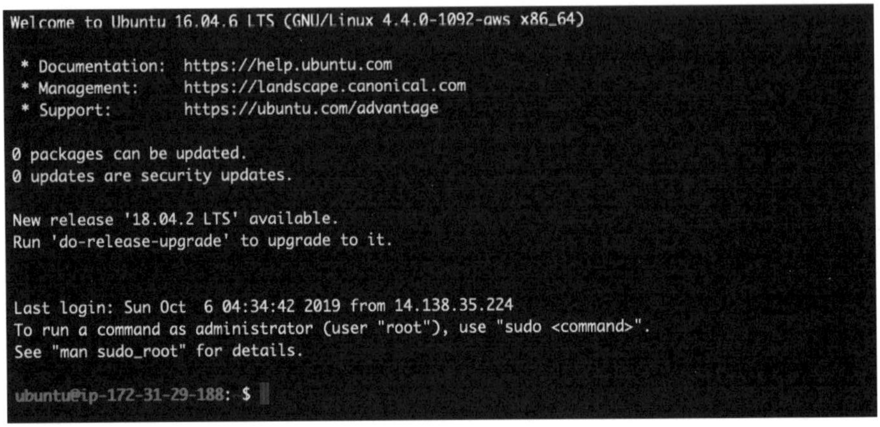

```
Welcome to Ubuntu 16.04.6 LTS (GNU/Linux 4.4.0-1092-aws x86_64)

 * Documentation:  https://help.ubuntu.com
 * Management:      https://landscape.canonical.com
 * Support:         https://ubuntu.com/advantage

0 packages can be updated.
0 updates are security updates.

New release '18.04.2 LTS' available.
Run 'do-release-upgrade' to upgrade to it.


Last login: Sun Oct  6 04:34:42 2019 from 14.138.35.224
To run a command as administrator (user "root"), use "sudo <command>".
See "man sudo_root" for details.

ubuntu@ip-172-31-29-188: $
```

그림 8-18. SSH 접속이 완료된 화면

다음 명령어를 순서대로 입력해 이미지 파일이 업로드될 경로를 생성해줍니다.

```
sudo mkdir /parayo
sudo chown ubuntu:ubuntu /parayo
sudo chmod 777 /parayo
```

다만 이 상태로는 지금까지 테스트로 등록했던 상품들의 이미지 파일은 보여지지 않을 것입니다. 필요하다면 SFTP를 이용해 로컬의 이미지 파일도 업로드하면 됩니다.

이어서 셸에서 다음 명령어를 입력해 JDK8을 설치합니다.

```
sudo apt-get install openjdk-8-jre-headless -y
```

설치가 완료되면 다음 명령어로 API 서버를 실행합니다.

```
java -jar -Dspring.profiles.active=develop Parayo-1.0-SNAPSHOT.jar
```

그러면 다음과 같이 IntelliJ에서와 마찬가지의 로그가 출력되면서 서버가 실행됩니다.

그림 8-19. 서버에서 실행시킨 스프링 부트 로그

이대로는 셸에서 접속을 끊으면 서버도 종료해야만 합니다. Ctrl + c를 눌러 서버 애플리케이션을 종료한 후 다음 명령어를 통해 서버를 다시 시작합니다.

```
nohup java -jar -Dspring.profiles.active=develop Parayo-1.0-SNAPSHOT.jar &
```

참고로 서버 종료는 다음 명령어를 통해 할 수 있습니다.

```
pgrep -f Parayo | xargs kill -2
```

8.4 애플리케이션 수정 및 테스트

서버가 실행되었으면 안드로이드 스튜디오를 열어 ApiGenerator.kt의 HOST 값을 다음과 같이 EC2 인스턴스의 퍼블릭 DNS 값으로 수정해줍니다.

```
const val HOST = "http://<자신의 EC2 퍼블릭 DNS 주소>:8080"
```

그리고 Build 〉 Build Bundle(s) / APK(s) 〉 Build APK(s)를 클릭해 .apk 파일을 빌드합니다.

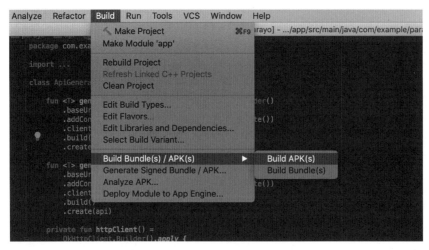

그림 8-20. 안드로이드 스튜디오에서 APK 파일 생성

빌드가 완료되면 우측 하단에 빌드 완료 메시지와 함께 locate 링크가 나타납니다. locate를 클릭하면 빌드된 apk 파일 위치가 열립니다.

그림 8-21. APK 파일이 생성되면 우측 하단에 성공 메세지가 나타난다

이 디렉토리에서 app-debug.apk와 같은 이름의 파일을 안드로이드 단말 소유자에게 전달하고 설치하면 앱을 테스트해볼 수가 있습니다.

chapter 09

랜덤 채팅 서비스
만들기

이번에는 중고 거래 플랫폼 만들기에서 다루지 않았던 XML 방식의 레이아웃을 이용해 랜덤 채팅 서비스를 구현해보도록 하겠습니다. 중고 거래 플랫폼에서 다루었던 코틀린 DSL 방식의 레이아웃은 안드로이드 생태계에서 주류는 아니므로 XML 레이아웃을 사용하는 방법도 익혀두는 것이 좋습니다.

여기에서 만들 랜덤 채팅의 기능은 다음과 같이 정의될 수 있습니다.

- ❏ 앱을 통해 닉네임을 입력하고 입장하면 채팅 대기열에 추가된다.
- ❏ 대기열에 다른 사람이 없는 경우 기다린다.
- ❏ 다음 대기열에 추가되는 사용자와 1:1 채팅으로 연결된다.
- ❏ 둘 중 하나가 접속이 끊긴다면 다시 대기열에 추가된다.

9.1 서버사이드 구현 ///

IntelliJ에서 새 그레이들 프로젝트를 생성하고 다음을 참고해 build.gradle 파일에 의존성을 추가합니다. 이 예제에서는 프로젝트 생성 시 프로젝트명을 random-chat-server로, GroupId는 an.example로 설정했습니다.

코드 – build.gradle

```
buildscript {
    ext.kotlin_version = '1.3.61'
    ext.spring_boot_version = '2.1.0.RELEASE'
    repositories {
        jcenter()
    }

    dependencies {
        classpath "org.jetbrains.kotlin:kotlin-gradle-plugin:$kotlin_version"
        classpath "org.jetbrains.kotlin:kotlin-allopen:$kotlin_version"
        classpath "org.springframework.boot:spring-boot-gradle-
plugin:$spring_boot_version"
    }
}

apply plugin: 'kotlin'
apply plugin: "kotlin-spring"
apply plugin: 'org.springframework.boot'
apply plugin: 'io.spring.dependency-management'

group 'an.example'
version '1.0-SNAPSHOT'

repositories {
    mavenCentral()
}

dependencies {
    implementation "org.jetbrains.kotlin:kotlin-stdlib-jdk8"
    implementation "org.springframework.boot:spring-boot-starter-web"
    implementation "org.springframework.boot:spring-boot-starter-websocket"
    implementation "com.fasterxml.jackson.module:jackson-module-kotlin"
```

```
        implementation 'com.auth0:java-jwt:3.8.1'
    }

compileKotlin {
    kotlinOptions.jvmTarget = "1.8"
}
compileTestKotlin {
    kotlinOptions.jvmTarget = "1.8"
}
```

spring-boot-starter-websocket은 스프링 부트에서 웹소켓을 함께 사용하기 쉽도록 의존성과 설정을 자동화해주는 모듈입니다. 이 모듈은 STOMP라는 웹소켓의 하위 프로토콜을 사용해 조금 더 구조적으로 웹소켓을 통한 메시지 전송을 지원하지만 여기에서는 웹소켓의 최소한의 기능만 사용할 것이므로 STOMP에 의존하지는 않을 것입니다.

build.gradle 파일에 의존성을 추가했다면 Gradle sync를 통해 라이브러리들을 다운로드 받아 프로젝트 준비를 마칩니다. 이제부터 만들게 될 서버의 패키지 구조는 다음과 같습니다.

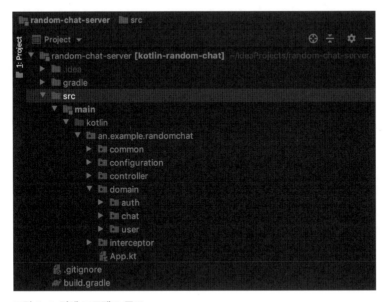

그림 9-1. 전체 프로젝트 구조

먼저 an.example.randomchat 패키지를 만들고 스프링 부트 애플리케이션을 정의하고 실행해줄 App.kt 파일을 작성합니다.

```kotlin
package an.example.randomchat

import org.springframework.boot.autoconfigure.SpringBootApplication
import org.springframework.boot.runApplication

@SpringBootApplication
class App

fun main(args: Array<String>) {
    runApplication<App>(*args)
}
```

다음으로는 사용자 인증 처리를 위한 코드들을 작성해줍니다.

먼저 앞서 작성했던 것처럼 JWT 토큰을 생성하고 검증할 JWTUtil 클래스를 작성해줍니다. 이번에는 이메일을 사용하지 않고 닉네임과 사용자 id 값을 사용할 것입니다.

```kotlin
package an.example.randomchat.domain.auth
import com.auth0.jwt.JWT
import com.auth0.jwt.algorithms.Algorithm
import com.auth0.jwt.interfaces.DecodedJWT
import java.util.*

object JWTUtil {

    private const val ISSUER = "RandomChat"
    private const val SUBJECT = "Auth"
    private const val EXPIRE_TIME = 60L * 60 * 2 * 1000
    private const val REFRESH_EXPIRE_TIME = 60L * 60 * 24 * 30 * 1000

    private val secret = "your-secret"
    private val algorithm: Algorithm = Algorithm.HMAC256(secret)

    private val refreshSecret = "your-refresh-secret"
    private val refreshAlgorithm: Algorithm = Algorithm.HMAC256(refreshSecret)

    fun createToken(nickName: String, userId: Long) = JWT.create()
```

```kotlin
        .withIssuer(ISSUER)
        .withSubject(SUBJECT)
        .withIssuedAt(Date())
        .withExpiresAt(Date(Date().time + EXPIRE_TIME))
        .withClaim(JWTClaims.NICK_NAME, nickName)
        .withClaim(JWTClaims.USER_ID, userId)
        .sign(algorithm)

    fun createRefreshToken(nickName: String, userId: Long) = JWT.create()
        .withIssuer(ISSUER)
        .withSubject(SUBJECT)
        .withIssuedAt(Date())
        .withExpiresAt(Date(Date().time + REFRESH_EXPIRE_TIME))
        .withClaim(JWTClaims.NICK_NAME, nickName)
        .withClaim(JWTClaims.USER_ID, userId)
        .sign(refreshAlgorithm)

    fun verify(token: String): DecodedJWT =
        JWT.require(algorithm)
            .withIssuer(ISSUER)
            .build()
            .verify(token)

    fun verifyRefresh(token: String): DecodedJWT =
        JWT.require(refreshAlgorithm)
            .withIssuer(ISSUER)
            .build()
            .verify(token)

    fun extractNickName(jwt: DecodedJWT): String =
        jwt.getClaim(JWTClaims.NICK_NAME).asString()

    fun extractId(jwt: DecodedJWT): Long =
        jwt.getClaim(JWTClaims.USER_ID).asLong()

    object JWTClaims {
        const val NICK_NAME = "nickName"
        const val USER_ID = "userId"
    }

}
```

이어서 요청 스레드 전역에서 사용할 수 있는 사용자 정보를 가지고 있을 UserContextHolder 클래스를 작성합니다.

코드 – *an/example/randomchat/domain/auth/UserContextHolder.kt*

```kotlin
package an.example.randomchat.domain.auth

import org.springframework.stereotype.Component
import kotlin.properties.Delegates

@Component
class UserContextHolder {

    private val userHolder = ThreadLocal
        .withInitial {
            UserHolder()
        }

    val nickName: String get() = userHolder.get().nickName
    val id: Long get() = userHolder.get().id

    fun set(nickName: String, id: Long) =
        this.userHolder.get().also {
            it.id = id
            it.nickName = nickName
        }.run(userHolder::set)

    fun clear() {
        userHolder.remove()
    }

    class UserHolder {
        var id by Delegates.notNull<Long>()
        lateinit var nickName: String
    }

}
```

이제 매 요청시마다 토큰을 검증하고 스레드로컬(ThreadLocal) 변수에(UserContextHolder 〉 UserHolder) 사용자 정보를 저장해줄 TokenValidationInterceptor를 작성합니다.

코드 – an/example/randomchat/interceptor/TokenValidationInterceptor.kt

```kotlin
package an.example.randomchat.interceptor

import an.example.randomchat.domain.auth.JWTUtil
import an.example.randomchat.domain.auth.UserContextHolder
import org.slf4j.LoggerFactory
import org.springframework.stereotype.Component
import org.springframework.web.servlet.HandlerInterceptor
import org.springframework.web.servlet.ModelAndView
import javax.servlet.http.HttpServletRequest
import javax.servlet.http.HttpServletResponse

@Component
class TokenValidationInterceptor(
    private val userContextHolder: UserContextHolder
) : HandlerInterceptor {

    private val logger = LoggerFactory.getLogger(this::class.java)

    override fun preHandle(
        request: HttpServletRequest,
        response: HttpServletResponse,
        handler: Any
    ): Boolean {
        val authHeader = request.getHeader(AUTHORIZATION)

        if (authHeader.isNullOrBlank()) {
            val pair = request.method to request.servletPath

            if (!DEFAULT_ALLOWED_API_URLS.contains(pair)) {
                response.sendError(401)
                return false
            }

            return true
        } else {
            val grantType = request.getParameter(GRANT_TYPE)
            val token = extractToken(authHeader)

            return handleToken(grantType, token, response)
        }
```

```kotlin
    }

    private fun extractToken(token: String) =
        token.replace(BEARER, "").trim()

    private fun handleToken(
        grantType: String?,
        token: String,
        response: HttpServletResponse
    ) = try {
        val jwt = when (grantType) {
            GRANT_TYPE_REFRESH -> JWTUtil.verifyRefresh(token)
            else -> JWTUtil.verify(token)
        }

        val nickName = JWTUtil.extractNickName(jwt)
        val id = JWTUtil.extractId(jwt)

        userContextHolder.set(nickName, id)

        true
    } catch (e: Exception) {
        logger.error("토큰 검증 실패. token = $token", e)
        response.sendError(401)
        false
    }

    override fun postHandle(
        request: HttpServletRequest,
        response: HttpServletResponse,
        handler: Any,
        modelAndView: ModelAndView?
    ) {
        userContextHolder.clear()
    }

    companion object {
        private const val AUTHORIZATION = "Authorization"
        private const val BEARER = "Bearer"
        private const val GRANT_TYPE = "grant_type"
        const val GRANT_TYPE_REFRESH = "refresh_token"
```

```
            private val DEFAULT_ALLOWED_API_URLS = listOf(
                "POST" to "/api/v1/randomchat/signin"
            )
        }


    }
```

이제 스프링에서 TokenValidationInterceptor를 사용할 수 있도록 등록해줍니다.

코드 – an/example/randomchat/configuration/WebConfig.kt

```
    package an.example.randomchat.configuration

    import an.example.randomchat.interceptor.TokenValidationInterceptor
    import org.springframework.context.annotation.Configuration
    import org.springframework.web.servlet.config.annotation.InterceptorRegistry
    import org.springframework.web.servlet.config.annotation.WebMvcConfigurer

    @Configuration
    class WebConfig(
        private val tokenValidationInterceptor: TokenValidationInterceptor
    ) : WebMvcConfigurer {

        override fun addInterceptors(registry: InterceptorRegistry) {
            registry.addInterceptor(tokenValidationInterceptor)
                .addPathPatterns("/api/**")
        }

    }
```

다음으로는 채팅 중이거나 대기 중인 사용자를 나타내고 이 사용자들을 저장할 레파지토리 클래스를 작성합니다. 이 예제에서는 사용자 정보를 메모리에서만 관리하고 직접 데이터베이스에 저장하지는 않을 것입니다.

코드 – an/example/randomchat/domain/user/User.kt

```
    package an.example.randomchat.domain.user
```

```
import java.util.concurrent.atomic.AtomicLong

// 1
class User private constructor(
    val id: Long,
    val nickName: String
) {
    companion object {
        private val nextUserId = AtomicLong(1)

        // 2
        fun create(nickName: String): User {
            val userId = nextUserId.getAndIncrement()
            return User(userId, nickName)
        }
    }
}
```

1. User 객체를 직접 생성하지 못하도록 private 접근자로 생성자를 정의했습니다.

2. User 객체를 생성하는 함수는 User 클래스 내부에 정적 함수로 정의했습니다. thread-safe한 AtomicLong 타입의 nextUserId를 사용해 객체마다 서버 전역에서 유일한 ID 값을 할당할 수 있도록 했습니다.

코드 – an/example/randomchat/domain/user/UserRepository.kt

```
package an.example.randomchat.domain.user
import an.example.randomchat.common.RandomChatException
import org.springframework.stereotype.Repository
import java.util.concurrent.ConcurrentHashMap

@Repository // 1
class UserRepository {

    // 2
    private val users = mutableListOf<User>()

    // 3
    private val indexById = ConcurrentHashMap<Long, User>()
    private val indexByNickName = ConcurrentHashMap<String, User>()
```

```kotlin
// 4
fun create(nickName: String): User {
    validate(nickName)

    return createUser(nickName)
}

private fun validate(nickName: String) {
    findByNickName(nickName)?.let {
        throw RandomChatException("이미 사용 중인 닉네임입니다.")
    }
}

private fun createUser(nickName: String): User {
    val user = User.create(nickName)

    users.add(user)
    onCreateUser(user) // 5
    return user
}

// 6
fun findByNickName(nickName: String): User? {
    return indexByNickName[nickName]
}

// 7
fun findById(id: Long): User? {
    return indexById[id]
}

fun deleteUser(user: User) {
    findById(user.id)?.let {
        users.remove(it)
        onDeleteUser(it) // 8
    }
}

private fun onCreateUser(user: User) {
    indexById[user.id] = user
```

```
            indexByNickName[user.nickName] = user
        }

    private fun onDeleteUser(user: User) {
        indexById.remove(user.id)
        indexByNickName.remove(user.nickName)
    }

}
```

1. 레파지토리 역할을 하는 클래스이기 때문에 @Repository 애노테이션을 달아놓았지만 앞서 사용했던 JpaRepository를 상속하지 않고 직접 메모리에 데이터를 저장하고 삭제할 함수들을 구현합니다.

2. 사용자 정보를 저장할 리스트 객체입니다.

3. users 리스트를 통해 사용자 정보를 검색할 수도 있지만 저장된 사용자 정보를 더 효율적으로 검색할 수 있게 저장 및 삭제 시 Map을 함께 사용할 것입니다. indexById는 사용자의 ID 값으로 사용자 정보를 검색할 객체이고 indexByNickName은 닉네임으로 사용자를 검색할 객체입니다.

4. 새 사용자를 등록하는 함수는 이미 사용 중인 닉네임인지를 검사하고 사용자를 저장하는 순서로 구성되어 있습니다.

5. 사용자를 추가하고 나서는 onCreateUser 함수를 호출해 indexById와 indexByNickName으로 사용자를 빠르게 검색할 수 있도록 처리해줍니다.

6. indexByNickName을 이용해 닉네임으로 사용자를 빠르게 검색할 수 있는 함수입니다.

7. findByNickName과 마찬가지로 indexById를 이용해 사용자를 빠르게 검색할 수 있는 함수입니다.

8. 사용자 삭제 시에도 onDeleteUser 함수를 호출해 indexById와 indexByNickName에서 사용자 정보를 함께 제거해줍니다.

이제 API 호출에 대한 응답과 예외 클래스를 정의하고 전역 예외 핸들러를 정의합니다.

코드 – an/example/randomchat/common/ApiResponse.kt

```
package an.example.randomchat.common

data class ApiResponse(
    val success: Boolean,
    val data: Any? = null,
    val message: String? = null
) {

    companion object {
        fun ok(data: Any? = null) = ApiResponse(true, data)
        fun error(message: String? = null) =
            ApiResponse(false, message = message)
    }

}
```

코드 – an/example/randomchat/common/RandomChatException.kt

```
package an.example.randomchat.common

import java.lang.RuntimeException

class RandomChatException(message: String) : RuntimeException(message)
```

코드 – an/example/randomchat/common/RandomChatExceptionHandler.kt

```
package an.example.randomchat.common

import org.slf4j.LoggerFactory
import org.springframework.web.bind.annotation.ControllerAdvice
import org.springframework.web.bind.annotation.ExceptionHandler
import org.springframework.web.bind.annotation.RestController

@ControllerAdvice
@RestController
class RandomChatExceptionHandler {

    private val logger = LoggerFactory.getLogger(this::class.java)
```

```
    @ExceptionHandler(RandomChatException::class)
    fun handleRandomChatException(e: RandomChatException): ApiResponse {
        logger.error("API error", e)
        return ApiResponse.error(e.message)
    }


    @ExceptionHandler(Exception::class)
    fun handleException(e: Exception): ApiResponse {
        logger.error("API error", e)
        return ApiResponse.error("알 수 없는 오류가 발생했습니다.")
    }


}
```

이어서 정상적인 채팅 사용자로 등록되었음을 알려주는 SigninResponse 클래스를 정의
하고 AuthController를 생성해 채팅 사용자를 등록하는 signin API와 토큰을 갱신하는
refreshToken API를 정의하겠습니다.

코드 – an/example/randomchat/domain/auth/SigninResponse.kt

```
package an.example.randomchat.domain.auth


data class SigninResponse(
    val token: String,
    val refreshToken: String,
    val nickName: String
)
```

코드 – an/example/randomchat/controller/AuthController.kt

```
package an.example.randomchat.controller


import an.example.randomchat.common.ApiResponse
import an.example.randomchat.common.RandomChatException
import an.example.randomchat.domain.auth.JWTUtil
import an.example.randomchat.domain.auth.SigninResponse
import an.example.randomchat.domain.auth.UserContextHolder
import an.example.randomchat.domain.user.UserRepository
```

```kotlin
import an.example.randomchat.interceptor.TokenValidationInterceptor
import org.springframework.web.bind.annotation.PostMapping
import org.springframework.web.bind.annotation.RequestMapping
import org.springframework.web.bind.annotation.RequestParam
import org.springframework.web.bind.annotation.RestController

@RestController
@RequestMapping("/api/v1/randomchat")
class AuthController(
    private val userRepository: UserRepository,
    private val userContextHolder: UserContextHolder
) {

    // 1
    private val notAllowedNickNames = listOf("운영자", "알림")

    @PostMapping("/signin")
    fun signin(@RequestParam nickName: String): ApiResponse {
        validateNickName(nickName)

        val user = userRepository.create(nickName)

        return try {
            val signinResponse = SigninResponse(
                JWTUtil.createToken(nickName, user.id),
                JWTUtil.createRefreshToken(nickName, user.id),
                nickName
            )

            ApiResponse.ok(signinResponse)
        } catch (e: RuntimeException) {
            userRepository.deleteUser(user)

            ApiResponse.error(e.message)
        }
    }

    @PostMapping("/refresh_token")
    fun refreshToken(
        @RequestParam("grant_type") grantType: String
    ): ApiResponse {
```

```kotlin
        if (grantType != TokenValidationInterceptor.GRANT_TYPE_REFRESH) {
            throw IllegalArgumentException("grant_type 없음")
        }

        val nickName = userContextHolder.nickName
        val userId = userContextHolder.id

        return ApiResponse.ok(JWTUtil.createToken(nickName, userId))
    }

    // 2
    private fun validateNickName(nickName: String) {
        if (nickName.isEmpty() ||
            nickName.isBlank() ||
            nickName.length > 10 ||
            notAllowedNickNames.contains(nickName)
        ) {
            throw RandomChatException(
                "닉네임 형식이 올바르지 않거나 허용되지 않은 닉네임입니다."
            )
        }
    }

}
```

1. notAllowedNickNames는 닉네임으로 사용할 수 없는 문자열들을 간단하게 정의한 클래스의 멤버 프로퍼티로, validateNickName 함수에서 검증용으로 사용됩니다.

2. signin 함수에서 사용하는 validateNickName 함수는 닉네임이 비었거나 길이가 너무 길거나 혹은 1번 항목에서 언급한 사용 금지된 닉네임인지를 검사합니다.

이제 채팅방을 나타낼 RandomChatRoom 클래스와 채팅방을 저장할 RandomChat Repository 그리고 채팅방을 관리할 RandomChatRoomManager 클래스를 정의합니다.

코드 – an/example/randomchat/domain/chat/room/RandomChatRoom.kt

```kotlin
package an.example.randomchat.domain.chat.room

import an.example.randomchat.domain.user.User
import java.util.concurrent.atomic.AtomicLong
```

```kotlin
class RandomChatRoom private constructor(
    val id: Long
) {

    // 1
    val users = mutableListOf<User>()

    // 2
    fun addUser(user: User) {
        synchronized(users) {
            users.add(user)
        }
    }

    // 3
    fun removeUser(user: User) {
        synchronized(users) {
            users.remove(user)
        }
    }

    companion object {
        private val nextRoomId = AtomicLong(1)

        fun create(): RandomChatRoom {
            val roomId = nextRoomId.getAndIncrement()
            return RandomChatRoom(roomId)
        }
    }

}
```

1. 이 예제에서 보여주는 것은 1:1 채팅이지만 N명의 사용자가 채팅을 할 수 있도록 확장 가능성을 고려해 RandomChatRoom 클래스 내부에 users라는 프로퍼티로 사용자의 목록을 관리하도록 했습니다.

2. 채팅방에 사용자를 추가하는 함수입니다. users의 타입인 MutableList는 thread-safe 하지 않으므로 synchronized로 감싸줍니다.

3. 채팅방에서 사용자를 제거하는 함수입니다. 사용자가 접속을 종료했거나 채팅방에서 나
갔을 때 호출할 수 있습니다. 2번 항목과 마찬가지로 synchronized로 감싸 users에서 제
거합니다.

코드 – an/example/randomchat/domain/chat/room/RandomChatRoomRepository.kt

```kotlin
package an.example.randomchat.domain.chat.room

import an.example.randomchat.domain.user.User
import org.springframework.stereotype.Repository
import java.util.concurrent.ConcurrentHashMap

@Repository
class RandomChatRoomRepository {

    // 1
    private val rooms = mutableListOf<RandomChatRoom>()

    // 2
    private val indexByUser = ConcurrentHashMap<User, RandomChatRoom>()

    // 3
    fun create(user1: User, user2: User): RandomChatRoom {
        val room = RandomChatRoom
            .create()
            .also {
                it.addUser(user1)
                it.addUser(user2)
            }

        synchronized(rooms) {
            rooms.add(room)
        }

        onUserAddedToRoom(user1, room)
        onUserAddedToRoom(user2, room)

        return room
    }
```

```kotlin
    // 4
    fun remove(room: RandomChatRoom) {
        synchronized(rooms) {
            rooms.remove(room)
        }

        onRemoveRoom(room)
    }

    fun findByUser(user: User): RandomChatRoom? {
        return indexByUser[user]
    }

    fun addUserToRoom(room: RandomChatRoom, user: User) {
        room.addUser(user)
        onUserAddedToRoom(user, room)
    }

    // 5
    fun removeUserFromRoom(user: User) {
        synchronized(indexByUser) {
            indexByUser[user]?.let { room ->
                room.removeUser(user)
                onUserRemovedFromRoom(user)
            }
        }
    }

    private fun onUserAddedToRoom(user: User, room: RandomChatRoom) {
        indexByUser[user] = room
    }

    private fun onUserRemovedFromRoom(user: User) {
        indexByUser.remove(user)
    }

    private fun onRemoveRoom(room: RandomChatRoom) {
        synchronized(indexByUser) {
            room.users
                .forEach { user ->
                    onUserRemovedFromRoom(user)
```

```
                    }
                }
            }

        }
```

1. 메모리에 채팅방 리스트를 담고 있을 멤버 프로퍼티입니다.

2. 여기에서 만드는 채팅 서비스의 경우 채팅방의 검색 유즈케이스는 사용자 객체로부
터 사용자가 속한 채팅방을 가져오는 것 뿐이기 때문에 ConcurrentHashMap⟨User,
RandomChatRoom⟩() 형태로 인덱스를 정의했습니다.

3. 2명의 사용자를 받아 채팅방을 생성하는 함수입니다. 언급하지는 않았지만 이 예제에서
는 채팅방 생성 시 2명의 사용자가 필요하다는 규칙이 있다고 가정하고 함수를 정의했습
니다. 이 함수는 채팅방을 생성 후 사용자 2명을 방에 추가하고 rooms 프로퍼티에 채팅
방을 저장한 후에 사용자로 채팅방을 검색할 수 있도록 indexByUser에 맵핑을 추가합
니다.

4. 채팅방에서 사용자가 나가 더 이상 채팅을 진행할 수 없을 때 채팅방을 제거하는 함수입
니다. 채팅방을 제거할 때에는 onRemoveRoom 함수를 함께 호출해 사용자 인덱스를 함
께 제거해주어야 합니다.

5. 사용자가 접속을 종료했을 때 채팅방에서 사용자를 퇴장시키는 함수입니다. 사용자로 채
팅방을 검색하고 그 채팅방에서 사용자를 제거한 후 인덱스에서 사용자와 채팅방의 맵핑
을 제거합니다.

채팅방과 그 레파지토리가 마련되었으니 이제 채팅방을 관리하는 기능을 담은 클래스를 작성
하겠습니다.

코드 – an/example/randomchat/domain/chat/room/RandomChatRoomManager.kt

```
package an.example.randomchat.domain.chat.room

import an.example.randomchat.domain.user.User
import org.springframework.stereotype.Component
import java.util.concurrent.ConcurrentLinkedQueue
```

```kotlin
@Component
class RandomChatRoomManager(
    private val randomChatRoomRepository: RandomChatRoomRepository
) {

    // 1
    private val waitingUsers = ConcurrentLinkedQueue<User>()

    // 2
    fun createRoomOrWaitAnotherUser(user: User): RandomChatRoom? {
        val waitingUser = getWaitingUser()

        if (waitingUser == null) {
            addWaitingUser(user)
            return null
        }

        return createRoom(user, waitingUser)
    }

    fun addWaitingUser(user: User) {
        waitingUsers.add(user)
    }

    fun getWaitingUser(): User? {
        return waitingUsers.poll()
    }

    fun findRoomByUser(user: User): RandomChatRoom? {
        return randomChatRoomRepository.findByUser(user)
    }

    private fun createRoom(user: User, waitingUser: User): RandomChatRoom {
        return randomChatRoomRepository.create(user, waitingUser)
    }

    // 3
    @Synchronized
    fun removeUserFromRoom(user: User): RandomChatRoom? {
        return findRoomByUser(user)
            ?.also { room ->
```

```
                    randomChatRoomRepository.removeUserFromRoom(user)

            if (room.users.size < 2) {
                randomChatRoomRepository.remove(room)
                room.users.firstOrNull()?.let {
                    waitingUsers.add(it)
                }
            }
        }
    }

    fun removeWaitingUser(user: User) {
        waitingUsers.remove(user)
    }

}
```

1. 채팅 대기 중인 유저 목록이 저장될 큐입니다. 동시성 이슈로 대기열이 1명을 초과할 수는 있지만 ConcurrentLinkedQueue를 사용해 누락되는 사용자는 없을 것이며 계속해서 추가적인 사용자들이 접속한다면 큰 문제 없이 채팅이 매칭될 것입니다.

2. 대기열에 이미 대기중인 사용자가 존재하지 않는다면 현재 사용자를 대기열에 등록하고 대기중인 사용자가 존재하는 경우 두 사용자가 입장한 채팅방을 생성해 반환합니다.

3. 채팅방에서 사용자를 퇴장시키는 함수입니다. 사용자가 퇴장한 경우 채팅방에 남은 접속자가 한명 이하라면 채팅방을 제거하고 남은 사용자는 다시 채팅 대기열에 추가합니다. 이 함수는 동시성 이슈가 발생할 수 있으므로 @Synchronized 애노테이션을 달아 한 번에 한 스레드만 접근할 수 있도록 설정해줍니다.

다음으로는 사용자의 세션 인터페이스를 정의하고 세션을 관리할 로직을 작성하겠습니다. 세션은 여러가지의 사용자의 접속 정보를 담고 있지만 여기에서는 isOpen, close, sendMessage 세 가지의 기능만 정의하도록 하겠습니다.

코드 – an/example/randomchat/domain/chat/session/ChatMessage.kt

```kotlin
package an.example.randomchat.domain.chat.message

data class ChatMessage(
    val senderNickName: String,
    val message: String
)
```

먼저 간단하게 메시지 전송용으로 사용될 ChatMessage 클래스를 정의했습니다. 이 클래스는
보내는 사람의 닉네임과 메시지 내용만 가지고 있습니다. 다음은 세션 인터페이스를 정의해줍
니다.

코드 – an/example/randomchat/domain/chat/session/RandomChatSession.kt

```kotlin
package an.example.randomchat.domain.chat.session

import an.example.randomchat.domain.chat.message.ChatMessage

interface RandomChatSession {

    fun isOpen(): Boolean

    fun close()

    fun sendMessage(message: ChatMessage)

}
```

isOpen은 사용자가 접속 중인지를 확인하는 함수입니다. close는 사용자의 접속 종료 시 세션
을 닫는 함수이며, sendMessage는 사용자에게 메시지를 전송하는 함수입니다.

코드 – an/example/randomchat/domain/chat/session/RandomChatSessionManager.kt

```kotlin
package an.example.randomchat.domain.chat.session

import an.example.randomchat.domain.user.User
import org.springframework.stereotype.Component
import java.util.concurrent.ConcurrentHashMap
```

```
@Component
class RandomChatSessionManager {

    // 1
    private val sessions =
        ConcurrentHashMap<User, RandomChatSession>()

    // 2
    fun addSession(user: User, session: RandomChatSession) {
        sessions[user] = session
    }

    // 3
    fun removeSession(user: User) {
        sessions[user]?.close()
        sessions.remove(user)
    }

    fun getSession(user: User): RandomChatSession? {
        return sessions[user]
    }

}
```

1. 사용자별 세션을 관리할 프로퍼티입니다.

2. 사용자가 접속했을 때 호출되어 세션을 추가하는 함수입니다.

3. 사용자가 접속을 끊었을 때 호출되어 세션을 제거하는 함수입니다. 세션을 제거할 때에는 혹시 유지되고 있을지 모르는 연결 상태를 끊기 위해 항상 close 함수를 호출해 세션을 닫아주어야 합니다.

메시지를 전송할 세션 인터페이스가 마련되었으니 메시지를 핸들링할 RandomChat MessageHandler 클래스를 작성하도록 하겠습니다.

코드 – an/example/randomchat/domain/chat/session/RandomChatMessageHandler.kt

```kotlin
package an.example.randomchat.domain.chat.session

import an.example.randomchat.domain.chat.room.RandomChatRoomManager
import an.example.randomchat.domain.user.User
import org.springframework.stereotype.Component

@Component
class RandomChatMessageHandler(
    private val randomChatRoomManager: RandomChatRoomManager,
    private val randomChatSessionManager: RandomChatSessionManager
) {

    // 1
    fun onMessage(sender: User, message: String) {
        val room = randomChatRoomManager.findRoomByUser(sender)

        room?.let {
            val chatMessage = ChatMessage(sender.nickName, message)

            room.users
                .filter { user ->
                    user.id != sender.id
                }
                .forEach { user ->
                    val session = randomChatSessionManager.getSession(user)
                    session?.sendMessage(chatMessage)
                }
        }
    }

}
```

1. 사용자로부터 메시지가 도착했을 때 호출될 함수입니다. 메시지를 보낸 사용자가 속한 채팅방을 검색한 후 그 사용자를 제외한 채팅방 내의 다른 멤버들에게 메시지를 보내는 순서로 구성되어 있습니다.

이제 지금까지 작성한 모든 로직들을 관장할 RandomChatManager 클래스를 작성하겠습니다.

```kotlin
package an.example.randomchat.domain.chat

import an.example.randomchat.domain.chat.session.ChatMessage
import an.example.randomchat.domain.chat.room.RandomChatRoom
import an.example.randomchat.domain.chat.room.RandomChatRoomManager
import an.example.randomchat.domain.chat.session.RandomChatMessageHandler
import an.example.randomchat.domain.chat.session.RandomChatSession
import an.example.randomchat.domain.chat.session.RandomChatSessionManager
import an.example.randomchat.domain.user.User
import an.example.randomchat.domain.user.UserRepository
import org.springframework.stereotype.Component

@Component
class RandomChatManager(
    private val userRepository: UserRepository,
    private val randomChatSessionManager: RandomChatSessionManager,
    private val randomChatRoomManager: RandomChatRoomManager,
    private val randomChatMessageHandler: RandomChatMessageHandler
) {

    // 1
    fun start(userId: Long, session: RandomChatSession) {
        val user = userRepository.findById(userId)

        when {
            user == null -> {
                session.close()
            }
            randomChatSessionManager.getSession(user) != null -> {
                session.close()
            }
            else -> {
                startSession(user, session)
            }
        }
    }

    // 2
    private fun startSession(user: User, session: RandomChatSession) {
        randomChatSessionManager.addSession(user, session)
```

```kotlin
        val roomCreated = randomChatRoomManager
            .createRoomOrWaitAnotherUser(user)

        if (roomCreated == null) {
            val message = ChatMessage(NOTICE, WAITING_MESSAGE)
            session.sendMessage(message)
        } else {
            sendWelcomeMessage(roomCreated)
        }
    }

    // 3
    private fun sendWelcomeMessage(room: RandomChatRoom) {
        room.users.forEach { user ->
            val message = ChatMessage(NOTICE, WELCOME_MESSAGE)

            randomChatSessionManager.getSession(user)
                ?.sendMessage(message)
        }
    }

    fun sendMessage(sender: User, message: String) {
        randomChatMessageHandler.onMessage(sender, message)
    }

    // 4
    fun closeSession(userId: Long) {
        val abandoner = userRepository.findById(userId)

        abandoner?.let {
            randomChatSessionManager.removeSession(abandoner)
            userRepository.deleteUser(abandoner)

            val roomAbandoned = randomChatRoomManager
                .removeUserFromRoom(abandoner)

            roomAbandoned?.let {
                sendQuitMessage(roomAbandoned, abandoner)
            }
        }
```

```
        }

        // 5
        private fun sendQuitMessage(room: RandomChatRoom, abandoner: User) {
            val nickName = abandoner.nickName
            val quitMessage = ChatMessage(NOTICE, "$nickName님이 나갔습니다.")

            room.users
                .forEach { other ->
                    randomChatSessionManager
                        .getSession(other)
                        ?.sendMessage(quitMessage)
                }
        }

        companion object {
            const val NOTICE = "알림"
            const val WELCOME_MESSAGE = "상대방과 연결되었습니다."
            const val WAITING_MESSAGE = "대기 중인 사용자가 없습니다. 잠시만 기다려주세요."
        }

    }
```

1. 사용자가 채팅 세션에 접속했을 때 호출되는 함수입니다. API를 통해 올바른 채팅 사용자로 등록이 되었는지 여부와 중복 접속 체크를 위해 사용자의 세션이 이미 등록되었는지를 검증한 후 채팅 세션을 시작하는 startSession 함수를 호출합니다. 검증에 실패했을 경우에는 세션을 강제로 닫아버립니다.

2. 채팅 세션을 시작하는 함수입니다. RandomChatRoomManager를 통해 채팅 대기열에 등록하거나 대기열에 다른 사용자가 대기 중인 경우 채팅방을 생성합니다. 채팅방이 생성된 경우 해당 채팅방에 채팅이 시작되었음을 알리는 메시지를 전송합니다.

3. 채팅방에 채팅이 시작되었음을 알리는 메시지를 전송하는 함수입니다. 채팅방에 속한 유저들을 대상으로 RandomChatSessionManager를 통해 사용자의 세션을 가져다가 메시지를 전송합니다.

4. 사용자의 접속이 끊겼을 때 채팅 세션을 종료하는 함수입니다. 먼저 세션을 종료 및 제거하고 userRepository로부터 사용자를 제거합니다. 그리고 사용자가 떠난 방에 남은 사용

자들을 대상으로 누군가 떠났음을 알리는 메시지를 전송합니다.

5. 채팅방 내의 사용자들을 대상으로 특정 사용자가 떠났음을 알리는 메시지를 전송하는 함수입니다.

이제는 양방향 통신을 위해 웹소켓을 다루는 코드를 작성하겠습니다. 웹소켓은 사용자와 연결을 맺고 끊으며 연결 시 받은 토큰을 통해 사용자를 식별하고 RandomChatManager를 통해 채팅 세션의 시작과 종료를 알리는 역할을 할 것입니다. 이 예제에서는 웹소켓 라이브러리에 대한 의존성을 되도록 줄이고 싶었기 때문에 코드가 많지 않습니다.

Spring Websocket에는 사용자의 연결 상태를 관리하기 위한 WebSocketSession이라는 클래스가 있습니다. 이 WebSocketSession을 우리가 앞서 만들었던 로직들 내부에 끼워넣기 위해 RandomChatSession 인터페이스를 구현하고 WebSocketSession을 감싸는 클래스를 만들겠습니다.

코드 – an/example/randomchat/domain/chat/websocket/WSRandomChatSession.kt

```kotlin
package an.example.randomchat.domain.chat.websocket

import an.example.randomchat.domain.chat.session.ChatMessage
import an.example.randomchat.domain.chat.session.RandomChatSession
import com.fasterxml.jackson.databind.ObjectMapper
import org.springframework.web.socket.CloseStatus
import org.springframework.web.socket.TextMessage
import org.springframework.web.socket.WebSocketSession

class WSRandomChatSession(
    private val webSocketSession: WebSocketSession
) : RandomChatSession {

    override fun isOpen(): Boolean {
        return webSocketSession.isOpen
    }

    override fun close() {
        webSocketSession.close(CloseStatus.NORMAL)
    }

    // 1
```

```
    override fun sendMessage(message: ChatMessage) {
        val jsonMessage = ObjectMapper()
            .writeValueAsString(message)
        val webSocketTextMessage = TextMessage(jsonMessage)

        webSocketSession.sendMessage(webSocketTextMessage)
    }

}
```

1. 이 클래스에서 가장 중요한 역할은 사용자에게 메시지를 전송하는 것입니다. sendMessage 함수는 ChatMessage를 JSON으로 변환한 후 WebSocketSession의 sendMessage 함수에서 사용되는 TextMessage 객체를 생성해 사용자에게 메시지를 전달합니다.

다음으로는 웹소켓 연결과 연결 종료를 처리할 핸들러 클래스를 작성하겠습니다.

코드 – an/example/randomchat/domain/chat/websocket/WSRandomChatHandler.kt

```
package an.example.randomchat.domain.chat.websocket

import an.example.randomchat.domain.auth.JWTUtil
import an.example.randomchat.domain.chat.RandomChatManager
import org.slf4j.LoggerFactory
import org.springframework.stereotype.Component
import org.springframework.web.socket.CloseStatus
import org.springframework.web.socket.WebSocketSession
import org.springframework.web.socket.handler.TextWebSocketHandler

@Component
class WSRandomChatHandler(
    private val randomChatManager: RandomChatManager
) : TextWebSocketHandler() { // 1

    private val logger = LoggerFactory.getLogger(javaClass)

    // 2
    override fun afterConnectionEstablished(session: WebSocketSession) {
        runCatching { // 3
            // 4
```

```kotlin
            val token = session.authorizationToken
                ?: throw RuntimeException("인증 토큰 없음")

            val decodedJWT = JWTUtil.verify(token)
            val userId = JWTUtil.extractId(decodedJWT)
            val randomChatSession = WSRandomChatSession(session) // 5

            randomChatManager.start(userId, randomChatSession)
        }.onFailure { e -> // 6
            logger.error("소켓 연결 후처리 오류 발생.", e)
            session.close(CloseStatus.BAD_DATA)
        }
    }


    // 7
    override fun afterConnectionClosed(
        session: WebSocketSession,
        status: CloseStatus
    ) {
        logger.info("websocket session closed.")
        runCatching {
            val token = session.authorizationToken
                ?: throw RuntimeException("인증 토큰 없음")

            val decodedJWT = JWTUtil.verify(token)
            val userId = JWTUtil.extractId(decodedJWT)

            logger.info("closing user session. userId = $userId")
            randomChatManager.closeSession(userId)
        }.onFailure { e ->
            logger.error("토큰 검증 실패", e)
        }
    }

    // 8
    val WebSocketSession.authorizationToken
        get(): String? {
            return handshakeHeaders["sec-websocket-protocol"]
                ?.lastOrNull()
                ?.replace("access_token ", "")
                ?.trim()
```

```
              }

      }
```

1. Spring Websocket에서는 TextWebSocketHandler를 상속받아 텍스트 메시지를 핸들
링할 수 있습니다. 이 클래스를 상속받아 메시지를 처리하는 경우에는 바이너리 메시지는
거부하게 되어 있습니다.

2. afterConnectionEstablished는 사용자로부터 요청된 웹소켓 연결이 이루어졌을 때 호출
되는 콜백입니다. 이 함수에서 토큰을 검증하고 채팅 세션을 시작하는 등의 일을 처리하
게 됩니다.

3. runCatching은 코틀린 1.3에서 소개된 인라인 함수로 람다 블록을 try-catch로 감
싼 뒤 성공이나 실패 값을 담은 Result 객체를 돌려줍니다. Result 객체는 isSuccess,
isFailure 등의 성공 여부를 돌려주는 프로퍼티와 onSuccess, onFailure 등의 콜백 및
getOrNull, getOrThrow 등의 유용한 함수들을 가지고 있습니다.

4. 사용자를 검증하기 위해 웹소켓 세션에서 토큰을 가져옵니다. 토큰 값이 없는 경우 예외
를 던지게 됩니다. 토큰을 가져오는 부분은 아래의 8번 항목에서 다시 설명합니다.

5. 웹소켓 세션을 감싼 WSRandomChatSession 객체를 생성해 RandomChatManager에
게 전달합니다.

6. 웹소켓이 연결되었을 때 처리해야 할 일 중 오류가 발생하면 웹소켓 세션을 닫도록 했습
니다.

7. afterConnectionClosed는 웹소켓 연결이 끊겼을 때 호출되는 콜백입니다. 이 함수는 토
큰을 검증하고 사용자의 채팅 세션을 종료시키는 역할을 합니다.

8. 웹소켓 세션으로부터 토큰을 가져오는 확장 프로퍼티입니다. 이 확장 프로퍼티는 웹소
켓 세션의 handshakeHandlers에서 sec-websocket-protocol 값을 가져와 "access_
token"이라는 문자열을 제거하는 순서로 이루어져 있습니다. sec-websocket-protocol
헤더는 웹소켓 연결 시 헤더에 값을 넣어주거나 웹브라우저의 경우 WebSocket 생성자의
두번째 인자로 ["access_token", token] 형태로 서브프로토콜 값을 넣어줄 수 있습니다.

이어서 스프링에서 웹소켓을 사용하기 위한 설정 클래스를 작성합니다.

코드 – an/example/randomchat/configuration/WebSocketConfig.kt

```kotlin
package an.example.randomchat.configuration

import an.example.randomchat.domain.chat.websocket.WSRandomChatHandler
import org.springframework.context.annotation.Configuration
import org.springframework.web.socket.config.annotation.EnableWebSocket
import org.springframework.web.socket.config.annotation.WebSocketConfigurer
import org.springframework.web.socket.config.annotation.WebSocketHandlerRegistry
import org.springframework.web.socket.server.support.DefaultHandshakeHandler

@Configuration
@EnableWebSocket // 1
class WebSocketConfig(
    private val wsRandomChatHandler: WSRandomChatHandler
) : WebSocketConfigurer {

    override fun registerWebSocketHandlers(
        registry: WebSocketHandlerRegistry
    ) {
        registry
            .addHandler(wsRandomChatHandler, "/ws/randomchat") // 2
            .setAllowedOrigins("*")
            .setHandshakeHandler(handshakeHandler()) // 3
    }

    private fun handshakeHandler(): DefaultHandshakeHandler {
        return DefaultHandshakeHandler().apply {
            setSupportedProtocols("access_token") // 4
        }
    }
}
```

1. @EnableWebSocket 애노테이션을 달아주면 스프링이 웹소켓 요청들을 처리할 수 있게 됩니다.

2. WebSocketHandlerRegistry에 앞서 작성한 웹소켓 핸들러를 등록하고 핸들러가 동작할 패스를 맵핑해줍니다. 이 예제에서는 /ws/randomchat으로 웹소켓 연결을 요청하면 WSRandomChatHandler의 afterConnectionEstablished 함수가 동작하게 됩니다.

3. 별도의 핸드셰이크 핸들러를 지정해주어 서브프로토콜을 사용할 수 있도록 만들어주어야 하기 때문에 handshakeHandler 함수를 호출해 객체를 전달합니다. 4번 항목에서 조금 더 자세히 설명하겠습니다.

4. setSupportedProtocols 함수는 웹소켓 연결 시 사용할 수 있는 서브프로토콜을 지정하는 역할을 합니다. 이 예제에서는 "access_token"을 지정해 클라이언트가 Sec-WebSocket-Protocol 헤더에 토큰을 전달할 수 있도록 설정해주었습니다. 만일 우리가 앞서 작성한 WSRandomChatHandler가 SubProtocolCapable 인터페이스를 구현하고 있다면 별도의 핸들러를 생성해 서브프로토콜을 지정해줄 필요가 없지만 우리는 SubProtocolCapable을 구현하지 않았으므로 별도의 핸들러를 생성하고 서브프로토콜을 지정해주었습니다.

마지막으로 사용자가 전송한 메시지를 받아 채팅 상대방에게 웹소켓 메시지를 전송하는 MessageController를 작성하겠습니다.

먼저 컨트롤러의 파라미터로 쓰일 MessageRequest 클래스를 정의합니다.

코드 – an/example/randomchat/controller/request/MessageRequest.kt

```
package an.example.randomchat.controller.request
data class MessageRequest(val content: String)
```

현재는 딱히 다른 데이터들을 받을 필요는 없기 때문에 content라는 문자열 프로퍼티를 하나 선언했습니다.

이어서 MessageController를 작성해줍니다.

코드 – an/example/randomchat/controller/MessageController.kt

```
package an.example.randomchat.controller

import an.example.randomchat.common.ApiResponse
import an.example.randomchat.common.RandomChatException
import an.example.randomchat.controller.request.MessageRequest
import an.example.randomchat.domain.auth.UserContextHolder
import an.example.randomchat.domain.chat.RandomChatManager
import an.example.randomchat.domain.user.UserRepository
```

```kotlin
import org.slf4j.LoggerFactory
import org.springframework.web.bind.annotation.PostMapping
import org.springframework.web.bind.annotation.RequestBody
import org.springframework.web.bind.annotation.RequestMapping
import org.springframework.web.bind.annotation.RestController

@RestController
@RequestMapping("/api/v1/randomchat")
class MessageController(
    private val userRepository: UserRepository,
    private val userContextHolder: UserContextHolder,
    private val randomChatManager: RandomChatManager
) {

    private val logger = LoggerFactory.getLogger(javaClass)

    @PostMapping("/message")
    fun sendMessage(@RequestBody request: MessageRequest): ApiResponse {
        return try {
            val userId = userContextHolder.id
            val user = userRepository.findById(userId)
                ?: throw RandomChatException("사용자 정보 없음.")

            randomChatManager.sendMessage(user, request.content)

            ApiResponse.ok()
        } catch (e: RuntimeException) {
            logger.error("메시지 전송 실패", e)
            ApiResponse.error("메시지 전송에 실패하였습니다.")
        }

    }

}
```

사용자를 검색하고 RandomChatManager의 sendMessage 함수를 호출하는 간단한 컨트롤러 로직입니다. 이로써 서버사이드 구현은 모두 마쳤습니다.

9.2 클라이언트 구현 ////////////////////////////////////

서버에 이어서 안드로이드 앱을 만들도록 하겠습니다. Androud Studio에서 새 프로젝트를 생성하고 다음을 참고해 build.gradle 파일에 의존성을 추가합니다. 이 예제에서는 프로젝트 생성 시 Add No Activity를 선택하고 프로젝트명을 kotlin-random-chat으로, Package name은 com.example.kotlin_random_chat으로 설정했습니다.

코드 – build.gradle(Project: kotlin-random-chat)

```
buildscript {
    ext.kotlin_version = '1.3.50'
    repositories {
        google()
        jcenter()

    }
    dependencies {
        classpath 'com.android.tools.build:gradle:3.5.3'
        classpath "org.jetbrains.kotlin:kotlin-gradle-plugin:$kotlin_version"
    }
}

allprojects {
    repositories {
        google()
        jcenter()
        maven { url 'https://jitpack.io' }
    }
}

task clean(type: Delete) {
    delete rootProject.buildDir
}
```

코드 – build.gradle(Module: app)

```
apply plugin: "com.android.application"

apply plugin: "kotlin-android"
```

```
apply plugin: "kotlin-android-extensions"

android {
    compileSdkVersion 29
    buildToolsVersion "29.0.2"
    defaultConfig {
        applicationId "com.example.kotlin_random_chat"
        minSdkVersion 23
        targetSdkVersion 29
        versionCode 1
        versionName "1.0"
        testInstrumentationRunner "androidx.test.runner.AndroidJUnitRunner"
    }
    buildTypes {
        release {
            minifyEnabled false
            proguardFiles getDefaultProguardFile("proguard-android-optimize.txt"),
"proguard-rules.pro"
        }
    }
    // 1
    dataBinding {
        enabled = true
    }
}

ext {
    splitties_version = "2.1.1"
    arch_version = '2.2.0'
    recyclerview_version = '1.1.0'
    retrofit_version = '2.6.0'
    okhttp_version = '3.8.0'
    scarlet_version = '0.2.4'
}

// 2
dependencies {
    implementation fileTree(dir: "libs", include: ["*.jar"])
    implementation "org.jetbrains.kotlin:kotlin-stdlib-jdk7:$kotlin_version"
    implementation "androidx.appcompat:appcompat:1.1.0"
```

```
        implementation "androidx.core:core-ktx:1.1.0"
        implementation "androidx.constraintlayout:constraintlayout:1.1.3"
        implementation "org.jetbrains.kotlinx:kotlinx-coroutines-core:1.3.3"
        implementation "androidx.lifecycle:lifecycle-extensions:$arch_version"
        implementation "androidx.lifecycle:lifecycle-viewmodel-ktx:$arch_version"
        implementation "androidx.lifecycle:lifecycle-livedata-ktx:$arch_version"
        implementation "androidx.lifecycle:lifecycle-runtime-ktx:$arch_version"
        implementation "androidx.recyclerview:recyclerview:$recyclerview_version"
        implementation "com.louiscad.splitties:splitties-activities:$splitties_version"
        implementation "com.louiscad.splitties:splitties-toast:$splitties_version"
        implementation "com.squareup.retrofit2:retrofit:$retrofit_version"
        implementation "com.squareup.retrofit2:converter-gson:$retrofit_version"
        implementation "com.squareup.okhttp3:logging-interceptor:$okhttp_version"
        testImplementation "junit:junit:4.12"
        androidTestImplementation "androidx.test.ext:junit:1.1.0"
        androidTestImplementation "androidx.test.espresso:espresso-core:3.1.1"
}
```

1. androidx 데이터 바인딩 라이브러리를 사용하기 위해 dataBinding.enabled를 true로 설정합니다.

2. 라이브러리 의존성은 앞서 만들었던 중고 거래 서비스의 의존성과는 조금 다릅니다. anko 의존성을 제거하고 대신 필요한 부분은 splitties라는 작은 라이브러리 모음 중 몇 가지 모듈로 대체했습니다. splitties-activities는 액티비티 안에서 다른 액티비티를 시작할 때 다음과 같이 코드를 간결하고 코틀린답게 만들어줍니다.

```
// splitties-activities 없이
val intent = Intent(this, SomeActivity::class.java)
startActivity(intent)

// splitties-activity를 사용
start<SomeActivity>
```

splitties-toast는 액티비티 내에서 토스트 메시지를 출력할 때 다음과 같이 코틀린 스타일의 간결한 코드를 사용할 수 있도록 만들어줍니다.

```
// splitties-toast 없이
Toast.makeText(this, "This is a toast.", Toast.LENGTH_SHORT).show()

// splitties-toast를 사용
toast("Very very simple!!")
```

이 예제에서는 웹소켓은 연결을 맺고 메시지를 받는 것 외에는 큰 역할을 하지 않기 때문에 OKHttp 라이브러리에서 제공하는 웹소켓 구현을 사용할 것입니다.

가장 먼저 액션바를 없애기 위해 styles.xml 파일을 열어 다음과 같이 앱 테마를 변경해줍니다.

코드 – res/values/styles.xml

```xml
<resources>

    <!-- Base application theme. -->
    <style name="AppTheme" parent="Theme.AppCompat.Light.NoActionBar">
        <!-- Customize your theme here. -->
        <item name="colorPrimary">@color/colorPrimary</item>
        <item name="colorPrimaryDark">@color/colorPrimaryDark</item>
        <item name="colorAccent">@color/colorAccent</item>
    </style>

</resources>
```

다음으로는 전역 애플리케이션 컨텍스트를 사용하기 위해 App.kt를 작성하고 API 서버 주소와 같은 일부 설정들을 넣어줍니다.

코드 – com/example/kotlin_random_chat/App.kt

```kotlin
package com.example.kotlin_random_chat

import android.app.Application

class App : Application() {

    override fun onCreate() {
        super.onCreate()
        instance = this
```

```
        }

    companion object {
        lateinit var instance: App
        const val API_HOST = "http://10.0.2.2"
        const val API_PORT = 8080
        const val WEBSOCKET_ENDPOINT = "ws://10.0.2.2:8080/ws/randomchat"
    }

}
```

나중에 개발 환경과 프로덕션 환경에서 다른 서버 주소를 사용하고 싶다면 Build Variant 기능을 이용해 외부에서 환경별 서버 주소를 설정하고 다음과 같은 코드를 사용할 수도 있습니다.

```
companion object {
    val apiHost by lazy { instance.getString(R.string.app_server) }
}
```

이어서 AndroidManifest에 App 클래스를 등록하고 인터넷을 통해 API를 호출할 수 있도록 인터넷 권한을 추가합니다.

코드 – manifest/AndroidManifest.xml

```
<?xml version="1.0" encoding="utf-8"?>
<manifest xmlns:android="http://schemas.android.com/apk/res/android"
    xmlns:tools="http://schemas.android.com/tools"
    package="com.example.kotlin_random_chat">

    <uses-permission android:name="android.permission.INTERNET"/>

    <application
        android:name=".App"
        android:allowBackup="true"
        android:icon="@mipmap/ic_launcher"
        android:label="@string/app_name"
        android:roundIcon="@mipmap/ic_launcher_round"
        android:supportsRtl="true"
        android:usesClearextTraffic="true"
```

```
            android:theme="@style/AppTheme"
            tools:ignore="GoogleAppIndexingWarning">
    </application>

</manifest>
```

이제는 사용자의 API 토큰 저장, API 호출 등 이 예제의 애플리케이션에서 사용할 공용 코드들을 먼저 작성해둔 후 각각의 도메인 코드를 작성하도록 하겠습니다.

먼저 API 토큰 및 사용자의 일부 정보를 저장하고 관리할 Prefs 클래스를 작성합니다.

코드 – com/example/kotlin_random_chat/common/Prefs.kt

```kotlin
package com.example.kotlin_random_chat.common

import android.preference.PreferenceManager
import com.example.kotlin_random_chat.App

object Prefs {

    private const val TOKEN = "token"
    private const val REFRESH_TOKEN = "refresh_token"
    private const val USER_NAME = "nick_name"

    val prefs by lazy {
        PreferenceManager
            .getDefaultSharedPreferences(App.instance)
    }

    var token
        get() = prefs.getString(TOKEN, null)
        set(value) = prefs.edit()
            .putString(TOKEN, value)
            .apply()

    var refreshToken
        get() = prefs.getString(REFRESH_TOKEN, null)
        set(value) = prefs.edit()
            .putString(REFRESH_TOKEN, value)
            .apply()
```

```
        var nickName
            get() = prefs.getString(USER_NAME, null)
            set(value) = prefs.edit()
                .putString(USER_NAME, value)
                .apply()

    }
```

중고 거래 서비스보다는 조금 더 간결하게 API 토큰들과 닉네임만을 사용하도록 만들었습니다.

다음으로는 로그아웃 등의 이벤트에 모든 작업들을 없애고 새 로그인 화면을 띄워줄 수 있도록 유틸리티 함수를 하나 정의합니다.

코드 – com/example/kotlin_random_chat/common/ActivityUtils.kt

```
package com.example.kotlin_random_chat.common

import android.app.Activity
import android.content.Intent
import com.example.kotlin_random_chat.App
import splitties.activities.start

inline fun <reified A: Activity> clearTasksAndStartNewActivity() {
    App.instance.start<A> {
        addFlags(Intent.FLAG_ACTIVITY_CLEAR_TASK)
        addFlags(Intent.FLAG_ACTIVITY_NEW_TASK)
    }
}
```

clearTasksAndStartNewActivity 함수는 인텐트 플래그를 설정해 모든 작업들을 없애고 (FLAG_ACTIVITY_CLEAR_TASK) 새 액티비티를 시작(FLAG_ACTIVITY_NEW_TASK)합니다.

이어서 로그인, 로그아웃에 필요한 토큰 저장, 삭제 등의 처리를 담당할 Auth 클래스를 작성하겠습니다.

코드 – com/example/kotlin_random_chat/domain/auth/Auth.kt

```kotlin
package com.example.kotlin_random_chat.domain.auth

import com.example.kotlin_random_chat.common.Prefs

object Auth {

    fun signin(token: String, refreshToken: String, nickName: String) {
        Prefs.token = token
        Prefs.refreshToken = refreshToken
        Prefs.nickName = nickName
    }

    fun signout() {
        Prefs.token = null
        Prefs.refreshToken = null
        Prefs.nickName = null
    }

    fun refreshToken(token: String) {
        Prefs.token = token
    }

}
```

signin, signout 그리고 토큰이 갱신되었을 때 호출될 refreshToken 함수를 정의했습니다.

이제 API와 관련한 클래스들을 작성합니다. 랜덤 채팅 API 정의(로그인, 토큰 갱신, 메시지 전송)와 API 호출에 필요한 기반 클래스들이 포함됩니다. 이 클래스들은 중고 거래 서비스에서 이미 작성했던 것과 거의 동일합니다.

먼저 API 요청 시 헤더에 토큰을 추가해줄 ApiTokenInterceptor 클래스를 작성합니다.

코드 – com/example/kotlin_random_chat/api/ApiTokenInterceptor.kt

```kotlin
package com.example.kotlin_random_chat.api

import com.example.kotlin_random_chat.common.Prefs
import okhttp3.Interceptor
import okhttp3.Response
```

```
class ApiTokenInterceptor : Interceptor {

    override fun intercept(chain: Interceptor.Chain): Response {
        val original = chain.request()

        val request = original.newBuilder().apply {
            Prefs.token?.let { header("Authorization", it) }
            method(original.method(), original.body())
        }.build()

        return chain.proceed(request)
    }

}
```

다음으로는 refreshToken API를 호출할 때 헤더에 리프레시 토큰을 삽입해줄 RefreshTokenInterceptor를 작성합니다.

코드 – com/example/kotlin_random_chat/api/RefreshTokenInterceptor.kt

```
package com.example.kotlin_random_chat.api

import com.example.kotlin_random_chat.common.Prefs
import com.example.kotlin_random_chat.common.clearTasksAndStartNewActivity
import com.example.kotlin_random_chat.domain.auth.Auth
import com.example.kotlin_random_chat.domain.signin.SigninActivity
import okhttp3.Interceptor
import okhttp3.Response

class RefreshTokenInterceptor : Interceptor {
    override fun intercept(chain: Interceptor.Chain): Response {
        val original = chain.request()
        val request = original.newBuilder().apply {
            Prefs.refreshToken?.let { header("Authorization", it) }
            method(original.method(), original.body())
        }.build()

        val response = chain.proceed(request)
```

```
        if(response.code() == 401) {
            Auth.signout()
            clearTasksAndStartNewActivity<SigninActivity>()
        }


        return response
    }
}
```

이어서 API 호출 시 토큰 만료로 인한 HTTP 401 응답이 떨어졌을 때 토큰을 갱신하고 API를
재요청하도록 도와줄 TokenAuthenticator를 작성합니다.

코드 – com/example/kotlin_random_chat/api/TokenAuthenticator.kt

```
package com.example.kotlin_random_chat.api

import com.example.kotlin_random_chat.api.response.ApiResponse
import com.example.kotlin_random_chat.common.Prefs
import com.example.kotlin_random_chat.common.clearTasksAndStartNewActivity
import com.example.kotlin_random_chat.domain.auth.Auth
import com.example.kotlin_random_chat.domain.signin.SigninActivity
import kotlinx.coroutines.runBlocking
import okhttp3.Authenticator
import okhttp3.Request
import okhttp3.Response
import okhttp3.Route


class TokenAuthenticator : Authenticator {
    override fun authenticate(
        route: Route?,
        response: Response
    ): Request? {
        if (response.code() == 401) {
            return runBlocking {
                val tokenResponse = refreshToken()

                handleTokenResponse(tokenResponse)

                Prefs.token?.let { token ->
                    response.request()
```

```
                        .newBuilder()
                        .header("Authorization", token)
                        .build()
                }
            }
        }

        return null
    }

    private suspend fun refreshToken() =
        try {
            RandomChatRefreshTokenApi.refreshToken()
        } catch (e: Exception) {
            ApiResponse.error<String>("인증 실패")
        }

    private fun handleTokenResponse(tokenResponse: ApiResponse<String>) {
        if (tokenResponse.success && tokenResponse.data != null) {
            Auth.refreshToken(tokenResponse.data)
        } else {
            Auth.signout()
            clearTasksAndStartNewActivity<SigninActivity>()
        }
    }
}
```

이제 API 인터페이스를 호출 가능한 API 객체로 만들어주는 역할을 할 ApiGenerator를 작성합니다. 앞서 작성한 클래스들을 사용한 부분은 볼드 처리를 했습니다.

코드 – com/example/kotlin_random_chat/api/ApiGenerator.kt

```
package com.example.kotlin_random_chat.api

import com.example.kotlin_random_chat.App
import okhttp3.OkHttpClient
import okhttp3.logging.HttpLoggingInterceptor
import retrofit2.Retrofit
import retrofit2.converter.gson.GsonConverterFactory
```

```kotlin
class ApiGenerator {

    fun <T> generate(api: Class<T>): T = Retrofit.Builder()
        .baseUrl("${App.API_HOST}:${App.API_PORT}")
        .addConverterFactory(GsonConverterFactory.create())
        .client(httpClient())
        .build()
        .create(api)

    fun <T> generateRefreshClient(api: Class<T>): T = Retrofit.Builder()
        .baseUrl("${App.API_HOST}:${App.API_PORT}")
        .addConverterFactory(GsonConverterFactory.create())
        .client(refreshClient())
        .build()
        .create(api)

    private fun httpClient() =
        OkHttpClient.Builder().apply {
            addInterceptor(httpLoggingInterceptor())
            addInterceptor(ApiTokenInterceptor())
            authenticator(TokenAuthenticator())
        }.build()

    private fun refreshClient() =
        OkHttpClient.Builder().apply {
            addInterceptor(httpLoggingInterceptor())
            addInterceptor(RefreshTokenInterceptor())
        }.build()

    private fun httpLoggingInterceptor() =
        HttpLoggingInterceptor().apply {
            level = HttpLoggingInterceptor.Level.BODY
        }

}
```

이어서 API 인터페이스를 작성합니다. 먼저 ApiResponse 클래스를 작성한 뒤 로그인 응답으로 사용될 SigninResponse와 메시지 요청으로 사용될 MessageRequest를 작성합니다.

```
package com.example.kotlin_random_chat.api.response
```

```
data class ApiResponse<T>(
    val success: Boolean,
    val data: T? = null,
    val message: String? = null
) {

    companion object {
        inline fun <reified T> error(message: String? = null) =
            ApiResponse(false, null as T?, message)
    }

}
```

```
package com.example.kotlin_random_chat.api.response
```

```
data class SigninResponse(
    val token: String,
    val refreshToken: String,
    val nickName: String
)
```

```
package com.example.kotlin_random_chat.api.request
```

```
data class MessageRequest(val content: String)
```

이제 사용할 API 인터페이스를 정의합니다. 토큰 기준으로 일반 API와 토큰 갱신용 API 인터
페이스를 구분하겠습니다.

코드 – com/example/kotlin_random_chat/api/RandomChatApi.kt

```kotlin
package com.example.kotlin_random_chat.api

import com.example.kotlin_random_chat.api.request.MessageRequest
import com.example.kotlin_random_chat.api.response.ApiResponse
import com.example.kotlin_random_chat.api.response.SigninResponse
import kotlinx.coroutines.Dispatchers
import kotlinx.coroutines.withContext
import retrofit2.http.Body
import retrofit2.http.POST
import retrofit2.http.Query

interface RandomChatApi {

    @POST("/api/v1/randomchat/signin")
    suspend fun signin(
        @Query("nickName") nickName: String
    ): ApiResponse<SigninResponse>

    @POST("/api/v1/randomchat/message")
    suspend fun sendMessage(
        @Body request: MessageRequest
    ): ApiResponse<Any>

    companion object {
        private val instance = ApiGenerator()
            .generate(RandomChatApi::class.java)

        // 1
        suspend fun signin(nickName: String) =
            withContext(Dispatchers.IO) {
                instance.signin(nickName)
            }

        suspend fun sendMessage(message: String) =
            withContext(Dispatchers.IO) {
                instance.sendMessage(MessageRequest(message))
            }

    }
}
```

채팅에 진입하는 signin API와 메시지를 전송하는 sendMessage API 두 개를 정의했습니다.

1. 이번에는 외부에서 RandomChatApi.instance를 사용하지 않고 정적 함수를 이용할 수 있도록 작성했습니다. API를 호출하는 코드를 조금 더 간결하게 만들면서 API 호출을 위한 코루틴 컨텍스트 변경 함수를 보다 관련성 있는 부분에 넣기 위해서입니다.

코드 – com/example/kotlin_random_chat/api/RandomChatRefreshTokenApi.kt

```kotlin
package com.example.kotlin_random_chat.api

import com.example.kotlin_random_chat.api.response.ApiResponse
import kotlinx.coroutines.Dispatchers
import kotlinx.coroutines.withContext
import retrofit2.http.POST
import retrofit2.http.Query

interface RandomChatRefreshTokenApi {

    @POST("/api/v1/randomchat/refresh_token")
    suspend fun refreshToken(
        @Query("grant_type") grantType: String = "refresh_token"
    ): ApiResponse<String>

    companion object {
        private val instance = ApiGenerator()
            .generateRefreshClient(RandomChatRefreshTokenApi::class.java)

        suspend fun refreshToken() =
            withContext(Dispatchers.IO) {
                instance.refreshToken()
            }
    }
}
```

이제 본격적으로 애플리케이션 코드를 작성하겠습니다. 먼저 로그인 화면을 만들어보겠습니다. 먼저 로그인에 필요한 로직부터 만들도록 하겠습니다. 데이터 바인딩을 사용하므로 SigninViewModel 클래스에 간단한 로직을 작성할 것이지만, 이 예제에서는 AnkoMVVM를 사용하지 않으므로 뷰모델에서 startActivity 등의 컨텍스트 함수를 사용할 수가 없는 문제가 있습니다. 그렇기 때문에 필요한 컨텍스트 함수를 사용할 수 있도록 인터페이스를 하나 정의해줍니다.

코드 – com/example/kotlin_random_chat/domain/signin/SigninNavigator.kt

```
package com.example.kotlin_random_chat.domain.signin

import com.example.kotlin_random_chat.api.response.ApiResponse
import com.example.kotlin_random_chat.api.response.SigninResponse

// 1
interface SigninNavigator {

    // 2
    fun startRandomChatActivity(response: ApiResponse<SigninResponse>)

}
```

1. Navigator는 MVVM 아키텍처에서 뷰모델이 사용할 컨텍스트 함수의 인터페이스를 정의할 때에 사용되는 나름대로 흔히 사용되는 네이밍 규칙입니다. 이 인터페이스를 어떻게 사용하는지는 차차 설명하도록 합니다.

2. 로그인이 성공적으로 이루어졌을 때 호출될 채팅 액티비티를 시작하는 함수 정의입니다.

다음으로는 SigninNavigator를 사용하는 뷰모델 클래스를 작성합니다.

코드 – com/example/kotlin_random_chat/domain/signin/SigninViewModel.kt

```
package com.example.kotlin_random_chat.domain.signin

import android.app.Application
import android.util.Log
import androidx.lifecycle.AndroidViewModel
import androidx.lifecycle.MutableLiveData
import androidx.lifecycle.viewModelScope
import com.example.kotlin_random_chat.api.RandomChatApi
import com.example.kotlin_random_chat.api.response.ApiResponse
import com.example.kotlin_random_chat.api.response.SigninResponse
import com.example.kotlin_random_chat.domain.auth.Auth
import kotlinx.coroutines.launch
```

```kotlin
import splitties.toast.toast
import java.lang.ref.WeakReference

class SigninViewModel(app: Application) : AndroidViewModel(app) {

    // 1
    var navigatorRef: WeakReference<SigninNavigator>? = null

    // 2
    private val navigator get() = navigatorRef?.get()

    // 3
    var nickName = MutableLiveData("")

    // 4
    fun signIn() = viewModelScope.launch {
        nickName.value?.let {
            runCatching {
                validateNickName(it)
                RandomChatApi.signin(it)
            }.onSuccess { response ->
                handleSignin(response)
            }.onFailure { e ->
                Log.e("SigninViewModel", "sign-in failure.", e)
                toast(e.message ?: "알 수 없는 오류가 발생했습니다.")
            }
        }
    }

    private fun validateNickName(nickName: String) {
        require(nickName.trim().isNotEmpty()) {
            "닉네임 형식이 잘못되었습니다."
        }
    }

    // 5
    private fun handleSignin(response: ApiResponse<SigninResponse>) {
        if (response.success && response.data != null) {
            val signin = response.data

            Auth.signin(signin.token,
```

```
                    signin.refreshToken,
                    signin.nickName)

          navigator?.startRandomChatActivity(response)
    } else {
          toast(response.message ?: "알 수 없는 오류가 발생했습니다.")
    }
  }

}
```

1. 뷰모델 클래스의 프로퍼티로 SigninNavigator를 WeakReference로 감쌌습니다. 이렇게 참조된 SigninNavigator 객체는 WeakReference 이외의 객체 참조가 없다면 GC 대상이 되어 컨텍스트를 들고 있더라도 메모리 릭을 일으키지 않게 됩니다.

2. SigninNavigator를 조금 더 단순하게 사용할 수 있도록 델리게이티드 프로퍼티를 추가했습니다.

3. 안드로이드 데이터 바인딩 라이브러리에서도 프로퍼티를 MutableLiveData 타입으로 선언하면 UI 코드에서 동적으로 사용되어질 수 있습니다.

4. 랜덤 채팅에 입장하는 함수로, 닉네임이 비었는지를 검사하고 signin API를 호출하는 단순한 구조로 이루어져 있습니다. runCatching을 사용해 결과를 처리하는 코드를 분리하도록 했습니다.

5. 랜덤 채팅 입장 요청 결과를 처리하는 함수입니다. 입장 요청이 성공적으로 이루어진 경우 Auth 클래스를 통해 로그인 처리를 하고 SigninNavigator의 startRandomChat Activity 함수를 호출합니다.

이어서 UI 코드를 작성하도록 하겠습니다. 이 예제는 anko 라이브러리를 사용하지 않으므로 XML 파일로 UI를 작성합니다. res/layout 폴더에 마우스 오른쪽 버튼 클릭 후 New 〉 Layout resource file을 선택합니다.

그림 9-2. XML 레이아웃을 생성하기 위해 Layout resource file 클릭

이어서 나타나는 창에 다음과 같이 정보를 기입하고 우측 하단의 OK 버튼을 클릭해 파일을 생성합니다.

❑ File name: activity_signin

❑ Root element: layout

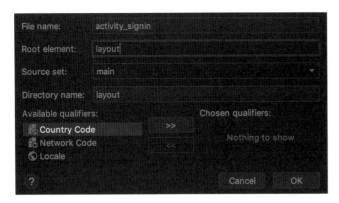

그림 9-3. 레이아웃 생성 화면

activity_signin.xml 파일의 내용은 다음과 같이 작성해줍니다.

코드 – res/layout/activity_signin.xml

```xml
<?xml version="1.0" encoding="utf-8"?>
<!-- 1 -->
<layout xmlns:android="http://schemas.android.com/apk/res/android"
    xmlns:app="http://schemas.android.com/apk/res-auto"
    xmlns:tools="http://schemas.android.com/tools">

    <!-- 2 -->
    <data>
```

```xml
    <variable
        name="viewModel"
        type="com.example.kotlin_random_chat.domain.signin.SigninViewModel" />
</data>

<!-- 3 -->
<androidx.constraintlayout.widget.ConstraintLayout
    android:layout_width="match_parent"
    android:layout_height="match_parent"
    android:background="#fef01b"
    android:padding="20dp"
    tools:context=".domain.signin.SigninActivity">

    <!-- 4 -->
    <TextView
        android:layout_width="match_parent"
        android:layout_height="wrap_content"
        android:text="Random Chat"
        android:textAlignment="center"
        android:textSize="24dp"
        android:textStyle="bold"
        app:layout_constraintBottom_toTopOf="@id/nickName"
        app:layout_constraintTop_toTopOf="parent" />

    <!-- 5 -->
    <androidx.appcompat.widget.AppCompatEditText
        android:id="@+id/nickName"
        android:layout_width="match_parent"
        android:layout_height="wrap_content"
        android:hint="Enter your nick name"
        android:background="@android:color/white"
        android:padding="10dp"
        android:singleLine="true"
        android:text="@={viewModel.nickName}"
        app:layout_constraintBottom_toBottomOf="parent"
        app:layout_constraintTop_toTopOf="parent" />

    <!-- 6 -->
    <Button
        android:layout_width="match_parent"
        android:layout_height="wrap_content"
```

```
        android:layout_marginTop="10dp"
        android:background="#3C1F18"
        android:textColor="@android:color/white"
        android:onClick="@{(v) -> viewModel.signIn()}"
        android:text="채팅 시작"
        app:layout_constraintTop_toBottomOf="@id/nickName" />

    </androidx.constraintlayout.widget.ConstraintLayout>

</layout>
```

1. 프로젝트가 데이터 바인딩을 사용하도록 설정되어 있고 XML 레이아웃의 최상위 요소를 layout 태그로 만들었을 때 데이터 바인딩 라이브러리가 자동으로 데이터 바인딩 클래스를 생성해줍니다. 이렇게 만들어진 데이터 바인딩 클래스는 UI와 앞으로 사용할 뷰모델의 데이터의 바인딩을 자동적으로 처리해주어 우리가 추가적인 코드를 작성하지 않도록 만들어줍니다.

2. 바인딩 될 데이터를 사용하기 위해서는 layout 요소의 첫 번째 자식 요소로 data를 사용해야 합니다. data 태그 내부에 variable 태그로 뷰모델로 사용할 프로퍼티명과 뷰모델 클래스를 지정해주면 이 레이아웃 안에서 해당 뷰모델의 프로퍼티들을 사용할 수 있습니다. 사용 방법에 대해서는 5번과 6번 항목에 간단하게 기술되어 있습니다.

3. XML 레이아웃은 형식만 XML일 뿐 앞서 사용했던 Anko Layout과 크게 다를 것이 없습니다. 해당 부분은 UI의 최상위로 ConstraintLayout을 정의한 부분입니다. android:layout_width 속성으로 가로 넓이를 설정하고(match_parent) android:layout_height 속성으로 높이를 설정합니다(match_parent). 그 외에도 background, padding 등 기존에 사용했던 속성들이 거의 비슷한 이름으로 존재합니다.

4. XML 형식은 열리는 태그(〈SomeTag〉)가 있으면 항상 닫는 태그(〈/SomeTag〉)가 쌍으로 기술되어야 하지만 TextView처럼 자식 요소를 가지지 않는 요소는 별도의 닫는 태그를 사용할 필요 없이 "/〉"와 같은 형태로 태그를 바로 닫습니다.

5. 닉네임을 입력하는 필드를 선언한 AppCompatEditText 요소로, 입력되는 텍스트와 SigninViewModel의 nickName 프로퍼티와 양방향 바인딩을 선언했습니다. 안드로이드 데이터 바인딩 라이브러리의 데이터 바인딩 선언은 레이아웃 XML 파일에서 다음과 같이 사용할 수 있습니다.

❏ 양방향 텍스트 바인딩 – android:text="@={viewModel.propertyName}"

❏ 단방향 텍스트 바인딩 – android:text="@{viewModel.propertyName}"

양방향 바인딩은 뷰모델의 프로퍼티 값을 변경하면 UI도 변화하고 반대로 UI의 값을 변경하면 뷰모델의 프로퍼티 값도 따라서 변화합니다. 단방향 바인딩의 경우 뷰모델의 프로퍼티 값 변경을 뷰에 반영해주기만 합니다.

6. 안드로이드 데이터 바인딩 라이브러리는 텍스트와 같은 데이터의 바인딩 뿐만 아니라 핸들러 바인딩까지 지원하고 있습니다. 버튼을 클릭했을 때 동작해야 할 이벤트 리스너의 바인딩과 같은 경우가 그 예입니다. 핸들러 바인딩은 다음과 같이 사용할 수 있습니다.

❏ 클릭 리스너 – android:onClick="@{(v) –⟩ viewModel.handleOnClick()}"

만일 핸들러 함수가 다음과 같이 파라미터로 뷰를 받는 형태라면 클릭 리스너에는 다음과 같이 함수 참조를 넘기는 형태로도 사용할 수 있습니다.

```
// 함수 정의
fun handleOnClick(view: View) {
    // do something
}

<!-- layout 파일 →
<Button
    android:onClick="viewModel::handleOnClick"
    …. />
```

UI와 로직이 마련되었으므로 이제 SigninActivity를 작성하겠습니다.

코드 – *com/example/kotlin_random_chat/domain/signin/SigninActivity.kt*

```
package com.example.kotlin_random_chat.domain.signin

import android.os.Bundle
import androidx.appcompat.app.AppCompatActivity
import androidx.databinding.DataBindingUtil
import androidx.lifecycle.ViewModelProvider
import com.example.kotlin_random_chat.R
import com.example.kotlin_random_chat.api.response.ApiResponse
import com.example.kotlin_random_chat.api.response.SigninResponse
```

```
import com.example.kotlin_random_chat.databinding.ActivitySigninBinding
import com.example.kotlin_random_chat.domain.auth.Auth
import com.example.kotlin_random_chat.domain.randomchat.RandomChatActivity
import splitties.activities.start
import java.lang.ref.WeakReference


// 1
class SigninActivity : AppCompatActivity(), SigninNavigator {
    private val viewModel by lazy {
        ViewModelProviders(this) // 2
            .get(SigninViewModel::class.java).also {
                it.navigatorRef = WeakReference(this)  // 3
            }
    }


    // 4
    private val binding by lazy {
        DataBindingUtil.setContentView<ActivitySigninBinding>(
            this,
            R.layout.activity_signin
        )
    }


    override fun onCreate(savedInstanceState: Bundle?) {
        super.onCreate(savedInstanceState)
        Auth.signout() // 5


        // 6
        binding.viewModel = viewModel
        binding.lifecycleOwner = this
    }


    // 7
    override fun startRandomChatActivity(
        response: ApiResponse<SigninResponse>
    ) {
        // todo. start RandomChatActivity
        finish()
    }


}
```

1. SigninActivity가 SigninViewModel에서 사용할 SigninNavigator의 함수를 제공하게 하기 위해 해당 인터페이스를 구현하도록 했습니다.

2. 안드로이드 데이터 바인딩 라이브러리를 사용할 때에 뷰모델을 생성하는 방법 중 하나는 ViewModelProvider의 get 함수를 사용하는 것입니다. 이 함수는 액티비티나 프래그먼트 등의 스코프에 해당하는 뷰모델이 존재하지 않으면 새 뷰모델을 생성해주고 해당 스코프가 종료되거나 앱이 종료되기 전까지는 뷰모델을 유지해줍니다. 이미 생성된 뷰모델이 존재하는 경우에는 해당 뷰모델을 반환합니다.

3. SigninViewModel 클래스의 프로퍼티로 정의한 SigninNavigator의 WeakReference를 주입하는 부분입니다. SigninActivity가 SigninNavigator 인터페이스를 구현하고 있으므로 WeakReference(this)의 형태로 객체를 생성해 주입했습니다.

4. 안드로이드 데이터 바인딩 라이브러리를 사용할 때에는 액티비티의 컨텐트 뷰를 설정할 때에 DataBindingUtil.setContentView 함수를 사용하게 되어 있습니다. 이 함수로 컨텐트 뷰를 설정하면 라이브러리가 자동 생성해준 데이터 바인딩 클래스의 객체를 반환합니다. 우리는 이 바인딩 객체를 통해 findViewById 같은 함수를 호출하지 않고도 직접 UI에 접근할 수 있습니다.

5. 앱이 비정상 종료 되었을 때를 대비해 액티비티 생성 시 Auth.signout()을 호출합니다. 서버에서 기존 접속 세션을 데이터베이스 등에 유지할 거라면 굳이 필요하지 않은 코드이지만 이 예제는 웹소켓 접속이 끊긴 경우 랜덤 채팅 세션에서 제거되도록 구현되었으므로 앱이 시작될 때에 사용자 정보가 초기화되도록 구현했습니다.

6. 액티비티가 생성되었으면 데이터 바인딩 객체를 생성하고 바인딩 객체의 data 요소에 정의한 뷰모델 프로퍼티의 이름을 이용해 뷰모델들을 삽입해주어야 합니다. 그리고 바인딩 객체의 LifecycleOwner를 설정해주면 뷰모델의 LiveData를 옵저빙하면서 뷰를 업데이트해주게 됩니다. 만일 LifecycleOwner를 설정해주지 않았다면 뷰모델과 뷰의 변경이 서로 반영되지 않게 됩니다.

7. SigniinNavigator에 정의된 startRandomChatActivity 함수의 구현으로 RandomChatActivity를 생성한 후에는 RandomChatActivity를 시작하는 함수를 호출해주어야 합니다.

액티비티를 생성했으니 이제 이 액티비티를 AndroidManifest 파일에 등록합니다. 앱이 시작되었을 때 맨 처음으로 SigninActivity가 보여질 것이므로 런처로 지정합니다.

코드 – manifest/AndroidManifest.xml

```xml
<?xml version="1.0" encoding="utf-8"?>
<manifest xmlns:android="http://schemas.android.com/apk/res/android"
    xmlns:tools="http://schemas.android.com/tools"
    package="com.example.kotlin_random_chat">

    <uses-permission android:name="android.permission.INTERNET"/>

    <application
        android:name=".App"
        android:allowBackup="true"
        android:icon="@mipmap/ic_launcher"
        android:label="@string/app_name"
        android:roundIcon="@mipmap/ic_launcher_round"
        android:supportsRtl="true"
        android:usesClearTextTraffic="true"
        android:theme="@style/AppTheme"
        tools:ignore="GoogleAppIndexingWarning">

        <activity android:name=".domain.signin.SigninActivity">
            <intent-filter>
                <action android:name="android.intent.action.MAIN" />
                <category android:name="android.intent.category.LAUNCHER" />
            </intent-filter>
        </activity>

    </application>

</manifest>
```

SigninActivity 작업이 거의 마무리되었으므로 이제 랜덤 채팅이 이루어질 RandomChatActivity를 작성하겠습니다. RandomChatActivity에서는 웹소켓 연결을 요청하고 다른 사용자가 접속할 때까지 대기하다가 사용자가 접속했을 경우 채팅이 시작됩니다.

먼저 웹소켓과 관련한 부분부터 구현해보도록 하겠습니다. 웹소켓 서버로부터 받을 메시지와 메시지를 받았을 때, 접속이 이루어지거나 끊겼을 때 등의 이벤트 인터페이스를 정의한 후 웹소켓 연결을 핸들링하는 클래스를 작성하도록 하겠습니다.

코드 – com/example/kotlin_random_chat/domain/randomchat/messagelistener/Message.kt

```
package com.example.kotlin_random_chat.domain.randomchat.messagelistener

data class Message(
    val senderNickName: String,
    val message: String
)
```

해당 메시지는 서버에서 웹소켓으로 메시지를 전송할 때와 같은 필드들로 정의되어야 합니다.
이어서 웹소켓과 관련한 이벤트 리스너 인터페이스를 정의하겠습니다.

코드 – com/example/kotlin_random_chat/domain/randomchat/messagelistener/RandomChatMessageListener.kt

```
package com.example.kotlin_random_chat.domain.randomchat.messagelistener

interface RandomChatMessageListener {

    // 1
    fun onMessage(message: Message)

    // 2
    fun onMessageError(t: Throwable)

    // 3
    fun onNetworkError(t: Throwable)

    // 4
    fun onStart()

    // 5
    fun onClose()
}
```

1. 서버로부터 정상적인 웹소켓 메시지를 받았을 때 호출될 함수 정의입니다.

2. 서버로부터 받은 웹소켓 메시지의 형식 오류 등에서 발생할 수 있는 메시지 처리 오류 시

호출될 함수 정의입니다.

3. 서버 접속 오류 등의 네트워크 오류 상황에서 호출될 함수 정의입니다.

4. 웹소켓 세션이 시작되었을 때 호출될 함수 정의입니다.

5. 웹소켓 접속이 끊겼을 때 호출될 함수 정의입니다.

다음으로는 웹소켓을 핸들링하는 코드를 작성합니다. 서버사이드 구현에서 기술했듯이 이 예제에서는 웹소켓 의존성을 최소화하고자 웹소켓 관련 클래스에서 하는 일은 매우 적습니다. 지금 작성할 RandomChatWebSocketClient 클래스는 웹소켓 메시지를 받아 이 메시지를 파싱하고 뷰모델이 구현할 RandomChatMessageListener의 함수를 호출해주는 역할만을 가지고 있습니다.

코드 – com/example/kotlin_random_chat/domain/randomchat/websocketclient/ RandomChatWebSocketClient.kt

```
package com.example.kotlin_random_chat.domain.randomchat.websocketclient

import android.util.Log
import com.example.kotlin_random_chat.App
import com.example.kotlin_random_chat.common.Prefs
import com.example.kotlin_random_chat.domain.auth.Auth
import com.example.kotlin_random_chat.domain.randomchat.messagelistener.Message
import com.example.kotlin_random_chat.domain.randomchat.messagelistener.RandomChatMe
ssageListener
import com.google.gson.Gson
import okhttp3.*

class RandomChatWebSocketClient(
    private val messageListener: RandomChatMessageListener
) : WebSocketListener() { // 1

    // 2
    private val okHttpClient = OkHttpClient()
    // 3
    private val gson = Gson()

    init {
        // 4
```

```kotlin
        val accessToken = "$ACCESS_TOKEN ${Prefs.token}"
        // 5
        val request = Request.Builder()
            .addHeader(SEC_PROTOCOL, accessToken)
            .url(App.WEBSOCKET_ENDPOINT)
            .build()

        // 6
        okHttpClient.newWebSocket(request, this)
        okHttpClient.dispatcher().executorService().shutdown()
    }


    // 7
    override fun onMessage(webSocket: WebSocket, text: String) {
        Log.d("RandomChatWebSocket", "message: $text")
        val message = runCatching {
            gson.fromJson(text, Message::class.java)
        }

        message.onSuccess { messageListener.onMessage(it) }
        message.onFailure { messageListener.onMessageError(it) }
    }


    // 8
    override fun onFailure(webSocket: WebSocket,
                           t: Throwable,
                           response: Response?) {

        messageListener.onNetworkError(t)
        webSocket.close(-1, "")
    }


    // 9
    override fun onOpen(webSocket: WebSocket,
                        response: Response) {

        messageListener.onStart()
    }


    // 10
    override fun onClosed(webSocket: WebSocket,
```

```kotlin
                    code: Int,
                    reason: String) {

        messageListener.onClosed()
    }

    companion object {
        const val SEC_PROTOCOL = "sec-websocket-protocol"
        const val ACCESS_TOKEN = "access_token"
    }

}
```

1. okhttp3 패키지의 WebSocketListener를 상속받는 것으로 이 클래스가 OkHttp3의 웹 소켓 이벤트 리스너로 사용될 수 있습니다.

2. 웹소켓 접속을 위한 OkHttpClient 객체입니다.

3. 웹소켓으로부터 받은 JSON 메시지를 파싱할 Gson 객체입니다.

4. 웹소켓 연결 시 헤더에 넣어주기 위한 토큰 문자열입니다.

5. sec-websocket-protocol 헤더에 앞서 선언한 토큰 문자열을 삽입하고 웹소켓 서버 주소를 지정해 연결 요청 객체를 생성합니다.

6. OkHttpClient 객체를 통해 앞서 생성한 요청 객체와 웹소켓 이벤트 리스너를 파라미터로 웹소켓 연결을 요청합니다. 연결이 성공적으로 이루어진 경우 리스너의 onOpen 콜백이 호출되게 됩니다.

7. onMessage는 웹소켓으로부터 메시지가 도착했을 때에 호출되는 콜백 함수입니다. 이 함수는 Gson 객체를 통해 웹소켓 메시지를 우리가 앞서 정의한 Message 객체로 파싱하며 메시지가 정상적으로 파싱되었을 때 RandomChatMessageListener의 onMessage 함수를 호출합니다.

8. onFailure는 웹소켓 접속이 실패했을 경우 호출되는 콜백입니다. RandomChat MessageListener의 onNetworkError 함수를 호출한 후 소켓 연결을 닫습니다.

9. onOpen은 웹소켓 연결이 정상적으로 이루어졌을 때 호출되는 콜백으로 RandomChat MessageListener의 onStart 함수를 호출해줍니다.

10. onClosed는 웹소켓 연결이 끊어졌을 때 호출되는 콜백으로 RandomChatMessage Listener의 onClosed 함수를 호출해줍니다.

이제 전체적인 랜덤 채팅 로직을 핸들링할 뷰모델 클래스를 작성하겠습니다. 화면에 여러 개의 메시지를 동적으로 출력하기 위해서는 RecyclerView가 필요합니다. 그리고 뷰모델의 로직에서 메시지가 추가되었을 때 RecyclerView에 메시지를 추가하기 위해서는 RecyclerView의 어댑터에 접근할 수 있어야 합니다. 커스텀 바인딩 어댑터를 만드는 방법도 있지만 여기에서는 앞에서 했던 것처럼 네비게이터 인터페이스를 정의하고 액티비티에 그 역할을 위임하도록 하겠습니다.

먼저 UI 상에서 한 건의 메시지를 표현하는 메시지 모델을 정의합니다.

코드 – com/example/kotlin_random_chat/domain/randomchat/MessageModel.kt

```
package com.example.kotlin_random_chat.domain.randomchat

data class MessageModel(
    val owner: Owner, // 1
    val nickName: String,
    val content: String
) {
    var collapseName: Boolean = false // 2

    // 3
    enum class Owner(val viewType: Int) {
        SENDER(0),
        RECEIVER(1);
    }
}
```

1. 서버에서는 메시지 오너에 대한 정의가 없었지만 앱에서는 나의 메시지인지 상대방의 메시지인지를 표시해주기 위해 owner라는 프로퍼티를 정의했습니다.

2. 상대방의 메시지가 연달아 표시되거나 나의 메시지가 연달아 표시되는 경우 이름을 가리고 메시지 사이의 여백을 줄이는 등의 특별한 기능을 수행하기 위해 collapseName이라는 이름으로 프로퍼티를 하나 추가했습니다.

3. RecyclerView의 Adapter에는 뷰 타입 번호에 따라 다른 뷰를 그려주는 기능이 있습니

다. 이 기능을 이용하기 위해서 SENDER와 RECEIVER에 각각 0번, 1번을 미리 부여했습니다.

다음으로는 뷰모델에 메시지가 추가되었을 때 액티비티에서 RecyclerView에 메시지를 추가해 줄 수 있도록 네비게이터 인터페이스를 정의합니다. 이 인터페이스는 뷰모델로부터 방금 작성한 MessageModel을 파라미터로 받는 하나의 함수 정의가 존재할 것입니다.

코드 – com/example/kotlin_random_chat/domain/randomchat/RandomChatNavigator.kt

```
package com.example.kotlin_random_chat.domain.randomchat

interface RandomChatNavigator {

    fun onMessage(messageModel: MessageModel)

}
```

이어서 전체적인 랜덤 채팅의 로직을 가져갈 RandomChatViewModel을 작성합니다.

코드 – com/example/kotlin_random_chat/domain/randomchat/RandomChatViewModel.kt

```
package com.example.kotlin_random_chat.domain.randomchat

import android.app.Application
import android.util.Log
import androidx.lifecycle.AndroidViewModel
import androidx.lifecycle.MutableLiveData
import androidx.lifecycle.viewModelScope
import com.example.kotlin_random_chat.api.RandomChatApi
import com.example.kotlin_random_chat.common.Prefs
import com.example.kotlin_random_chat.common.clearTasksAndStartNewActivity
import com.example.kotlin_random_chat.domain.auth.Auth
import com.example.kotlin_random_chat.domain.randomchat.messagelistener.Message
import com.example.kotlin_random_chat.domain.randomchat.messagelistener.RandomChatMe
ssageListener
import com.example.kotlin_random_chat.domain.randomchat.websocketclient.RandomChatWe
bSocketClient
import com.example.kotlin_random_chat.domain.signin.SigninActivity
import kotlinx.coroutines.Dispatchers
import kotlinx.coroutines.launch
```

```kotlin
import splitties.toast.toast
import java.lang.ref.WeakReference

// 1
class RandomChatViewModel(app: Application)
    : AndroidViewModel(app), RandomChatMessageListener {

    // 2
    private val client = RandomChatWebSocketClient(this)

    var navigatorRef: WeakReference<RandomChatNavigator>? = null

    private val navigator get() = navigatorRef?.get()

    // 3
    val inputMessage = MutableLiveData("")

    // 4
    val messages = mutableListOf<MessageModel>()

    // 5
    private fun handleMessage(
        owner: MessageModel.Owner,
        message: Message
    ) {
        synchronized(messages) {
            val messageModel = MessageModel(
                owner,
                message.senderNickName,
                message.message
            )

            messages.lastOrNull()?.let { lastMessage ->
                messageModel.collapseName =
                    lastMessage.nickName == messageModel.nickName &&
                        lastMessage.owner == messageModel.owner
            }

            messages.add(messageModel)

            viewModelScope.launch(Dispatchers.Main) {
```

```
                navigator?.onMessage(messageModel)
            }
        }
    }


    // 6
    fun sendMessage() = viewModelScope.launch {
        inputMessage.value?.let { content ->
            if(content.isEmpty() || content.isBlank())
                return@launch

            inputMessage.value = ""

            runCatching {
                RandomChatApi.sendMessage(content)

                Prefs.nickName?.let { nickName ->
                    val message = Message(nickName, content)
                    handleMessage(MessageModel.Owner.SENDER, message)
                }
            }.onFailure {
                onMessageError(it)
            }
        }
    }


    // 7
    override fun onMessage(message: Message) {
        handleMessage(MessageModel.Owner.RECEIVER, message)
    }


    override fun onMessageError(t: Throwable) {
        Log.e(TAG, "메시지 오류 발생.", t)
        toast("메시지 오류가 발생했습니다.")
    }


    override fun onNetworkError(t: Throwable) {
        Log.e(TAG, "네트워크 오류 발생.", t)
        toast("네트워크 오류가 발생했습니다.")

        Auth.signout()
```

```
            clearTasksAndStartNewActivity<SigninActivity>()
    }

    override fun onStart() {
        Log.d(TAG, "채팅 시작.")
    }

    override fun onClosed() {
        Auth.signout()
        clearTasksAndStartNewActivity<SigninActivity>()
    }

    companion object {
        const val TAG = "RandomChatViewModel"
    }

}
```

1. 액티비티와 관계 없이 웹소켓 세션을 유지하기 위해 RandomChatViewModel에서 RandomChatWebSocketClient를 관리할 것입니다. RandomChatWebSocketClient 를 생성하기 위해서는 생성자에 RandomChatMessageListener를 넘겨줘야 하기 때문에 RandomChatViewModel이 이 리스너를 구현하고 웹소켓의 이벤트를 받아 처리합니다.

2. RandomChatWebSocketClient를 생성해 멤버 프로퍼티로 관리합니다.

3. inputMessage 프로퍼티는 사용자 메시지 입력 뷰에 바인딩될 텍스트 프로퍼티입니다. 사용자가 채팅창에 텍스트를 입력하는 동안 그 텍스트가 inputMessage 프로퍼티에 동기화 될 것입니다.

4. messages는 사용자가 주고 받은 메시지를 저장할 리스트입니다. 채팅에서는 메시지를 로컬 데이터베이스에 저장하고 관리하는 경우가 많지만 이 책에서는 로컬 데이터베이스를 다루지 않았고 이 예제에서는 랜덤 채팅 기록을 저장할 필요성이 없으므로 메모리의 변수로 관리합니다.

5. handleMessage 함수는 메시지가 추가되었을 때 호출될 함수입니다. 메시지의 소유자 정보와 메시지 객체를 받아 MessageModel 객체를 생성하고 최근 메시지와 비교해 collapseName 프로퍼티의 값을 결정한 뒤 messages에 메시지를 추가합니다. 그리고

RecyclerView에 데이터를 추가하기 위해 RandomChatNavigator의 onMessage 함수를 호출해줍니다.

6. sendMessage 함수는 사용자가 입력한 텍스트를 전송할 때 호출되는 함수입니다. 입력된 텍스트가 빈 값인지를 간단히 검사한 뒤 사용자 입력 필드를 비워주고 서버의 sendMessage API를 호출해 메시지를 전송합니다. 메시지가 성공적으로 전송된 경우 handleMessage 함수를 호출해 전송한 메시지를 messages 리스트에 추가합니다.

7. onMessage 함수 이하로는 모두 RandomChatMessageListener 인터페이스의 구현부입니다. onMessage 이벤트에서는 메시지를 수신했을 때 handleMessage 함수를 호출해 받은 메시지를 RecyclerView에서 보여줄 수 있도록 처리합니다. onNetworkError와 onClosed 이벤트에서는 Auth.signout()을 호출한 뒤 첫 화면으로 돌려보내는 일을 하며 나머지 이벤트에서는 로깅과 토스트메시지를 띄워주는 일을 하고 있습니다.

다음으로는 RecyclerView에서 사용될 Adapter 클래스를 구현하겠습니다. 앞서 설명했던 SENDER와 RECEIVER 두 경우의 뷰 타입을 처리하기 위해 먼저 두 개의 레이아웃을 만들어줍니다.

코드 – res/layout/message_by_sender.xml

```xml
<?xml version="1.0" encoding="utf-8"?>
<layout xmlns:android="http://schemas.android.com/apk/res/android"
    xmlns:app="http://schemas.android.com/apk/res-auto">


    <data>


        <import type="android.view.View" />


        <!-- 1 -->
        <variable
            name="message"
            type="com.example.kotlin_random_chat.domain.randomchat.MessageModel" />
    </data>


    <!-- 2 -->
    <androidx.constraintlayout.widget.ConstraintLayout
        android:layout_width="match_parent"
        android:layout_height="wrap_content"
```

```
    android:orientation="vertical"
    android:paddingLeft="10dp"
    android:paddingTop="@{message.collapseName ? 1 : 20}"
    android:paddingRight="10dp"
    android:paddingBottom="@{message.collapseName ? 2 : 10}">


    <!-- 3 -->
    <TextView
        android:id="@+id/sender_name"
        android:layout_width="match_parent"
        android:layout_height="wrap_content"
        android:text="나"
        android:textAlignment="textEnd"
        android:textSize="12dp"
        android:textStyle="bold"
        android:visibility="@{message.collapseName ? View.GONE : View.VISIBLE}"
        app:layout_constraintTop_toTopOf="parent" />


    <TextView
        android:id="@+id/content"
        android:layout_width="0dp"
        android:layout_height="wrap_content"
        android:layout_marginTop="5dp"
        android:background="@drawable/message_box_by_receiver"
        android:padding="10dp"
        android:text="@{message.content, default='메시지'}"
        android:textSize="14dp"
        app:layout_constraintLeft_toRightOf="@id/guide"
        app:layout_constraintRight_toRightOf="parent"
        app:layout_constraintTop_toBottomOf="@id/sender_name" />


    <androidx.constraintlayout.widget.Guideline
        android:id="@+id/guide"
        android:layout_width="0dp"
        android:layout_height="match_parent"
        android:orientation="vertical"
        app:layout_constraintGuide_percent="0.25" />


    </androidx.constraintlayout.widget.ConstraintLayout>
</layout>
```

1. 이 레이아웃에서는 앞서 작성한 MessageModel 클래스를 데이터 바인딩에 사용합니다.

2. MessageModel의 collapseName 프로퍼티 값에 따라 여백을 조절하도록 했습니다.

3. "나"라는 텍스트를 출력하는 TextView 요소입니다. 데이터 바인딩을 이용해 collapseName 프로퍼티의 값에 따라 보여질지 말지를 결정하고 있습니다.

이 레이아웃은 다음과 같은 뷰를 그리게 됩니다.

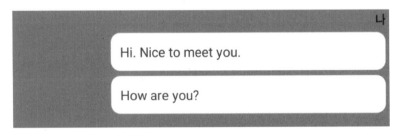

그림 9-4. message_by_sender.xml의 렌더링 결과 예시

이어서 상대방의 메시지 레이아웃도 작성합니다.

코드 – res/layout/message_by_receiver.xml

```xml
<?xml version="1.0" encoding="utf-8"?>
<layout xmlns:android="http://schemas.android.com/apk/res/android"
    xmlns:app="http://schemas.android.com/apk/res-auto">


    <data>


        <import type="android.view.View" />


        <variable
            name="message"
            type="com.example.kotlin_random_chat.domain.randomchat.MessageModel" />
    </data>


    <androidx.constraintlayout.widget.ConstraintLayout
        android:layout_width="match_parent"
        android:layout_height="wrap_content"
        android:orientation="vertical"
        android:paddingLeft="10dp"
```

```
        android:paddingTop="@{message.collapseName ? 2 : 10}"
        android:paddingRight="10dp"
        android:paddingBottom="@{message.collapseName ? 2 : 10}">

    <TextView
        android:id="@+id/receiver_name"
        android:layout_width="match_parent"
        android:layout_height="wrap_content"
        android:paddingTop="@{message.collapseName ? 20 : 0}"
        android:text="@{message.nickName, default='상대'}"
        android:textSize="12dp"
        android:textStyle="bold"
        android:visibility="@{message.collapseName ? View.GONE : View.VISIBLE}"
        app:layout_constraintTop_toTopOf="parent" />

    <TextView
        android:id="@+id/content"
        android:layout_width="0dp"
        android:layout_height="wrap_content"
        android:layout_marginTop="5dp"
        android:background="@drawable/message_box_by_receiver"
        android:padding="10dp"
        android:text="@{message.content, default='메시지'}"
        android:textSize="14dp"
        app:layout_constraintLeft_toLeftOf="parent"
        app:layout_constraintRight_toLeftOf="@id/guide"
        app:layout_constraintTop_toBottomOf="@id/receiver_name" />

    <androidx.constraintlayout.widget.Guideline
        android:id="@+id/guide"
        android:layout_width="0dp"
        android:layout_height="match_parent"
        android:orientation="vertical"
        app:layout_constraintGuide_percent="0.75" />

</androidx.constraintlayout.widget.ConstraintLayout>
</layout>
```

이 레이아웃은 다음과 같은 뷰를 그리게 됩니다.

그림 9-5. message_by_receiver.xml의 렌더링 결과 예시

이제 메시지에 따라 이 뷰들을 생성해줄 Adapter 클래스를 작성합니다.

코드 – com/example/kotlin_random_chat/domain/randomchat/ConversationAdapter.kt

```kotlin
package com.example.kotlin_random_chat.domain.randomchat

import android.content.Context
import android.view.LayoutInflater
import android.view.ViewGroup
import androidx.databinding.DataBindingUtil
import androidx.databinding.ViewDataBinding
import androidx.recyclerview.widget.RecyclerView
import com.example.kotlin_random_chat.R
import com.example.kotlin_random_chat.databinding.MessageByReceiverBinding
import com.example.kotlin_random_chat.databinding.MessageBySenderBinding

class ConversationAdapter(private val context: Context) :
    RecyclerView.Adapter<ConversationAdapter.MessageBoxViewHolder>() {

    // 1
    private val messages = mutableListOf<MessageModel>()

    // 2
    fun addMessages(messages: List<MessageModel>) {
        this.messages.addAll(messages)
        notifyDataSetChanged()
    }

    // 3
    fun addMessage(messageModel: MessageModel) {
        synchronized(messageModel) {
```

```
                messages.add(messageModel)
        }
        notifyDataSetChanged()
    }


    override fun onCreateViewHolder(
        parent: ViewGroup,
        viewType: Int
    ): MessageBoxViewHolder {
        // 4
        val layout = when (viewType) {
            MessageModel.Owner.SENDER.viewType -> {
                R.layout.message_by_sender
            }
            else -> {
                R.layout.message_by_receiver
            }
        }


        // 5
        val binding: ViewDataBinding = DataBindingUtil.inflate(
            LayoutInflater.from(context),
            layout,
            parent,
            false
        )


        return MessageBoxViewHolder(binding)
    }


    override fun getItemCount(): Int = messages.size


    override fun onBindViewHolder(
        holder: MessageBoxViewHolder,
        position: Int
    ) {
        val message = messages[position]


        // 6
        when (message.owner) {
            MessageModel.Owner.SENDER -> {
```

```
                    val binding = holder.binding as MessageBySenderBinding
                    binding.message = message
                }
                MessageModel.Owner.RECEIVER -> {
                    val binding = holder.binding as MessageByReceiverBinding
                    binding.message = message
                }
            }
        }

        override fun getItemViewType(position: Int): Int {
            return messages[position].owner.viewType
        }

        class MessageBoxViewHolder(val binding: ViewDataBinding) :
            RecyclerView.ViewHolder(binding.root)

}
```

1. messages는 RecyclerView에 보여질 메시지 데이터를 관리할 프로퍼티입니다.

2. addMessages 함수는 UI와 뷰모델의 라이프사이클은 서로 다르기 때문에 UI가 초기화되었을 때 뷰모델이 가지고있는 기존의 메시지들을 추가해주기 위해 만든 함수입니다.

3. addMessage 함수는 UI 상에 메시지 한 건을 추가하기 위한 함수입니다.

4. RecyclerView가 새 뷰홀더를 요청했을 때 먼저 뷰 타입 번호에 따라 레이아웃을 결정해줍니다.

5. MessageModel의 데이터를 바인딩하기 위해 DataBindingUtil 클래스를 이용해 바인딩 클래스를 생성해줍니다. 이렇게 생성한 바인딩 클래스는 MessageBoxViewHolder 클래스의 프로퍼티로 가지고 있게 됩니다.

6. RecyclerView가 특정 영역의 데이터를 표시해주려 할 때에는 메시지의 소유자에 따라 뷰홀더의 바인딩 프로퍼티를 레이아웃에 맞는 바인딩 클래스로 캐스팅한 후 MessageModel을 삽입해줍니다.

마지막으로는 이 모든 것의 컨텍스트인 RandomChatActivity를 작성합니다. 먼저 RandomChatActivity의 컨텐트 뷰로 사용될 레이아웃을 작성하겠습니다.

코드 – res/layout/activity_random_chat.xml

```xml
<?xml version="1.0" encoding="utf-8"?>
<layout xmlns:android="http://schemas.android.com/apk/res/android"
    xmlns:app="http://schemas.android.com/apk/res-auto"
    xmlns:tools="http://schemas.android.com/tools"
    tools:context=".domain.randomchat.RandomChatActivity">

    <data>
        <!-- 1 -->
        <variable
            name="viewModel"
            type="com.example.kotlin_random_chat.domain.randomchat.RandomChatViewMod
el" />
    </data>

    <androidx.constraintlayout.widget.ConstraintLayout
        android:layout_width="match_parent"
        android:layout_height="match_parent">

        <!-- 2 -->
        <androidx.recyclerview.widget.RecyclerView
            android:id="@+id/conversation"
            android:layout_width="match_parent"
            android:layout_height="0dp"
            android:background="#9bbbd4"
            app:layout_constraintBottom_toTopOf="@id/input_message"
            app:layout_constraintTop_toTopOf="parent" />

        <LinearLayout
            android:id="@+id/input_message"
            android:layout_width="match_parent"
            android:layout_height="wrap_content"
            app:layout_constraintBottom_toBottomOf="parent">

            <!-- 3 -->
            <androidx.appcompat.widget.AppCompatEditText
                android:layout_width="match_parent"
                android:layout_height="match_parent"
                android:layout_weight="1"
                android:background="@android:color/white"
                android:maxLines="1"
```

```xml
                    android:padding="10dp"
                    android:text="@={viewModel.inputMessage}" />

                <!-- 4 -->
                <Button
                    android:layout_width="wrap_content"
                    android:layout_height="match_parent"
                    android:layout_weight="0"
                    android:background="#fef01b"
                    android:onClick="@{(v) -> viewModel.sendMessage()}"
                    android:text="전송"
                    android:textStyle="bold" />

            </LinearLayout>

        </androidx.constraintlayout.widget.ConstraintLayout>

</layout>
```

1. 레이아웃에서 RandomChatViewModel 클래스를 viewModel이라는 이름으로 접근할 수
   있도록 변수 선언을 합니다.

2. 메시지 목록을 보여줄 RecyclerView 선언부입니다.

3. 사용자 메시지 입력 창입니다. RandomChatViewModel의 inputMessage 프로퍼티에
   양방향으로 바인딩을 선언했습니다.

4. 전송 버튼으로, 클릭했을 때 RandomChatViewModel의 sendMessage 함수를 호출하도
   록 바인딩했습니다.

이어서 RandomChatActivity 클래스를 작성합니다.

코드 – com/example/kotlin_random_chat/domain/randomchat/RandomChatActivity.kt

```kotlin
package com.example.kotlin_random_chat.domain.randomchat

import android.os.Bundle
import androidx.appcompat.app.AppCompatActivity
import androidx.databinding.DataBindingUtil
import androidx.lifecycle.ViewModelProvider
```

```kotlin
import androidx.recyclerview.widget.LinearLayoutManager
import com.example.kotlin_random_chat.R
import com.example.kotlin_random_chat.databinding.ActivityRandomChatBinding
import java.lang.ref.WeakReference


// 1
class RandomChatActivity : AppCompatActivity(), RandomChatNavigator {

    val viewModel by lazy {
        ViewModelProvider(this)
            .get(RandomChatViewModel::class.java).also {
                it.navigatorRef = WeakReference(this)
            }
    }

    val binding by lazy {
        DataBindingUtil
            .setContentView<ActivityRandomChatBinding>(
                this,
                R.layout.activity_random_chat
            )
    }

    override fun onCreate(savedInstanceState: Bundle?) {
        super.onCreate(savedInstanceState)

        binding.viewModel = viewModel
        binding.lifecycleOwner = this

        // 2
        setupConversationAdapter()
    }

    private fun setupConversationAdapter() {
        binding.conversation.layoutManager = LinearLayoutManager(this)
        binding.conversation.adapter =
            ConversationAdapter(this).also {
                it.addMessages(viewModel.messages)
            }
    }
```

```
    // 3
    override fun onMessage(messageModel: MessageModel) {
        val adapter = binding.conversation.adapter as? ConversationAdapter

        adapter?.let {
            adapter.addMessage(messageModel)

            val lastPosition = adapter.itemCount - 1
            binding.conversation.smoothScrollToPosition(lastPosition)
        }
    }

}
```

1. 앞서 정의한 RandomChatNavigator 인터페이스를 구현하고 RandomChatViewModel
에 WeakReference로 삽입해줍니다.

2. 액티비티의 onCreate 함수 내에서 RecyclerView의 Adapter를 생성하고 연결해줍니다.
ConversationAdapter 객체 생성 후에는 앞서 준비한 addMessages 함수를 호출해 뷰모
델이 가지고 있던 메시지들을 모두 추가해줍니다.

3. 앞에서 RandomChatNavigator를 정의하며 계획했던대로 메시지가 추가되면
ConversationAdapter의 addMessage를 호출해 UI에 메시지를 추가해줍니다. 메
시지를 추가한 후에는 추가된 메시지가 화면에 보여질 수 있도록 RecyclerView의
smoothScrollToPosition 함수를 호출해 가장 아래로 스크롤되게 했습니다.

액티비티를 추가했으니 이 액티비티를 AndroidManifest에 등록해줍니다.

코드 – AndroidManifest.xml

```xml
<?xml version="1.0" encoding="utf-8"?>
<manifest xmlns:android="http://schemas.android.com/apk/res/android"
    xmlns:tools="http://schemas.android.com/tools"
    package="com.example.kotlin_random_chat">

    <uses-permission android:name="android.permission.INTERNET"/>

    <application
        android:name=".App"
```

```
            android:allowBackup="true"
            android:icon="@mipmap/ic_launcher"
            android:label="@string/app_name"
            android:roundIcon="@mipmap/ic_launcher_round"
            android:supportsRtl="true"
            android:usesCleartextTraffic="true"
            android:theme="@style/AppTheme"
            tools:ignore="GoogleAppIndexingWarning">

        <activity android:name=".domain.signin.SigninActivity">
            <intent-filter>
                <action android:name="android.intent.action.MAIN" />
                <category android:name="android.intent.category.LAUNCHER" />
            </intent-filter>
        </activity>

        <activity android:name=".domain.randomchat.RandomChatActivity"/>

    </application>

</manifest>
```

마지막으로 SigninActivity에서 TODO로 남겨두었던 부분을 수정해 로그인 후 RandomChatActivity를 실행할 수 있도록 해줍니다.

코드 – com/example/kotlin_random_chat/domain/signin/SigninActivity.kt의 startRandomChatActivity()

```
override fun startRandomChatActivity(
    response: ApiResponse<SigninResponse>
) {
    start<RandomChatActivity>()
    finish()
}
```

이제 모든 코드가 완성되었습니다. 서버를 실행시킨 후 에뮬레이터를 2대 부팅 후 앱을 실행시키면 랜덤 채팅이 동작하는 것을 확인할 수 있습니다.

그림 9-6. 로그인 화면

그림 9-7. 1:1 채팅 화면

appendix A

개발 환경 구성

A.1 구성

JDK8 설치

JDK8은 오라클(Oracle) 홈페이지를 통해 다운로드 받을 수 있습니다. 웹브라우저를 통해 다음 링크로 진입합니다.

❑ https://www.oracle.com/technetwork/java/javase/downloads/jdk8-downloads-2133151.html

링크가 변경되는 경우 구글에 "jdk8"이라고 검색하면 오라클 홈페이지의 링크를 쉽게 찾을 수 있습니다. 페이지 진입 후 다음과 같이 쿠키 설정 팝업이 나타나면 모든 쿠키를 수락하거나 쿠키 기본 설정을 원하는대로 변경하고 제출합니다.

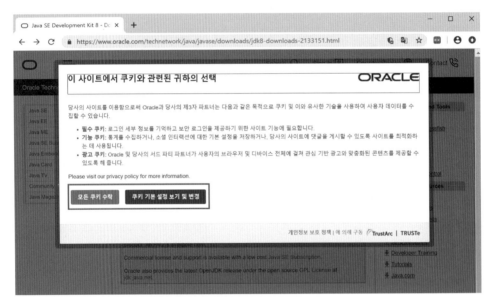

그림 A-1. 오라클 홈페이지의 쿠키 정책 허용

페이지를 조금만 아래로 스크롤하면 다음과 같이 Java SE Development Kit 8xxxx다운로드 링크가 보입니다. 상자 안에서 Accept License Agreement를 선택하고 사용하는 운영체제에 맞는 링크를 클릭해 다운로드 받아 설치합니다. 다운로드 시에는 오라클 계정이 필요하니 계정이 없다면 계정 생성 후 다운로드 받습니다.

Java SE Development Kit 8u221

You must accept the Oracle Technology Network License Agreement for Oracle Java SE to download this software.

◯ Accept License Agreement ◉ Decline License Agreement

Product / File Description	File Size	Download
Linux ARM 32 Hard Float ABI	72.9 MB	jdk-8u221-linux-arm32-vfp-hflt.tar.gz
Linux ARM 64 Hard Float ABI	69.81 MB	jdk-8u221-linux-arm64-vfp-hflt.tar.gz
Linux x86	174.18 MB	jdk-8u221-linux-i586.rpm
Linux x86	189.03 MB	jdk-8u221-linux-i586.tar.gz
Linux x64	171.19 MB	jdk-8u221-linux-x64.rpm
Linux x64	186.06 MB	jdk-8u221-linux-x64.tar.gz
Mac OS X x64	252.52 MB	jdk-8u221-macosx-x64.dmg
Solaris SPARC 64-bit (SVR4 package)	132.99 MB	jdk-8u221-solaris-sparcv9.tar.Z
Solaris SPARC 64-bit	94.23 MB	jdk-8u221-solaris-sparcv9.tar.gz
Solaris x64 (SVR4 package)	133.66 MB	jdk-8u221-solaris-x64.tar.Z
Solaris x64	91.95 MB	jdk-8u221-solaris-x64.tar.gz
Windows x86	202.73 MB	jdk-8u221-windows-i586.exe
Windows x64	215.35 MB	jdk-8u221-windows-x64.exe

그림 A-2. 자신의 운영체제에 맞는 JDK 8 다운로드

JDK는 특별하게 설정을 바꾸지 않고 기본 설정대로 진행하면 됩니다. 설치가 끝나면 설치 창을 닫아줍니다.

IntelliJ IDEA 설치

IntelliJ IDEA는 웹브라우저를 통해 https://www.jetbrains.com/idea/ 페이지에서 다운로드 받을 수 있습니다. 홈페이지 디자인은 수시로 바뀌니 다운로드 버튼을 잘 찾아보시기 바랍니다. 다운로드 버튼을 클릭하면 유료 버전인 Ultimate와 무료 버전인 Community 에디션을 선택할 수 있습니다. 이 책의 예제들은 무료 버전인 Community 에디션을 통해 개발할 것입니다. Community 에디션의 다운로드 버튼을 클릭해 설치 파일을 다운로드 받습니다.

ideaIC-2019.1과 비슷한 이름의 파일이 다운로드 되었으면 해당 파일을 실행해 설치를 진행합니다. 아무 것도 선택하거나 입력할 필요 없이 Next, Next...Finish를 클릭해 설치를 마칩니다.

IntelliJ를 처음 실행하게 되면 다음과 같이 설정 파일들을 불러올 디렉토리를 선택하라는 팝업이 보여집니다. 처음 설치하는 것이거나 기본 설정으로 사용할 것이라면 아래의 "Do not import settings"를 선택합니다.

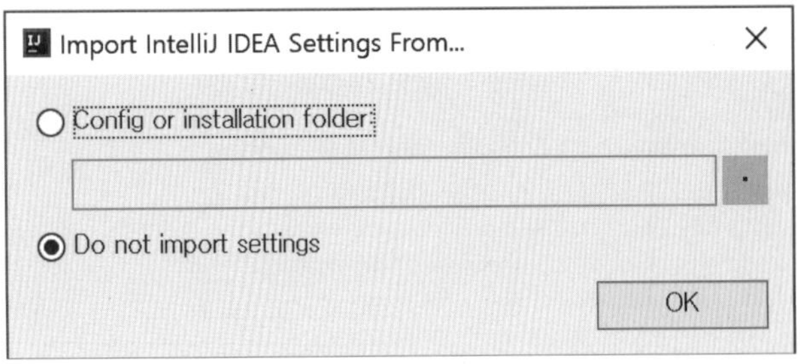

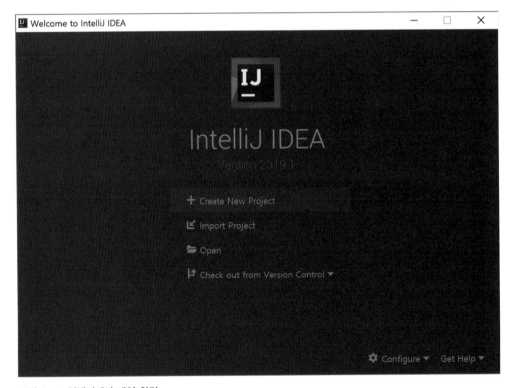

그림 A-3. 인텔리제이를 처음 실행하면 나타나는 설정 불러오기 화면

다음으로 개인정보 정책에 동의하게 되면 테마를 선택하는 팝업이 보여지는데, 이 책에서는 어두운 색상의 Darcula 테마를 선택했습니다.

테마를 선택하고, 특별한 플러그인은 사용하지 않을 것이므로 Default plugins와 Featured plugins는 그냥 Next 버튼을 통해 지나갑니다.

마지막으로 Start using IntelliJ IDEA 버튼을 클릭하면 IntelliJ가 실행됩니다.

그림 A-4. 인텔리제이 메인 화면

Android Studio 설치

Android Studio는 웹브라우저를 통해 https://developer.android.com/studio 페이지에서 다운로드 받을 수 있습니다. 다운로드 버튼을 클릭해서 받은 설치 파일을 실행시켜 설치를 진행합니다.

설치 과정에서 특별히 주의해야 할 것은 없지만 혹시라도 다음과 같이 Android Virtual Device에 체크가 되어있지 않다면 체크한 후 진행합니다.

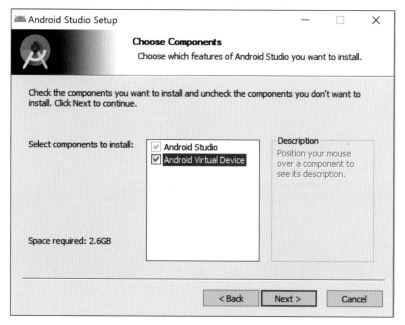

그림 A-5. Android Virtual Device 체크 후 Next 클릭

Next, Next, Install, Finish를 눌러 설치를 마칩니다.

이후 안드로이드 스튜디오를 처음 실행시키게 되면 IntelliJ IDEA와 마찬가지로 설정 파일들을 불러올 디렉토리를 선택하라는 팝업이 보여집니다. 처음 설치하는 것이거나 기본 설정으로 사용할 거라면 아래의 "Do not import settings"를 선택합니다.

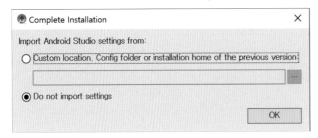

그림 A-6. 안드로이드 스튜디오를 처음 실행하면 나타나는 설정 불러오기 창

Setup Wizard가 나타난다면 Install Type은 Standard, 테마는 마음에 드는 것을 선택하고 Finish를 클릭해 설정을 마칩니다. 이 책에서는 Darcula 테마를 선택했습니다.

Finish를 클릭하면 여러 가지의 필요한 컴포넌트들을 다운로드 받는 과정이 진행됩니다. 네트워크 환경이 좋지 않은 곳에서는 이 과정이 다소 오래 걸릴 수 있습니다. 다운로드가 완료되면 Finish를 클릭해 과정을 마칩니다.

MySQL

MySQL을 사용하는 쉬운 방법 중 하나는 클라우드 서비스를 이용하는 것입니다. 여기에서는 가장 큰 클라우드 서비스 중 하나인 AWS를 이용해 RDS라는 서비스로 제공되는 MySQL 인스턴스를 구성해보겠습니다. AWS의 RDS를 사용하기 위해서는 AWS에 가입이 되어 있어야 합니다. 웹브라우저를 통해 https://aws.amazon.com에 접속해 회원 가입을 하고 신용카드 결제 정보를 입력해줍니다. 이 책에서 진행하는 내용은 1년동안 무료로 사용할 수 있는 제품만 사용하니 비용에 대해서는 걱정하지 않아도 됩니다. 사용하지 않는 경우 인스턴스를 제거하면 비용이 청구되지 않습니다.

데이터베이스 인스턴스 생성

AWS 콘솔은 계속 업데이트되므로 다음의 스크린샷 및 절차와 다소 차이가 존재할 수 있습니다.

계정을 생성하고 로그인이 되었다면 콘솔(AWS Management Console)에 페이지에 들어갑니다. 상단의 서비스 탭을 누르고 RDS를 찾아 클릭합니다.

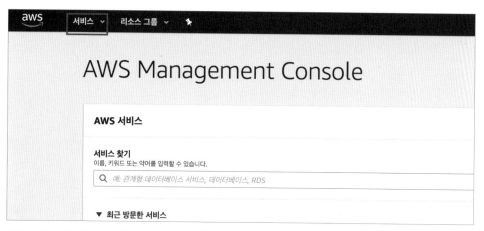

그림 A-7. AWS 웹 콘솔에서 RDS 서비스 검색

RDS 페이지에 진입했다면 좌측 메뉴에서 데이터베이스 메뉴를 클릭합니다.

그림 A-8. RDS 페이지 진입 후 데이터베이스 메뉴 클릭

메뉴 진입 후 우측에 나타나는 "데이터베이스 생성" 버튼을 눌러 데이터베이스 생성 페이지로 진입합니다.

그림 A-9. 데이터베이스 생성 버튼 클릭

데이터베이스 엔진으로는 MySQL을 선택합니다.

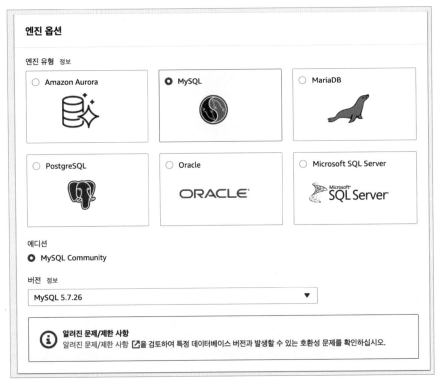

그림 A-10. 데이터베이스 엔진 선택

프리 티어(1년 무료)를 사용하기 위해 템플릿에서 "프리 티어"를 선택합니다.

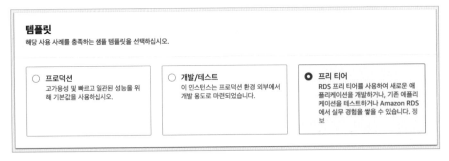

그림 A-11. 1년 무료 사용을 위해 프리 티어 선택

아래로 이동해 DB 계정 정보를 입력해줍니다. 이 정보는 API 서버에서 데이터베이스 접속 정

보로 사용해야 하니 꼭 기억해두어야 합니다. 일반적으로 마스터 계정은 사용하지 않는 것이 원칙이지만 이 구성은 테스트 환경이므로 마스터 계정을 프로젝트에 사용해도 무방합니다.

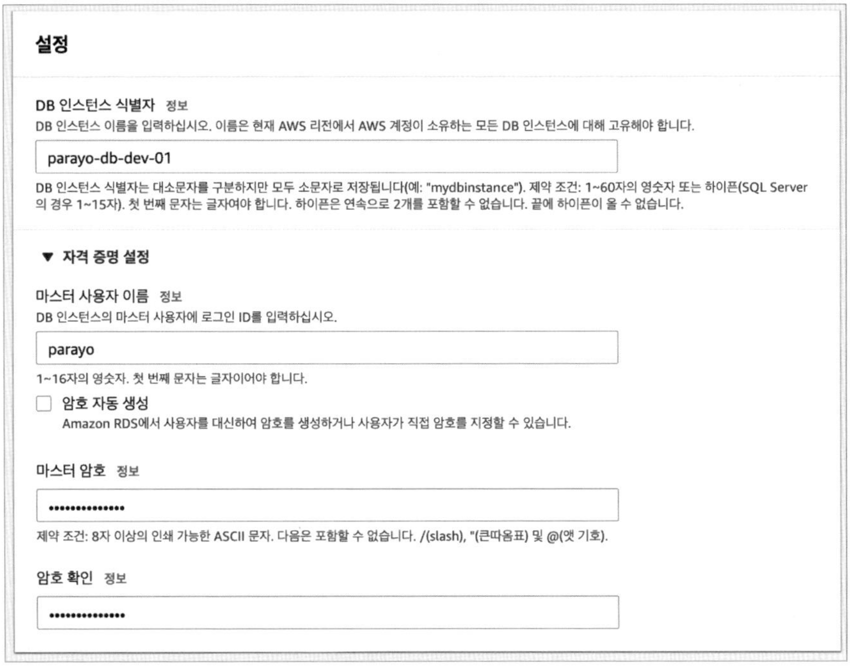

설정

DB 인스턴스 식별자 정보
DB 인스턴스 이름을 입력하십시오. 이름은 현재 AWS 리전에서 AWS 계정이 소유하는 모든 DB 인스턴스에 대해 고유해야 합니다.

```
parayo-db-dev-01
```

DB 인스턴스 식별자는 대소문자를 구분하지만 모두 소문자로 저장됩니다(예: "mydbinstance"). 제약 조건: 1~60자의 영숫자 또는 하이픈(SQL Server의 경우 1~15자). 첫 번째 문자는 글자여야 합니다. 하이픈은 연속으로 2개를 포함할 수 없습니다. 끝에 하이픈이 올 수 없습니다.

▼ 자격 증명 설정

마스터 사용자 이름 정보
DB 인스턴스의 마스터 사용자에 로그인 ID를 입력하십시오.

```
parayo
```

1~16자의 영숫자. 첫 번째 문자는 글자이어야 합니다.

☐ **암호 자동 생성**
　Amazon RDS에서 사용자를 대신하여 암호를 생성하거나 사용자가 직접 암호를 지정할 수 있습니다.

마스터 암호 정보

```
••••••••••••••
```

제약 조건: 8자 이상의 인쇄 가능한 ASCII 문자. 다음은 포함할 수 없습니다. /(slash), "(큰따옴표) 및 @(엣 기호).

암호 확인 정보

```
••••••••••••••
```

그림 A-12. 데이터베이스 인스턴스명 및 계정 정보 입력

나머지 설정은 기본 설정을 그대로 이용하고 아래쪽으로 내려가 연결 섹션에서 추가 연결 구성을 클릭해 옵션을 펼쳐줍니다.

그림 A-13. 추가 연결 구성 클릭

그리고 개발 환경에서 연결할 수 있도록 설정하기 위해 "퍼블릭 액세스 가능"을 "예"로 선택합니다.

그림 A-14. 외부 접속을 위해 퍼블릭 액세스 가능으로 설정

이제 페이지 가장 하단의 "데이터베이스 생성" 버튼을 클릭하면 데이터베이스 인스턴스가 생성됩니다. 약 10분에서 20분 정도 기다리면 데이터베이스 인스턴스의 상태가 다음의 스크린샷과 같이 "사용가능" 상태로 변경됩니다.

그림 A-15. 데이터베이스 생성이 완료되면 인스턴스의 상태가 "사용 가능"으로 바뀐다

앞서 설정했던 DB 식별자(여기에서는 parayo-db-dev-01)를 클릭하면 데이터베이스 인스턴스의 상세 정보를 확인할 수 있습니다.

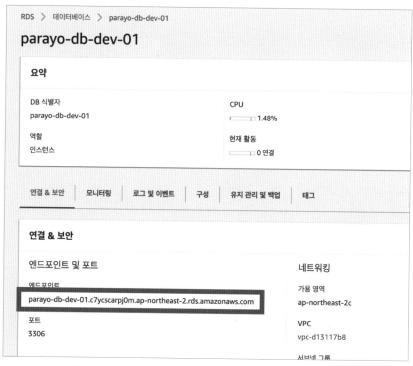

그림 A-16. 생성한 데이터베이스의 엔드포인트 정보 확인

여기에 나타나는 엔드포인트 정보와 계정 정보를 API 서버의 프로젝트 설정에 다음과 같이 넣어줄 수 있습니다. 하지만 이 데이터베이스를 프로젝트에서 사용할 수 있게 하려면 아직 두 가지 단계를 더 거쳐야 합니다.

```
spring:
  datasource:
    url: jdbc:mysql://parayo-db-dev-01.c7ycscarpj0m.ap-northeast-2.amazonaws.com:3306/parayo?useUnic
    username: parayo
    password: parayopassword
    data-username: parayo
    data-password: parayopassword
    driver-class-name: com.mysql.jdbc.Driver
  jpa:
```

그림 A-17. API 서버 설정에 데이터베이스 정보 추가

보안그룹 설정

데이터베이스 인스턴스의 상세 정보 화면에서 하단의 "보안 그룹 규칙" 섹션의 보안 그룹을 클릭하면 보안 그룹 페이지가 열립니다.

그림 A-18. 생성한 데이터베이스 인스턴스의 보안 그룹 페이지 진입

보안 그룹 페이지 하단의 인바운드 탭에서 편집 버튼을 클릭하면 인바운드 규칙 편집 창이 나타납니다.

그림 A-19. 생성한 데이터베이스 인스턴스의 보안 그룹 편집

인바운드 규칙 편집 창에서 규칙 추가 버튼을 클릭하고 다음과 같이 유형에는 MySQL/Aurora를 선택한 후 소스에 0.0.0.0/0을 입력하고 저장 버튼을 클릭해 저장합니다.

그림 A-20. 데이터베이스 외부 접속을 허용하기 위한 3306포트 설정

이제 외부에서 3306 포트를 통해 데이터베이스에 접속할 수 있게 보안 그룹 설정이 완료되었습니다.

데이터베이스 생성

데이터베이스 인스턴스가 생성되었고 외부에서 접속도 가능하지만 아직 사용할 수 있는 데이터베이스가 생성되지 않았습니다. 데이터베이스를 생성하기 위해서는 MySQL 콘솔에 접속할 수 있는 툴이 필요합니다. 여러 툴들이 존재하지만 여기에서는 MySQL Workbench를 기준으로 설명하겠습니다. MySQL Workbench는 다음 웹페이지를 통해 다운로드 받을 수 있습니다. 다운로드를 위해서는 오라클 계정이 필요합니다.

❏ https://www.mysql.com/products/workbench/

MySQL Workbench를 설치 후 실행하면 다음과 같은 시작 화면을 확인할 수 있습니다. 여기에서 MySQL Connections 옆의 + 버튼을 클릭합니다.

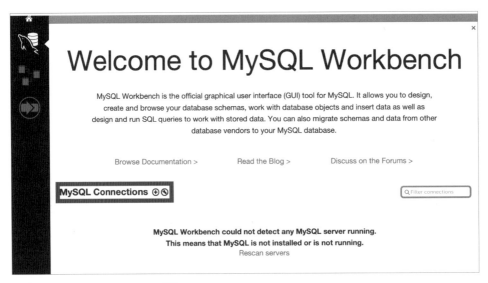

그림 A-21. MySQL Workbench 메인

새 커넥션을 추가하는 창이 나타나면 Hostname에 데이터베이스 인스턴스의 엔드포인트 정보를 입력하고 인스턴스 생성 시 설정한 마스터 Username과 Password를 각각 입력한 후 Test Connection 버튼으로 정보를 확인하고 OK 버튼을 눌러 설정을 완료합니다.

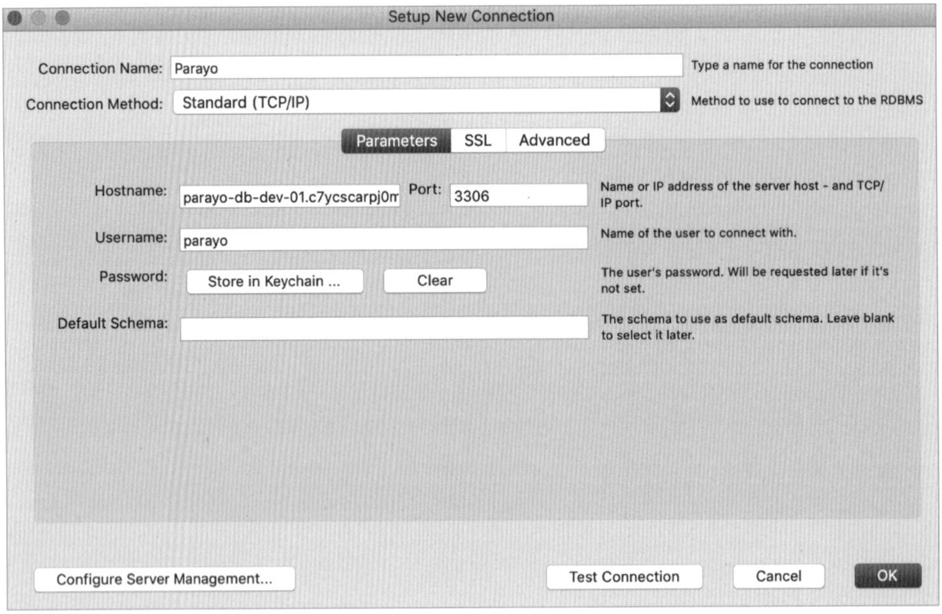

그림 A-22. 데이터베이스 정보 입력

다시 시작 화면으로 이동하면 다음과 같이 커넥션이 추가된 것을 확인할 수 있습니다. 해당 커넥션을 클릭하면 데이터베이스 인스턴스에 접속되고 쿼리 입력창이 나타납니다.

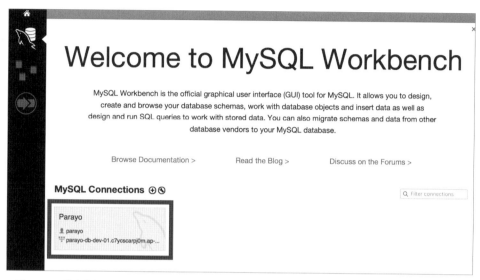

그림 A-23. 데이터베이스가 추가된 모습

쿼리 입력 창에 다음 명령어를 입력하고 번개모양 아이콘을 클릭하면 데이터베이스가 생성됩니다.

```
create schema parayo collate utf8_general_ci;
```

그림 A-24. 데이터베이스 생성 쿼리를 입력하고 실행

쿼리가 성공적으로 실행되었다면 이제 프로젝트를 위한 데이터베이스 준비가 끝났습니다.

A.2 소스코드 다운로드 \\\

Git 설치

이 책에서 작성된 전체 소스코드는 Git 저장소를 통해 다운로드 받을 수 있습니다. 다운로드를 위해서는 먼저 Git을 설치해야 합니다. Git은 다음 웹페이지를 통해 인스톨러를 다운로드 받아 손쉽게 설치할 수 있습니다.

- ❏ Mac – http://sourceforge.net/projects/git-osx-installer/
- ❏ Windows – https://gitforwindows.org/

Git 설치를 끝냈다면 다음 과정을 따라 소스코드를 다운로드 받을 수 있습니다.

소스코드 다운로드

IntelliJ 또는 Android Studio를 열어 초기 화면이나 프로젝트 화면에서 각각 다음 순서로 Clone Repository 창을 엽니다.

- ❏ 초기 화면에서 진입 시 – Check out from Version Control 클릭 후 Git 선택
- ❏ 프로젝트가 열려 있는 경우 – VCS 메뉴 〉 Checkout from Version Control 〉 Git 선택

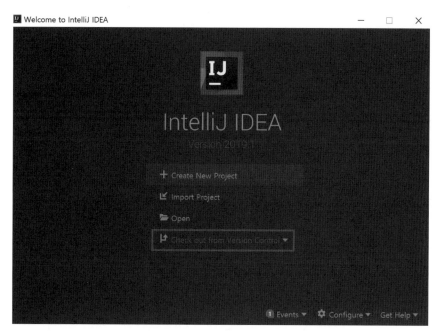

그림 A-25. 인텔리제이 메인에서 Check out from Version Control 클릭

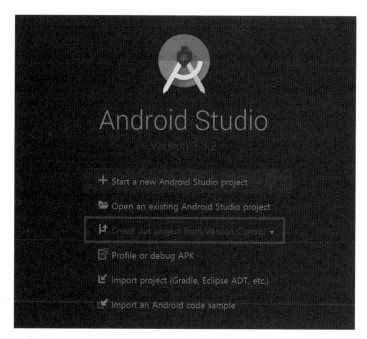

그림 A-26. 안드로이드 스튜디오 메인에서 Check out from Version Control 클릭

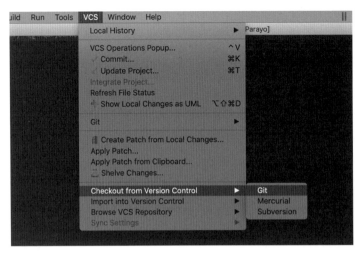

그림 A-27. 프로젝트가 열려있는 경우 VCS 메뉴의 하위에서 찾을 수 있다

Clone Repository 창이 뜨면 URL 창에 다음 주소를 입력하고 Clone 버튼을 클릭해 소스코드를 다운로드 받을 수 있습니다.

❑ API 서버(IntelliJ) – https://github.com/benimario/parayo-api

❑ 안드로이드 앱(Android Studio) – https://github.com/benimario/parayo-android

찾아보기